崩壊した「中国システム」とEUシステム

主権・民主主義・健全な経済政策

荻野文隆◉編

F・アスリノ
荻野文隆　田村秀男　藤井聡　安藤裕　中野剛志　柴山桂太　浜崎洋介
小沢一郎　山本太郎　大塚耕平　菅直人　海江田万里　及川健二
E・トッド　E・ユソン　C・ドローム　D・ケイラ　V・ブルソー

藤原書店

崩壊した「中国システム」とＥＵシステム

目次

第II部　日仏のデフレ化政策と闘う

第Ⅲ部　日本とフランスの再生にむけて――日本の政治家との対話

崩壊した「中国システム」とＥＵシステム

主権・民主主義・健全な経済政策

崩壊した「中国システム」とEUシステム
——序にかえて——

荻野文隆

本書は、二〇一七年のフランス大統領選候補フランソワ・アスリノの日本訪問（二〇一八年十月六—十六日）の記録である。アスリノがフランスの大統領選挙で展開した主張は、EUユーロ・システムから離脱しない限り、既に深刻化するフランスの凋落を食い止めることはできないというものだった。EUユーロ・システムからの離脱によってフランスの主権と民主主義を奪回することで、フランスの再生を目指そうとする彼の主張は、二〇〇七年に彼が創設した政党「人民共和連合」の基本理念であり、以来一貫して変わっていない。以後現在に至る一二年間、EU・ユーロ体制の構造的な問題と現状の核心を鋭く捉えた分析を展開しながら、フランスのEU離脱の重要性を訴えてきた。

その間、欧州統合を支持するメディアが、アスリノの分析と主張を徹底的に黙殺、歪曲してきたことは、今日のフランスの政治・社会状況の閉塞性を物語っている。緊縮財政と規制緩和を機軸としたグローバル化を推進する超国家機構ＥＵへの批判を徹底して封じ込めようと、官民両方のメディアが手に手を取って報道統制を行なってきたのだ。しかし、このようにメルトダウンを起こしたメディア状況にもかかわらず、「人民共和連合」は、ネットによる情報発信と賛同者の活動によって、現在では、党員数ではフランス第三番目の規模を有する党にまで成長してきた。実は、フランスのメディア状況は、緊縮財政・消費増税批判を許さない日本の官民メディアが展開してきた報道姿勢と極めて類似したものなのである。

ところで二〇一九年五月のＥＵ議会選挙結果は、ＥＵ批判派の台頭をＥＵ諸国全域で確認できるものとなった。五億人規模の巨大市場の構築に邁進してきたＥＵの機能不全と歪みが臨界点に達したことを物語るものだ。貧困化と格差拡大、失業、産業の空洞化、移民の増加による社会不安が拡大する状況下で、根本的な方向転換を求める人々の声が選挙結果として示された格好だ。フランスでは、二〇一八年十一月に始まった「黄色いベスト運動」が、貧困化と格差拡大が限界にきたことを示す現象として現在も続いている。まさにフランスのＥＵ帰属が根底的に問われている。

フランスと日本

今回の訪日に当たってアスリノは、一九九三年のマーストリヒト条約、さらには一九九九年のユーロ導入以来、フランスが経験してきた緊縮財政、個人増税と法人減税、公共サービスの民営化、産業の空洞化、失業率の上昇、貧困化と格差拡大、さらには移民の増大という状況が、日本の過去二〇年の緊縮財政と消費増税によるデフレ化に伴う貧困化と格差拡大の状況に通底するものだと認識していた。そして冷戦崩壊後のグローバル化の中で、フランスと日本は、類似した宿命を共有しており、今日までの方向性を転換すべく活動を展開している方々と意見交換を行い、相互の連携を模索したいという思いがあった。

十日余りの滞在の間に二つのシンポジウム（「EU・ユーロ体制のフランスとデフレ化政策二〇年の日本――主権と民主主義、没落は宿命なのか」於早稲田大学、二〇一八年十月十日。「国際シンポジウム・グローバル資本主義を超えてⅡ――『EU体制の限界』と『緊縮日本の没落』」於京都大学、十月十三日）に参加したほか、国会議員の山本太郎、安藤裕、大塚耕平、海江田万里、菅直人、小沢一郎（会談日程順）の諸氏との対談を勢力的にこなし、日本の政治経済状況についての認識を深めることに務めた。本書には、早稲田大学でのシンポジウム（田村秀男氏及び本書編者）とこれらの対談、および論考が収録されている。また京都大学でのシンポジウムを開催された藤井聡氏との対談を始め、中野剛志、柴山桂太、浜崎洋介の諸氏の考察が収められている。さらには議員会館での対談を調整していただいた政治ジャーナリストの及川健二氏の同行記も併せて収めている。また本書所収のシンポジウムや対談の他にも、アスリノ氏は『東京新聞』と『産経新聞』のインタビューを受け、ともに、「EU発足二五年――英の離脱、終わりの始まり」（『東京新聞』二〇一八年十一月十五日夕刊）と「フランスはEU離脱を」（『産経新聞』二〇一八年十月九日）として各紙で掲載された。

ところで、フランソワ・アスリノと日本の絆は、意外に古い。一九七九年の夏、学生として日本中を旅行した二ヶ月半の経験に魅せられた彼は、一九八一年からフランス大使館の経済担当官として東京に一年半滞在した。その後も、フランス財務上級監査官となり、一九九四年にエルヴェ・ド・シャレット外相、一九九六年にはジャック・シラク大統領に同行する形で来日している。しかし、二二年振り六回目の訪日となった今回は、政治家としての初来日となったが、日本社会の予想以上の変化に驚かされた滞在でもあったようだ。フランス大使館での勤務を通してかつて体験した日本社会は、活気ある若さ溢れる日本であったのに対して、今回の訪日で見出した日本は、記憶にあった活気に満ちた日本社会ではなく、二十年に及ぶデフレによって貧困化、格差の拡大、産業の弱体化に沈滞する大きく様変わりした日本であったからである。

主権と民主主義の喪失

フランソワ・アスリノが、ＥＵ・ユーロ体制からの離脱がフランスを没落から救う欠かすことのできない根本的な政治課題であるといち早く理解したのは、官僚としてミッテラン大統領、シラク大統領の外遊を準備し同行するうちに、フランスが核心的な事項についての決定権を既に失っていることに気付かされる場面に幾度となく立ち合ったからだった。国家元首同士の会談のなかで、ＥＵ条約の縛りがあるために、民主的に選ばれたフランスの大統領でありながら、自らの判断に基づいてフランスの重要課題についての決定を下す権限を奪われていることに気がついたのだった。このようにフランスが既に主権を喪失し、民主主義が機能不全を起こしている状況を目の当たりにした彼は、フランスの再生のためにはＥＵからの離脱が欠かすことのできない根本的な政治課題であると理解したのである。

ユーロについても、フランスを経済的な没落へ導くものであることは明らかだった。もともと産業効率の異なる複数の国に共通の通貨を強いることは、各国から適正な通貨政策の自由を奪うものである。事実、東西ドイツ統一の負荷によって一九九〇年代赤字を続けていたドイツの貿易収支は、ユーロ導入後から一気に黒字に転じたのとは反対に、産業効率の相対的に低いギリシャ、イタリア、フランスは赤字に転落していったのである。第二次世界大戦後の経済成長期においても、フランスのフランがドイツ・マルクに対して幾度も切り下げをしながらフランスの経済成長が実現されてきたという歴史的事実は、通貨政策の自由を奪うユーロが、成長を促すどころか、いかに有害なものであるかを示していたのである。

ＥＵシステムと「中国システム」

このようにＥＵ・ユーロ体制によって、主権と民主主義が奪われたフランスの状況の特徴を、緊縮財政、個人増税、規制緩和、民営化による国民社会の貧困化と格差拡大の現象に見ることができるが、翻って日本の状況を見るとき、そこには極めて類似した状況を見いだすことができる。過去二〇年に渡って続く日本のデフレは、取りも直さず緊縮政策と消費増税によってもたらされたものだが、その明らかな経済政策の失敗にもかかわらず、緊縮財政・消費増税路線への抜本的な変更の兆しすら見出せないでいる。フランスの現状が物語っているように、主権と民主主義を喪失した状況がそこにあるのだ。

それには、中選挙区制に比べ、極めて多くの死票が発生し、極少数の有権者をしか代表しない不平等な制度である小選挙区制が少なからず影響している。いわば不平等な選挙制度によって、貧困化と格差拡大という不平等な社会状況が構造的に作り出されてきたと言えるのだ。小選挙区制は、一旦決められた方向性が新たな状況にそぐわなくなったとしても、その変更を少数者によって阻むことができる選挙制度なのだ。その結果、日本社会が自らに相応しい選択を自由に決定していくことができないシステムが機能していることになる。ただフランスがEU・ユーロ体制という超国家的な機構に縛られることによって主権を奪われ、民主主義が機能不全を起こしている状態にあるのに対して、日本を縛っているものは、内側と外側の両方にあると言える。

その内側のシステムが、小選挙区制である。この制度が導入された一九九〇年代半ばには、日本のGDPが世界のGDPに占める割合は一七%であった。対して中国のそれは二%に過ぎなかった。それが今日、日本は五%台、中国は一五%と立場が全く逆転しているのである。この間、中国は、日本が経済成長期に行ったと同じように、財政出動によるインフラ整備、経済活性化を実行し、飛躍的な成長をとげた。日米欧の企業は、こぞって中国市場に参入することで、中国の経済成長の果実を享受するとともに、民主化を伴わない成長路線を後押しした。しかし、日本は、緊縮財政と消費増税によってゼロ成長に止まり、貧困化と格差拡大を加速させた。実質賃金が一五％以上も下落したのである。

ところでEU・ユーロ体制については、自由貿易、緊縮財政、規制緩和、民営化を基礎とする体制でありながら、ヨーロッパの主要メディアが繰り返し振り撒いてきたイメージは、平和と繁栄、民主主義と相互協力を促進するというものだった。しかし現実は、熾烈な競合状態、貧困化、格差拡大、民主主義の崩壊と不和の拡大、非民主的で独裁的な決定の強行が見られるのである。これは日本のメディアが、緊縮財政と消費増税が日本を破綻から救い、中国市場への進出が経済を支える不可欠な政策であるというイメージを撒き散らしてきたのによく似ている。実に、行政による緊縮財政・消費増税政策と産業界の中国市場への参入とが、車の両輪となって機能する経済システムが、官民一帯となって推し進められてきたのである。まさに中国の経済成長を日本を貧困化させたデフレ化政策が後押ししてきたのである。

天安門事件からの離脱

このように見てくると、日本社会の貧困化と格差拡大を引き起こした緊縮財政・消費増税路線は、実は、中国市場への参入政策と連動する経済システムの一機能として正当化されてきたことが理解できる。しかもそれは、中国の経済戦略が歓迎するところのものであった。まさにデフレ化政策を延々と継続してきた背景には、この外側の経済システムの縛りがあったのだ。そこに見えてくるのは、この「中国システム」に取り込まれることで日本が国民社会のために相応しい選択を決定する主権と民主主義を喪失している状況である。

実は、このような経済・政治システムが起動し始める前提のところに、天安門事件があったことは歴史的な事実として見逃すわけにはいかない。一九八〇年代の中国の改革開放の動きの中で、民主化運動が権力内の権力闘争と連動しながら展開した天安門事件は、ついには、一九八九年六月四日、軍により流血のうちに鎮圧された。国際社会は、すかさず中国共産党体制に対して経済制裁を行うが、日本はアメリカの圧力のもと、いち早く経済制裁を破り、あろうことか天皇訪中をも実現して、世界に対して天安門事件の幕引きを演出して見せたのである。このとき以来、アメリカとその先鋒となった日本は、中国の民主化の可能性を不問に伏した経済成長への道筋を突き進んだのである。確かに、そこには経済的な豊かさが民主化を促すという思い込みがあった。しかし、その思い込みは、三〇年後の今日、見事に裏切られていることを自覚せずにはいられない。巨大な経済力と軍事力を手にした膨張主義的な覇権帝国が目の前に出現しているからである。

フランソワ・アスリノは、ＥＵ・ユーロ体制からの離脱を目指す「人民共和連合」の戦いを、ロンドンからナチス・ドイツへのレジスタンスを呼びかけたド・ゴールの歴史的な戦いと重ね合わせている。彼は、EUユーロ・システムからの離脱の運動を、一九四三年、ナチス占領下のフランスで結成された「国民レジスタンス評議会」の運動になぞらえて次のように語っている。

「ナチスとの戦いが、左右の政治的対立を超えたフランス人民全ての共通の戦いであるとして起動した「国民レジスタンス評議会」のように、EU・ユーロ体制からの離脱の戦いは、左右の政治的対立を超えて、フランス人民の主権と民主主義を奪還するための戦いなのである。」

一九四〇年のナチス・ドイツによるフランス占領は、一九三三年に政権についたナチスが一党独裁体制のもと、猛烈な軍拡を行なっていたにもかかわらず、フランスが適切な対応を怠ったことで到来した事態であった。この敗北は、一九三〇年代の緊縮財政を背景にしたフランスのデフレ状況が、積極的な財政出動により活性化していたドイツ市場への依存へと産業界を誘導するとともに、ナチスへの宥和政策をとった政治がもたらした帰結である。このとき、陸軍次官であったシャルル・ド・ゴールは、極めて攻撃的なナチスの軍拡に対して適切に対処すべきであると警鐘を鳴らしたが、緊縮政策とドイツ市場への依存、加えて第一次世界大戦のトラウマ由来の平和主義を背景とした政府が対応を誤ったのである。その結果、フランスはあっさりとナチスの占領に屈服せざるを得なかったのである。

天安門事件から三〇年の今日、反日政策を国家戦略の根幹に据え、軍事的に極めて攻撃的に肥大化してきた一党独裁の中国の現体制を前にして、日本は重大な選択に迫られている。民主化と人権問題に目を塞ぐ形で経済成長路線を突っ走ってきたアメリカが、二〇一八年、中国との国家安全保障戦争に突入したからである。そのためアメリカ依存の安全保障と中国市場依存の経済の両立が許されない状況が出現したのである。この米中覇権戦争が日本に突きつける二者択一の分かれ道において、日本は一体どの道筋を選択するのだろうか。もし中国追従政策を継続するとすれば、それは今までの貧困化・格差拡大をさらに深刻化させることを意味するだけではなく、安全保障上の危機をも招くことになるのである。そもそも国民社会の主権と民主主義の再生のための道筋は、緊縮財政・消費増税路線からの離脱以外にはあり得ないのである。

従って、アメリカの中国システムからの離脱宣言によって始まった米中冷戦は、まさに日本の中国システムからの離脱を可能にしてくれる千載一遇のチャンスでもあるのだ。まさにそのときこそ貧困化と格差拡大からの脱却へ向かう逆のモーションが掛かることになる。一九三〇年代にフランスが誤ちを犯した道筋を日本が二〇一九年に再び辿るとしたら、これほど愚かで悲惨なことはない。

フランスとドイツは消滅するか

本書には、さらに二〇一八年十月二七—二八日にフランスのロワール川沿いのヴァレールで開催された「人民共和連合」の年次シンポジウムでの二つの討論が収録されている。フランソワ・アスリノの日本滞在後、二週間たらずで開催されたこのシンポジウムでは、まず「フランスは消滅するか?」をテーマに人類学者エマニュエル・トッドとフランソワ・アスリノの討論が行われた。そこには、ＥＵとユーロからの離脱は、フランスの再生にとって絶対的に必要なものであるという認識が共有されている。二つ目の討論「ドイツはＥＵとユーロから離脱するか？」は、ＥＵ、ユーロ、ドイツ問題について、歴史家エドゥアール・ユソン、ジャーナリストのコラリー・ドローム、経済学者ダヴィッド・ケイラ、「人民共和連合」の金融通貨顧問ヴァンサン・ブルソーの諸氏によって行われたパネルディスカッションである。それぞれ二時間半を超えるこの二つの討論は、いかにＥＵ・ユーロ体制がヨーロッパ諸国を変容させ、加盟国の主権と民主主義を毀損し、フランスを始めとした南ヨーロッパ諸国の貧困化と格差の拡大を強いてきたかを明らかにしている。ユーロ危機とＥＵの機能不全が叫ばれて久しい今日、その現場からの分析と批判として極めて意義深い証言となっている。

米ソ冷戦の崩壊からほぼ三〇年を経た二〇一九年、アメリカを軸とした地球規模でのグローバル化の時代を経験してきた世界は今や、大きな方向転換を開始している。米ソ冷戦の終結のあと進行したグローバル化の時代が終わり、国民経済の強化とともに、国民社会の主権と民主主義の奪還のための新たな時代に向かおうとしている。そんな文脈の中で、フランソワ・アスリノの過去一二年に及ぶ「人民共和連合」の運動は、フランス並びにヨーロッパ統合の現状を理解する上で極めて的確な分析を提供してくれる。さらには、緊縮財政と消費増税というデフレ化政策によって破壊されてきた日本社会が、未だにその負のスパイラルからの脱却が全く見通せない現状の構造を理解する上でも多くの示唆を与えてくれるものである。

すでに新たに始まった米中覇権戦争が、待ったなしで日本に迫ってくる方向転換の重要性を見極めるためにも、是非とも参考にされることを願ってやまない。

二〇一九年（令和元年）十一月三日

第Ⅰ部

主権と民主主義を奪回するために——フランスと日本の比較

〈インタビュー〉

1　フランスのEU離脱と日本への提言

フランソワ・アスリノ
聞き手　荻野文隆

日本は活力を失いつつある——少子高齢化とデフレ

——フランソワ・アスリノさんは、二〇二二年ぶりの来日ということですが、遡ること三八年前の一九八〇年から一年半、東京に滞在されたとのことですね。今回の来日の印象はいかがですか。

非常に対照的な二つの思いが混ざり合っているという感じです。まず、私にとって世界でも最も美しく大変興味深い国の一つである日本、私の大好きな日本にまたやってくることができたことは大きな喜びです。京都では、大徳寺や東福寺、東本願寺、西本願寺、南禅寺や銀閣寺などを再び訪れることができました。そこには、このような素晴らしい文明を生み出したとともに、大変礼儀正しく、知的好奇心に富む人々が住み、かつ世界有数の経済力を誇る日本があります。私が期待していた日本がそこにあったのです。

ところが同時に、想像していなかったことですが、予期せぬ発見もありました。私が一九八一年に住んでいた時の日本は、非常に活力に満ちた社会であり、西欧のメディアが常にその動向を報じていました。その後、世界のＧＤＰに占める割合は一七％にも達し、いずれはアメリカ合衆国を脅かす存在として語られていました。数多くの技術革新が実現され、若者たちの熱気に溢れた日本がありました。それが現在は、五％台に後退しています。かつての熱気もさめ、若い人々が減少している感じがします。日本に来て丸一週間になりますが、ベビーカーにはまだ出会っていません。小さな子供たちを何人かは見かけましたが、やはり子供の姿を見かけることは稀ですね。その代わりに多くの高齢者の姿に出会った気がします。なんだか、国全体がこの二〇年の間に、失速してあまり変化していないような印象を持ちます。

とにかく驚いたことに、物価が変わっていないように感じます。一九八一年ころの日本は、非常に物価が高く生活しにくい国だったのです。あの頃は、世界でも最も物価の高い国のひとつだったのです。例えば、家賃、食費、交通費などについてですが、今でも確かに高いままのものはありますが、レストランで昼食や夕食を取るとすれば、いまではパリよりもはるかに安く上がります。交通費については、タクシーはやはり安めですし、お土産のために買うお菓子やグッズなどは、フランスの方が高いです。寿司定食などの値段は、私がかつて住んでいた時とほとんど変わっていないのに驚いています。ですので、日本はかなり活力を失いつつある国だという印象を持ちます。

おそらく二つの要因があると思います。一つは、少子化によりいわば燃料が不足しているということです。もう一つは、長らく継続されて来た緊縮財政のデフレ化政策によるものです。その結果、今日の日本は世界でも最も成長率の低い国になっています。

フランスの変化――移民問題とEU

――私は、フランスと関わるようになって四〇年ほどになりますが、この間フランスも大いに変化してきたと感じています。ご指摘のように、日本も大きく変化して来ました。少子高齢化と経済の凋落、二〇年間続くデフレ状況、そしてとりわけ近年になって外国人労働者の増加が顕著になりました。やはりフランスも大変な変化を遂げて来たと言えますが、この変化についてどのような認識をお持ちでしょうか。

おっしゃる通りです。フランスは大きく変化してきました、しかも悪い方向に。日本の変化がそうであるように悪い方向にです。しかし私の印象は、フランスの方が、日本よりもより大きな変化を経験してきたと感じています。フランスに住んでいますと、高齢化はそれほど激しいものとは感じません。統計指標が示しているように、ごく最近までフランスの出生率は一・九を維持して来ていました。人口が維持される二・一という水準に近いものです。出生率が低下して来たのは、ここ一―二年のことです。とは言えフランスでもそんなに子供の姿を見るわけではありません。スリランカやモロッコ、マリへ行って見られるような子供の姿はありません。しかし、日本に比べればまだ子供の姿を見かけるように感じます。もう一つ、指摘できることは、フランスではここ三〇年の間に多くの移民を受け入れて来たことです。これは法律で移民受入れが公式には禁止されていることを思えば、驚くべきことです。現実は、家族の呼び寄せ、不法滞在者らの一連の正規受け入れ、シェンゲン協定による東欧諸国からの大量移民などによって、フランスの社会学的構成は、この二〇―三〇年で大きく変化してきました。

このことが、日本には見られない別の問題を引き起こしています。日本にとっての重要な問題状況は、高齢化とデフレですが、フランスの世論レベルでの重大問題は、移民問題です。一貫した政策によって対処されないまま、出現した収拾のつかない現実が、「国民戦線」だけではなく、ほとんどすべての政党に影響を及ぼしています。最近も、左派の知識人たちが、フランスは移民に対して国境を大きく開くべきだというキャンペーンを開始し、メランション(1)に署名を求めましたが、メランションはそれに署名しませんでした。つまり左派であるメランションですら、フランスの社会的変化と有権者の思いの推移を理解しているということです。

そしてフランスにはさらに重大な問題があります。それはここ三〇年で、フランスはかつてのフランスではなくなったということです。つまりフランスは、もうフランス人によって統治される国ではなくなったということです。一九九二年のマーストリヒト条約締結以来、フランスは欧州連合の一部となり、ヨーロッパ委員会に与えられた権限はそれまでとは比較にならない強力なものになりました。さらにＥＵはユーロを導入し、欧州中央銀行を通して加盟国の通貨政策、予算、金融政策を決定することになりました。ですので、私は、日本はまだ主権を保持していると考えていますが、フランスはそうではなくなったのです。確かに、アメリカの日本に対する影響力はあらゆる領域で強力です。経済の分野では、市場の自由化、公共サービスの民営化などについて強い圧力を受けていると思います。また地政学的な分野での圧力も強力です。しかしフランスについては圧力どころではなく、様々な決定が外国でなされているのです。通貨、予算、公定歩合、為替レートなどについては、フランクフルトの欧州中央銀行が決定するのです。

それからブリュッセルのＥＵ委員会が、国政に関するほとんどの決定を行なっています。さらには、外交と安全保障に関する決定は、ＮＡＴＯの本部があるワシントンが行っているのです。これらを以って、日本とフランスの間にいくつもの類似点があると言えます。フランスでもデフレ傾向が継続していますが、これはヨーロッパ委員会の通達に従って、公共支出の削減、公共サービスの閉鎖もしくは民営化、公務員の削減などが強いられているからです。フランスの基準金利は、何年も前から日本のように非常に低い水準を推移しています。そして、外交と国際関係、防衛政策の分野での決定を見れば、フランスが衛星国化していることを理解することができます。今や、私たちは、ＥＵの存在を介してアメリカの衛星国になってしまったのです。かつて、ポーランド、チェコスロヴァキア、東ドイツがソビエトの衛星国であったようにです。

ただ日本とフランスの違いをいうならば、日本の場合はアメリカとの二国間の関係ですので、もしアメリカからの圧力が弱まってくれば、その支配から抜け出ることはより容易ではないかと思います。何人かの政治家との会見では、アメリカによる植民地化という言葉が何回か聞かれましたが、この手の語彙は二〇年ほど前には、ほとんど聞かれなかったように感じました。ですので、七〇年続くアメリカの支配に対するそれなりの感情が熟成してきているのではないでしょうか。日本とアメリカはカップルの関係ですが、フランスの場合は、もっと複雑です。フランスは、他の二七カ国（イギリスの離脱でもうすぐ二六カ国になりますが）との関係の中に埋没している状態です。しかもその多くの国々が喜んでアメリカの支配下に入ろうとしているのです。つまり、フランスがそれなりの主権と独立を再び獲得しようとすれば、より複雑な作業が必要となるのです。アメリカの圧力から解放される必要があると同時に、アメリカに追従しようとする国々に我々を縛り付けているEU条約から離脱する必要があるのです。

ブレグジットの意味

――まさにそのEUについてですが、ここ数年、かなりはっきりとした反応が出現しています。二〇一六年のブレグジットを始めとして、今年に入ってイタリアでは、EUと根底的に対立するかたちで「五つ星」と「同盟」の連立政権が成立しました。またポーランドやハンガリーでも大きな動きが見られます。このような情勢の中で、EUの今後をどのようにご覧になっていますか。

今、「根底的に対立する」という表現をお使いになりましたが、その表現には賛成できません。仮にポーランド、イタリア、ハンガリー、チェコの政府が、根底的にEUと対立するスタンスを取っているのならば、イギリスが決定したように、EUから離脱することになるはずです。イギリスがEUから離脱するということは、すでに決定事項ですし、来年三月末には実現するということは周知のことです。何故ならば、女王エリザベス二世の裁可が下された法律が成立したからです。我々は、もちろんこのことを大変重要な瞬間であり大変喜ばしいことと受け止めています。イギリスのようなヨーロッパの大国がEUからの離脱を決めたのですから。

イギリスは、一二世紀以来、公共の自由の擁護と民主主義の伝統を持つ非常に重要な国です。一二一五年にマグナカルタを生み出したことで、王権を制限し、貴族たちの自由を守りました。また一七世紀には、ハイビアス・コーパス（人身保護法）を成立させ、人々が自由にイギリス国内を移動できるようにしたのです。クロムウェルの時代には、共和制を実現するところまで行きました。また、議会制君主制を発明したのもイギリスでしたし、労働組合の制定とともに現代の民主主義も作り出したのです。イギリスは常に、ヨーロッパにおける公共の自由をリードしてきた偉大な国ですが、そのイギリスが一九四〇年にナチス・ドイツに敵対した唯一の国であったということの意味を見逃してはなりません。何故ならば、あの時、多くの国がドイツに敗北し休戦協定を結ぶか、アメリカのように我関せずの姿勢を取っていたからです。

このようなイギリスだからこそブレグジットを決定することができたのです。その他の国々は、ただ議論を続け、別様のヨーロッパを作ろうとする素振りを装うか、単純に条約を部分的に無視しているだけなのです。現在の状況は、明暗相入り混ざる非常に曖昧な状態です。支離滅裂とも言える状態で、全般的な解体へ向けてまっしぐらという状況でもあるのです。その意味で、このヨーロッパ構築のプロジェクトは、古代ギリシャの「プロキュストの寝台」[2]の逸話に似ています。古代の小アジアを舞台にしたこの伝説は、プロキュストという巨人が、行き交う旅人を捕まえて、自分の持っている寝台に寝かせて、足がはみ出る人間は、そのはみ出た部分をノコギリで切り落とし、足が短い場合は、足を引っ張って引きちぎってしまうというものです。これは、すべての人間を同じ規格に嵌め込んでしまおうとする狂気を揶揄する逸話と言えますが、まさにEU構築もこれに似ているのです。同じ規格をすべての加盟国に押し付け、ユーロという一つの通貨に押し込めようとするのです。ユーロは、同じ為替レートと同じ基準金利を生産効率の異なる一九カ国に強制する通貨です。異なる経済力を持つ国々に、同じ通貨を押し付けるというのは、全くもって常軌を逸したことであり、うまくいくはずがありません。

ユーロの為替レートは、ドイツ経済にとっては、大変低い水準にあるため輸出力が飛躍的に向上し、結果として三〇兆円以上の巨大な貿易黒字を計上しています。ところが、このレートは、ギリシャやフランスのような国の経済に取っては高過ぎるために、貿易赤字を計上することになったのです。為替レートが高すぎるために、輸出力が低下し、赤字化が進んで失業率の上昇を招きました。これは、プロキュストの寝台に例えられる一つの例に過ぎません。他にも色々とあるのですが、国際関係においても同様のことが言えます。やはり、うまく行くはずがありません。例えば、ロシアに対するエストニアやリトアニアの利害とフランスのそれとが一致することはあり得ません。ＥＵ全体が単一の外交姿勢を持つと、各国の多様な利害を無視することになるのです。これはＥＵのあらゆる基準について言えます。それぞれの国の人民の意志と根本的な利害を踏みつけながら、長く統治を続けることはできないのです。今やユーロの存在が、イタリアやスペインなどの南ヨーロッパの国々を深く毀損していることによって、状況は非常に緊迫してきています。ですので、ヨーロッパ支持派のイデオローグたちは、一国でもユーロから脱退すれば、トランプのカードでできた城のようにユーロそのものが瓦解するということを理解しています。そのために、あらゆる機会を使ってブレグジットが恐るべき結果をもたらすとする恐怖キャンペーンを必死に展開しているのです。ブレグジット以降のイギリスの状況は、実際は、逆にかなり良好に進んでいるにもかかわらずです。一般の人々のパニックを煽って、なんとか、ＥＵの瓦解を防ごうとしているのです。

以上が現在、私たちが直面しているＥＵの状況です。この一一年間、[3]私はフランスのＥＵとユーロからの離脱の重要性を主張してきましたが、現在進行している状況は、私の分析と提言が正しかったことを示すものです。「人民共和連合」が今日、フランスの世論において追い風を受け、重要な位置を占めつつあるのは、まさにその証だと言えます。

「ヨーロッパ単一通貨」という幻想

――「プロキュストの寝台」のような伝説が生まれる背景は、古代ギリシャの時代ではどのようなものと考えられるのですか。またそれが今日、EUとユーロを語るときに興味深い逸話として感じられることにはどんな関連性があるのでしょうか。

ヨーロッパの単一通貨という発想は、あらゆる植民地支配がそうであったような非常に古典的なものなのです。このことについては、私は「ユーロの悲劇」[4]という講演の中で説明しているものです（この講演は「人民共和連合」のサイトにアップされています）。ある国が、他の国を植民地化しようとするとき、まずは共通市場の中にその国を組み込もうとするものです。そして本国の製品をより高い価格で植民地に流通させようとするのです。次いで、通貨を強要することになります。例えば、フランスはフランをモロッコやチュニジアに強要し、インドシナにはピアスを押し付けました。その背後にある戦略は、単一通貨によって新たに統合された集団を作り出そうというものです。ヨーロッパ統合のプロジェクトは、まさにこの戦略のもとに進められてきました。これは、ユーロという通貨を下部構造とすることで、多様な民族を新たなヨーロッパの集団に作り変えようとするもので、その発想はマルクス主義的なプロジェクトにも似たものです。ビスマルクの関税同盟がそうだったように、ヨーロッパ統合は最初、共通市場を作るところから始まりました。その共通市場に製品を流通させることで、徐々に「事実としての連帯意識」を作り出そうとしたのです。この「事実としての連帯意識」という表現は、一九五一年、「欧州石炭鉄鋼共同体」を創設するときにロベール・シューマンの宣言の中ですでに使われています。そうすることで、気づかないうちに、いつの間にか統合された集団を作ろうとしたのです。しかし、これは幻想に過ぎず、うまくいきません。事実、ヨーロッパ統合の試みは、一九九二年まではECヨーロッパ経済共同体として、その後はEUヨーロッパ連合として一九五七年のローマ条約から既に六一年に及びますが、機能不全を起こしています。それぞれの人民が離婚の危機に差し掛かっており、随所で硬直状態に陥っています。反対に、プロキュストが人々を同じ規格に切りそろえようとしたように、EUによってヨーロッパの多様な人民を同じ規格に押し込めようとしているのです。これはうまくいきません。「ヨーロッパ人」というのは存在しないのです。そこに存在するのは、フランス人、ドイツ人、ベルギー人、イタリア人、スペイン人、ポルトガル人、ポーランド人、チェコ人、ハンガリー人、ギリシャ人なのです。

――現代のEUが、このプロキュストの逸話にあるような、社会や人々を一つの規格で切り取り、一つの型にはめ込もうとする試みであるとしたら、古代ギリシャにおいてもそのような試みが批判される必要があったのでしょうか。

このプロキュストの神話は、すでに人間が常に持っている子供じみた欲望を糾弾するものとなっていると思います。人間精神には、本来どこかに単純化し、画一化したいという意志が備わっているのだと思います。例えば、軍においては、将軍はすべての兵士たちが同じように動く駒であることを理想とするかも知れません。その背後には、個としての多様性を否定しようとする意志があるでしょう。背の高い人、低い人、太った人、痩せた人、運動好きの人、あるいは閉じこもるのが好きな人、頭の切れる人やそうでもない人など、色々あるわけです。個々の固有性を否定しようとするこのような意志は、非常に危険なものでもあります。あらゆる独裁の可能性がそこにあるからです。フランス語には次のような表現があります。「同じような背丈がいいのだ、はみ出た背丈のやつは好まない」と。つまり、みんなが自分に一様に従わなければならないという意味です。これはまさに独裁者の意思です。プロキュストの神話の背後には、個性を否定し、画一的に支配したいという独裁者の意志が描き出されているのです。

メディアに黙殺される

――アスリノさんは、二〇〇七年に政党「人民共和連合」を立ち上げてフランスをEU、ユーロ、NATOから離脱させるための運動に身を投じられたわけですが、メディアは、どのような反応を示したのでしょうか。

一部の例外を除いて、主要メディアは、あたかも私が存在しないかのように振る舞いました。私を無視し、黙殺しようしてきました。さすがに、昨年二〇一七年の大統領選の時は、私に発言の機会を与えなければならないという法律に従って、私はいくつかの番組に呼ばれましたが、非常に蔑むような対応でした。つまり私が、極右の政治家であり、陰謀論的な運動を展開しているというのです。しかも、非常に攻撃的な質問を浴びせかけただけではなく、私の説明が非常に意味あるものであるということが判ってくると、途端に話題を変えて、しばしば説明を遮るというものでした。ジャーナリストたちは、中立な立場に立つのではなく、様々な手を使って、私を攻撃し、ひたすら私の主張の信頼性を貶めようとして掛かったのです。その手口がどのように繰り出されてくるのかについては、私も次第に理解するようになりました。

ジャーナリストたちが、何故そのように行動したかについては、三つのことが言えます。まずは、彼らは、ますます多くの仕事が求められてきており、問題状況を掘り下げて調査するという時間がないということがあります。彼らの新聞や雑誌は、しばしばほとんど破産寸前の状態ですので、人員が削減されてきています。ですので、誰か別のジャーナリストが、批判的な記事を書くと、それを模倣して同じような記事を書くことになるのです。ジャーナリストたちの世界で言われていることを横流しするわけです。この現象は、逆の方向で同じような記事を量産することにもなります。マクロン候補を賞賛する記事が、メディアの中で量産されたのもこのメカニズムの現れだったと言えます。現在のマクロン大統領の行動を見れば解りますが、大統領の職責は、彼の能力と人格には重すぎるのです。とんでもない愚行を繰り返しながら、フランスを破滅に追いやりつつあると言わざるを得ません。このような状況の中で、ジャーナリストたちには分析を深く掘り下げていくだけの時間と意欲と能力がないと言えます。私が、いわば新顔の候補者であったということは、そのような習性に拍車をかけたことになります。

第二には、私が、金融界や連携組織の支援を受けていなかったことが挙げられます。フランスには、個人、職業、思想、政治的な関係が作り出す様々の連携組織が存在しますが、そのどれにも所属していなかったからです。そのようなネットワークを介してメディアへのアクセスを開くことができなかったのです。私は、新顔の候補者である上に、組織の支援がなかったわけです。反対に、マクロン候補は、新顔候補でしたが、金融界のバックアップを通して大々的にメディアへのアクセスを手にしたのです。

第三には、私の主張が、一九五七年のローマ条約以来展開されてきたヨーロッパ統合というメインストリームのイデオロギーと真っ向から対立するものであったことが挙げられます。このヨーロッパ・キャンペーンは、一九七四年、すでにヨーロッパ主義者であったジスカール・デスタンの大統領就任によって加速されました。そんななか、EU、ユーロ、NATOからの離脱の必要性を説くことは、六〇年來の伝統と慣性を背景とした政界全てを批判する必要があったのです。しばしばEU批判派として、まことしやかに語られる「国民戦線」やニコラ・デュポンエニョン、メランションそしてその他極左の候補者たちの誰一人として、私のように真剣にEUとユーロからの離脱を主張していないことが、その困難さを示していると言えます。

ＥＵ離脱は孤立ではない

――ヨーロッパ統合については、現在、様々な動きがＥＵ内で展開しています。イギリスのＥＵ離脱の決定、ブレグジットはまさにその一つです。そのイギリスで離脱へ向けての交渉を進めているのがテリザ・メイ首相ですが、彼女は、国民投票のときには残留派としてのキャンペーンを張った人でした。それもあってか、離脱へ向けての意欲があまり感じられないように思いますし、最近では、首相用の別荘チェッカーズでＥＵ寄りの方針を決定しています。この方針は多くの離脱派によって批判されました。実際、閣僚全員の携帯を取り上げ、一二時間に及ぶ缶詰状態の会議による決定だった訳ですが、離脱担当大臣だったデイヴィッド・デイヴィスが直ちに辞任しましたし、外務大臣だったボリス・ジョンソンも数日後には内閣を辞しています。このようなイギリスの状況をどのように分析されていますか。

まずイギリスの制度上の問題があります。イギリスの制度では、多数党の党首が首相になるわけですが、現在の多数党は保守党です。ですので、先の首相は、当時保守党の党首であったデイヴィッド・キャメロンでした。彼は、ＥＵからの離脱が拒否されることを想定して国民投票の実施を決めましたが、実際には、イギリスの有権者たちは離脱を選択しました。そこで伝統に則って、首相を辞任するとともに、政界からも身を引きました。このような対応は、イギリスの政治文化が、フランスのそれとは、かなり違うことを示しています。例えば、二〇〇五年にシラク大統領が、

ＥＵ憲法条約の批准を巡って国民投票を行いましたが、その提案が否決されたにもかかわらず、彼は辞任しませんでした。この意味では、イギリスの慣習はフランスのそれよりも民主的だと言えます。ともかく、デイヴィッド・キャメロンが辞任したことにより、後任の首相を決める必要がありましたが、保守党のあらたな党首が自動的に首相になることは、自明のことでした。この点も、フランスとは大きく異なる点です。問題は、保守党の議員の多数派は残留派でしたので、新党首も残留派ということにならざるを得ないのです。国民投票の結果が五二％で離脱賛成でしたが、この離脱支持の内訳は、極右のイギリス国民党ＢＮＰから一──二％、イギリス独立党ＵＫＩＰから一七──一八％が寄せられたのです。保守党からは少数派が離脱を訴えましたが、多数派は残留を訴えて国民投票に臨みました。左派については、離脱を訴えたのは労働党の一部と極左の党や鉄道海運労組ＲＭＴなどの労働組合だったのです。つまり、離脱が五二％で勝利したのは、極右から極左までの広い政治スペクトルからの票が集まったからでした。フランスにも同様の状況があるのです。それ故に私は、左右の対立を超えて、あらゆる党派から人々を結集し、フレグジットを実現するために「人民共和連合」を立ち上げたのです。

キャメロン首相が辞任した後も保守党の議員の多数派は残留派でしたので、残留派のテリザ・メイが首相に選ばれました。この事実にはあまり注目されることはないかも知れませんが、このことによって、彼女の首相就任以来、ある種の疑いが彼女に掛けられていることは事実です。つまり、ギリシャ神話のペネロペーのように、昼間編んだ絨毯を夜の間に解いてしまって、いつまでたっても絨毯が編み上がらないようにしているという疑いです。違いは、ペネロペーは編み上がってしまうと結婚を強いられるのを嫌ってそうしたのですが、テリザ・メイ首相の場合は、ＥＵとの離婚を嫌ってサボタージュするという訳です。

先ほどお話しされたチェッカーズでの会議についてですが、確かにあの会議で決定されたのは、いわゆるソフト・ブレグジットでした。つまり、今までのＥＵとの関係をできるだけ温存しようというものです。いろんな妨害が起きてはいますが、ブレグジットについては、私は、むしろ楽観的に考えています。もちろん何が起こるかは、予断を許さないのですが、離脱交渉は進展しているようですし、ＥＵの法律がイギリスで適用されることがなくなる訳ですから、仮にソフト・ブレグジットであったとしても何かが確実に変わるのです。根本的に重要な点は、離脱によって、イギリスからのＥＵへの拠出金がなくなることです。イギリスは、今後その拠出金分を独自の外交政策、経済政策を世界中の国々を相手に自由に展開するために使うことができるのです。現在のように、二七カ国のそれぞれ一致しない意向を忖度しながら対応しなければならない欧州委員会の承認を仰ぐ必要がなくなるのです。いずれにしろ、イギリスはイギリスにとって最良の道を見出していくと考えています。その点は楽観的に見ています。まずは基本的な離脱の基本的な手続きを済ませた後で、明確な離別への調整をしながらハード・ブレグジットを実現しても遅くはないのです。ですから、ともかくブレグジットの象徴的な意味が重要であり、それだけでも素晴らしいことだと思っています。

ところで、私たちもＥＵとユーロからの離脱を目指していますが、それは決してフランスの隣国との関係を閉鎖し、世界の中で孤立した砦にとじこもろうというのではありません。そんなことは、全くもってナンセンスです。フランスがＥＵから離脱した後も、シャンパンをイギリス、ドイツ、スペインなどに輸出し続けますし、エルメスやルイ・ヴィトンのバッグを中国、日本、香港などで販売し続けます。それからメルセデスを輸入し続けますし、ベトナム製の携帯を買い続けることにもなります。ですので、ＥＵが存続する限り、ＥＵとの関係も維持し続けることになるのです。ただ、フランスが離脱をすれば、ＥＵは崩壊することになるでしょう。ＥＵがなくとも、貿易関係は成立するのです。現在すでにＥＵ加盟国ではないスイスやノルウェー、さらにはカナダ、モロッコ、チュニジアなどとも大変良好な貿易が行われています。

「人民共和連合」の戦略

――イギリスは、ブレグジットを決定しました。そしてイタリアは現在、中道左派の「五つ星」と右派の「同盟」が連立政権を成立させ、ＥＵ当局とイタリアの国益を守るための攻防が始まっています。このような政治的連立はフランスでは実現可能なのでしょうか。

政治において、決してありえないと断言することは、許されないと思いますが、率直なところ、フランスでそのような連立を目指すことは現実的ではないと考えています。私に向けられる批判の中にしばしば、他の勢力と連立を組もうとしないのはけしからんというものがあります。なぜマリーヌ・ルペン、[5]デュポン＝エニョン、[6]アスリノ、メランションで連立を組もうとしないのか、というものです。そんな時、私は次のように答えるのが常です。この四つの勢力の中で、我々がもっとも新しい勢力なのであり、彼ら三人の勢力が連立を組むことができた暁には、考えても良いと。ともかくも、マリーヌ・ルペンがメランションと連立を組むことができる日がくるとは考えられません。昨年の大統領選挙の決選投票のとき、デュポン＝エニョンとルペンの間で協力関係が結ばれましたが、その関係も直後の国民議会議員選挙では解消されました。ですので、彼ら三人の間で協力関係が成立することがない限り、我々四人の連立というものは考えにくいのです。

さらに私たち「人民共和連合」にとって無視できない問題なのですが、党の憲章の中に、左派や右派を問わず特定の党派への偏りを戒めている条項があります。ですので、仮にルペン氏と連携を組めるとしたら、それはメランション氏とデュポン＝エニョン氏が加わることが前提となるのです。またメランション氏と協力できるとしたら、それはルペン氏とデュポン＝エニョン氏も連携するというのが前提となります。この三人のうちの一人なり、二人だけと連立を組むということはありえません。「人民共和連合」の党員や支持者は、左から右までの広範なスペクトルから集まっていますので、どちらかに偏ることになれば、必ず離れていく人たちが現れることになるでしょう。メランション氏とだけ連携を組めば、右からやってきた人たちは直ぐにも離党するでしょう。逆にルペン氏とだけ連携を組めば、左からきた人たちが去って行くことになります。

さらに忘れてはならないのは、私を含めたこの四人の中で、ＥＵとユーロからの離脱を明確に主張しているのは、私だけだという事実です。他の三人は、ＥＵとユーロからの離脱を拒否しているのです。この根本的な点に賛同できない三人との連携は、私の望むところではありません。実際のところ、ルペン氏やデュポン＝エニョン氏は、私との類似性よりは、はるかにロラン・ヴォキエ氏(7)に近い姿勢を示しています。ヴォキエ氏は、ＥＵの中に留まりながらフランスの利益を守ろうという、例によってよくある姿勢ですし、反移民の態度を明らかに強めています。ですので、ヴォキエ、ルペン、デュポン＝エニョンの三氏を隔てるものは何もないのです。同様に、メランション氏は、ことに最近、来年のヨーロッパ議会選挙のために、強硬なヨーロッパ支持の社会党と急接近しています。ですので、彼にとってＥＵ離脱は、視界にすら入らなくなっているのです。我々のスタンスは非常に明快です。我々にとって重要な姿勢を崩してまで、このように根本的なところで賛成できない勢力と連携することなど考えられません。

「民主主義」を問う

――最後の質問になりますが、日本ではこの二〇年間、デフレ状況から脱却できずに、貧困化と格差の拡大が深刻化して現在に至っています。その原因である緊縮財政と消費増税を前提とした経済政策は、フランスにおいては、ＥＵ委員会からの通達であるGOPE: Grandes Orientations des Politiques

Economiques（経済政策に関するガイドライン）の内容に極めて類似しているように思えるのですが、これには何か理由があるのでしょうか。

それには、大変深い構造的な理由があると思います。日本もフランスもＯＥＣＤに加盟していますが、この機関は日本を含めた西欧先進国のイデオロギーを構造化する役割を担っています。そこではアメリカ由来の新自由主義の政策の実行が絶え間なく求められています。しかも日本の公共赤字はＧＤＰの二〇〇％と高い水準にありますので、我々の国に対するのと同じような政策が求められているのです。ただ、実のところ日本の借金は、そのほとんどが円建てで、日本人によって担われていますので、国としては安定しているのです。しかしフランスはそうはいきません。フランスの借金の一五―二〇％は外国からのものだからです。とにかくＯＥＣＤの加盟国は全て、アメリカという親方の影響下にあり、メンタリティー的には多かれ少なかれアメリカの植民地でもあるのです。

そんな中で特筆すべきは、トランプ大統領がそのアメリカのエスタブリッシュメントのお膝元で出現したことです。トランプ大統領は、エスタブリッシュメントが好まない政治を遂行することによって、メディアは毎日のようにトランプ攻撃を繰り出しています。トランプは、何はともあれイデオロギーと世界の地政学的な要件を変化させていると言えるのです。彼はある種の保護主義への回帰を経済政策に注入しているのです。その経済的な成果は、彼の目指す通りになっており、エスタブリッシュメントが、トランプのような候補が大統領になれば経済は壊滅的なものになるといっていた喧伝とは、全く逆の結果が出ているのです。アメリカの現在成長率は四・八％と非常に堅調であり、世界第一の経済大国としては驚くべき水準にあります。

フランスのメディアがこぞってトランプ大統領の政策の失敗を報じているのとは裏腹に、トランプ大統領への支持は、保護主義的な政策がもたらした経済的な成果によって、依然として堅調です。その意味では十一月の中間選挙の行方からは目が離せません。結果次第では、彼の政策が作り出してきた新しい方向性に陰りが出てくることはありますが、善戦すれば次の大統領選挙でも成功する可能性が出てくるからです。そうなれば、彼は八年間の在任期間のうちに、最終的にアメリカの趨勢を大きく変換させ、新たな方向へと導くことに寄与することになるでしょう。資本の移動をコントロールするという原則を復活させ、規律ある貿易体制へ導き、多国籍企業の利益ではなく国民社会の利益を擁護することになるのです。そうすれば、日本やフランスなどＯＥＣＤの幾つかの国は、復活することができることになります。

アメリカの問題は、保護貿易へ傾斜しつつあるアメリカ・ファーストの国であるということではないのです。問題は、アメリカの法律をアメリカの領域以外にも強制しようとするアメリカ至上主義であることなのです。例えば、イランと取引のある第三国の企業を制裁の対象にするということは国際法に鑑みてあってはならないことです。トランプ大統領自身は、悪魔でも天使でもありません。ＯＥＣＤ諸国の経済に関する考え方を長期的には新たな方向へ変換させつつあると捉える必要があると思います。これは巨人タイタンとの戦いのようなものであって、日本やフランスは、その犠牲になっているのです。つまり、工業、製薬、金融などの多国籍企業からなる巨大な産業体との戦いだと言えるのです。いわばダボス会議に集まる少数の人間の利益に対する国民の主権、人民の主権の戦いなのです。そこに集う現在の封建権力とも言える勢力は、一八世紀以来、アメリカの独立やフランス革命によって打ち立てられてきた国民国家の主権の原則に対して、独裁的な体制を押し付けようとしているかのようです。

国民国家の成立が創造したのは、まさに人民の主権、市民の権力という原則でした。ところが、二一世紀の今日では、多国籍企業や金融市場が、権力とは人民、市民のものではなく、金融市場のものであると思い込ませようとしているのです。異常なことに、多くの政府は、金融市場に恐怖を与えないために、年金や公共サービスの水準を下げなければならないと言いますが、これは金融市場が人民の意志の上にあるということを受け入れていることを意味します。つまりすでに民主主義ではないということです。今後この問題が、先鋭的な形で問われてくることになるのです。

荻野文隆 訳

（二〇一八年十月収録）

訳注

（1）Jean-Luc Mélenchon（ジャン＝リュック・メランション）は政党「不服従のフランス」（La France Insoumise）の代表、二〇一七年大統領選挙候補者。

(2)「プロキュストの寝台」はギリシャ神話。旅人たちを捉え、鉄の寝台の丈に合わせて、足を切断したり、体を引き延ばして殺害したプロクルーステースの伝説。テセウスがプロキュストを同じやり方で成敗し、恐怖政治は終わる。

(3)「人民共和連合」(Union Populaire Républicaine) は二〇〇七年三月二五日、一九五七年のローマ条約五〇周年の日に合わせてフランソワ・アスリノによって創設された。

(4) La tragédie de l'euro, https://www.youtube.com/watch?v=2Op3yVHH6dM　https://www.upr.fr

(5) Marine Le Pen、「国民連合(旧国民戦線)」(Rassemblement National) の党首、二〇一七年大統領選挙で決選投票をマクロンと戦う。

(6) Nicolas Dupont-Aignon、「立ち上がれフランス」(Debout la France) の党首、二〇一七年大統領選挙候補者。

(7) Laurent Wauquiez、右派「共和党(旧人民運動連合)」(Les Républicains) 党首。

〈講演〉

2　日本のデフレ脱却への道

——日本のデフレ二〇年とEUユーロ・システム下二〇年のフランス 1998〜——

荻野文隆

今回の早稲田大学での企画は、EU・ユーロ体制を批判し、フランスのEU離脱（Frexit）の必要性を唱えるフランスの大統領候補フランソワ・アスリノさんの来日を期に、EU・ユーロ体制の現状と日本のデフレ状況の問題点に焦点を当てようとする試みです。

一九九三年に発効したマーストリヒト条約以来、フランスは政治主権を次第に失い、一九九九年のユーロ導入からは通貨主権も失うことになりました。それ以降今日に至るほぼ二〇年の期間は、フランスにおいては緊縮財政、民営化、産業の空洞化、失業率の上昇、低賃金圧力、社会インフラの劣化、移民の増加、格差拡大の二〇年でしたが、日本においてもそれは、緊縮財政と消費増税によりデフレ化政策が継続されてきた二〇年でもありました。ここに、デフレ二〇年の日本と、EU・ユーロ体制内のフランスに共通する問題状況が浮かび上がります。なるべく手短に、日本の状況とフランスの状況の共通点に焦点を当てながら、お話をしたいと思います。

日本における二つの幻想

まず図1は、日本における一九四六年から二〇一四年までの衆議院選挙の投票率です。ごらんのように大体七〇―八〇％近くあったものが、ベルリンの壁が落ちていわゆる冷戦状況が崩壊したあたりから落ち始め、一旦五九％まで落ちます。ここでちょっと上がっていきますが、これは民主党が政権をとる前段階での期待値がこういうふうに表れて二〇〇九年には六九％まで回復します。ところが、民主党政権への落胆の後は、さらに激しい低下を示していて、五二％と最低値を記録します。前回は五三％ぐらいとちょっと上っていますが、基本的にベルリンの壁が落ちソビエトが崩壊した後、政治への関心の低下が投票行動に明らかに現れています。

このときに何が起こったかというと、日本の場合に二つの幻想がはっきりと広がることになります。一つは、小選挙区制は非常にいい制度であるというものですが、これは当時アメリカのものなら何でもいいという潮流の中で出てきたものです。この選挙制度によって、日本の民主主義は政権交代が可能になりさらにいい方向に展開するという幻想が生まれたのです。二つ目の幻想は、緊縮財政と消費増税は善なるものであるという幻想です。一九九七年に橋本内閣が緊縮財政と消費増税、三％から五％に上げたことによってデフレが始まりますが、それが現在まで二〇年間続いています。

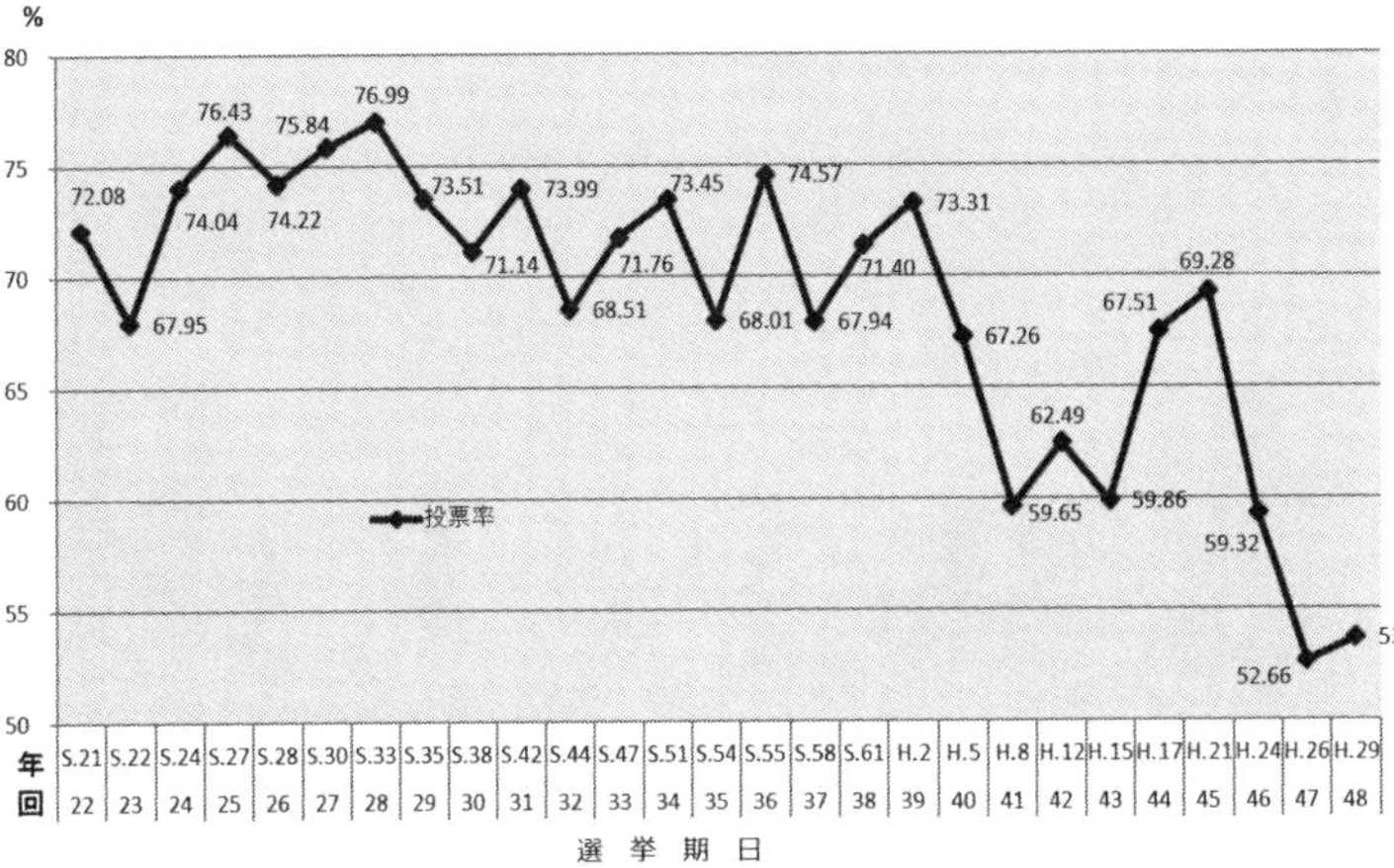

図1　衆議院議員総選挙（大選挙区・中選挙区・小選挙区）における投票率の推移　1945～2017年　出典：総務省ホームページ

結局、緊縮財政と消費増税はいいものであるという幻想が今日まで定着してきたのです。この一九九〇年代に動き始めた二つの幻想が、いまだに日本を縛り、デフレ化から脱却できないでいるのが日本の現状だと言えます。

フランスにおける二つの幻想

さて、図2はフランスのいわば衆議院である国民議会選挙の投票行動の推移ですが、一九九〇年代以降を見ると、日本と同じ傾向を見て取ることができます。ただこれは投票率ではなく、反対の棄権率を表したグラフです。現在の棄権率が、極めて高いのが判ります。一八四八年に始まり長らく二〇％前後の水準できていたのが、ベルリンの壁が崩壊した後、棄権率がどんどん上がっていって、二〇一七年の前回の国民議会選挙の第一回投票では五二％と過半数の有権者が投票に行

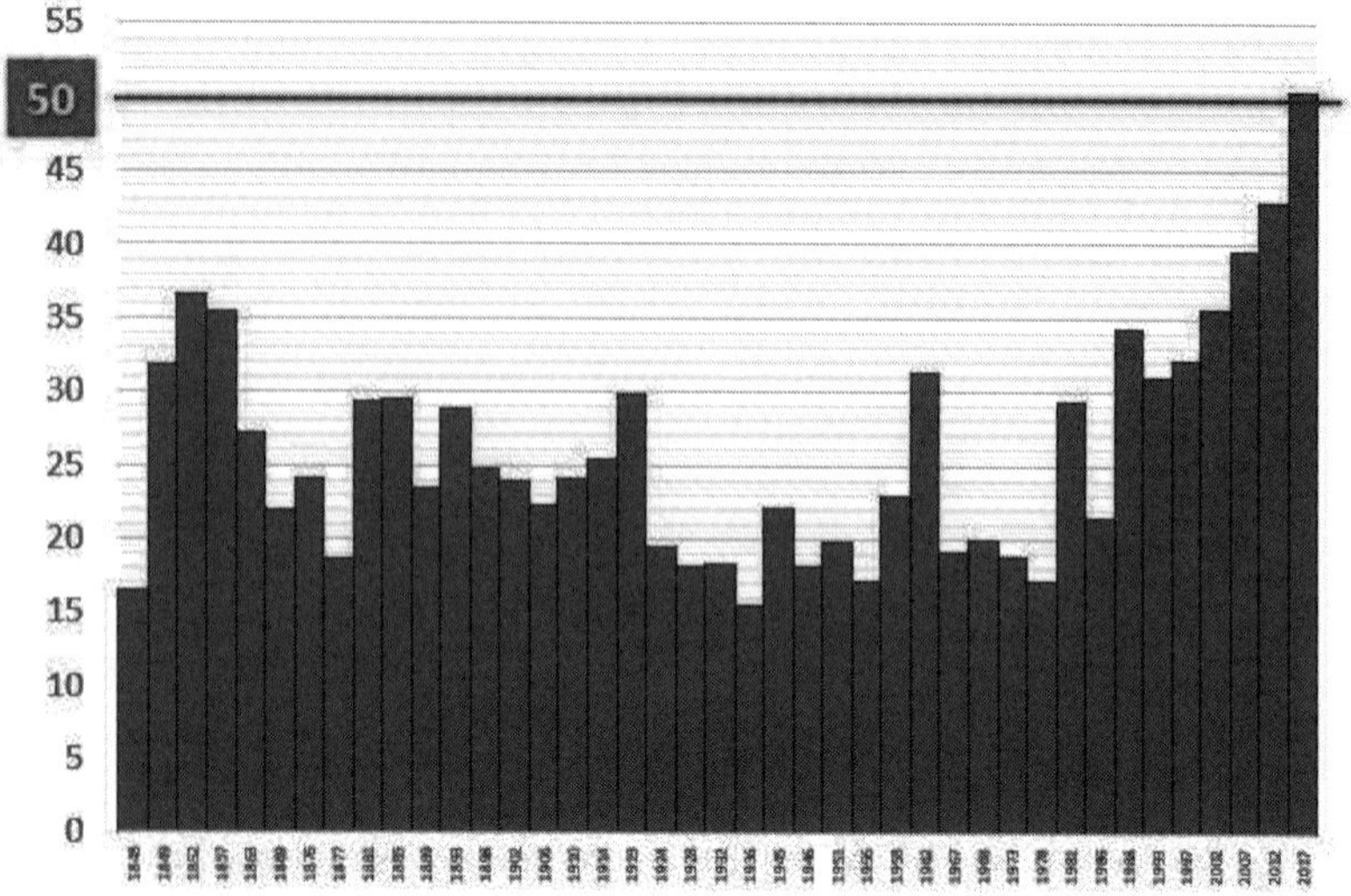

図２　棄権率：フランス国民議会選挙　1848〜2017年

出典：communcommune.com

かない現象が起こります。フランスのように政治好きな社会において、政治離れがここまで起こっていることがはっきりと見て取れます。ベルリンの壁が落ちた後に日本でも投票率が下がってきましたが、フランスでも同じように投票率が下がるという、類似した現象が起こっているのです。

　では、フランスの場合、この時期どういう幻想が起こったかというと、ヨーロッパ統合は平和と繁栄、諸国の助け合いをもたらすという幻想です。それから、もう一つはユーロですね。ユーロを使うことによって、経済的な発展がさらに加速されるというものです。でも実際には、全く逆のことが起こってきたのです。

　つまり、日本においては、小選挙区制は民主主義のためにいいものであるという幻想と、緊縮財政と緊縮財政はいいものであるという幻想が生まれました。そしてフランスでは、マーストリヒト条約以降、ＥＵというのは平和と繁栄をもたらし、ユーロは経済発展をさらに加速するという幻想が生まれたのです。実際には全く逆のことが起こっているわけですが、問題はメディアがそれをちゃんと分析し、報じないために、ほとんどの人々がこの事実に気がついていないことです。

緊縮財政と消費増税でデフレ二〇年

それでは図３のグラフを見ながら、実際、日本でどんなことが起こったかを見ていきましょう。一九九七年に、緊縮財政と消費増税を実行します。すると翌年、一九九八年からデフレに突入し、税収が横ばい、もしくは下がっている状況が見て取れます。税収を増やすために消費増税をしたはずなのに、実際は税収が減少します。そうすると国債発行が一九九八年から増えているのですね。つまり、消費増税をすることによって借金が減るどころか、逆に増えてしまうとともに、政府の支出が横ばいになっているのが判ります。この一九九八年から日本はデフレに突入して現在まで続いているのです。

続いてのグラフ、図４では、現在の安倍政権が二〇一四年に消費増税をやって、その後にデフレ化が急激に強まっています。現在もほぼ同じ状況なのですが、とにかく緊縮財政、消費増税が日本の首を絞め、消費の活性化、経済の健全化の可能性を葬り去っているのです。

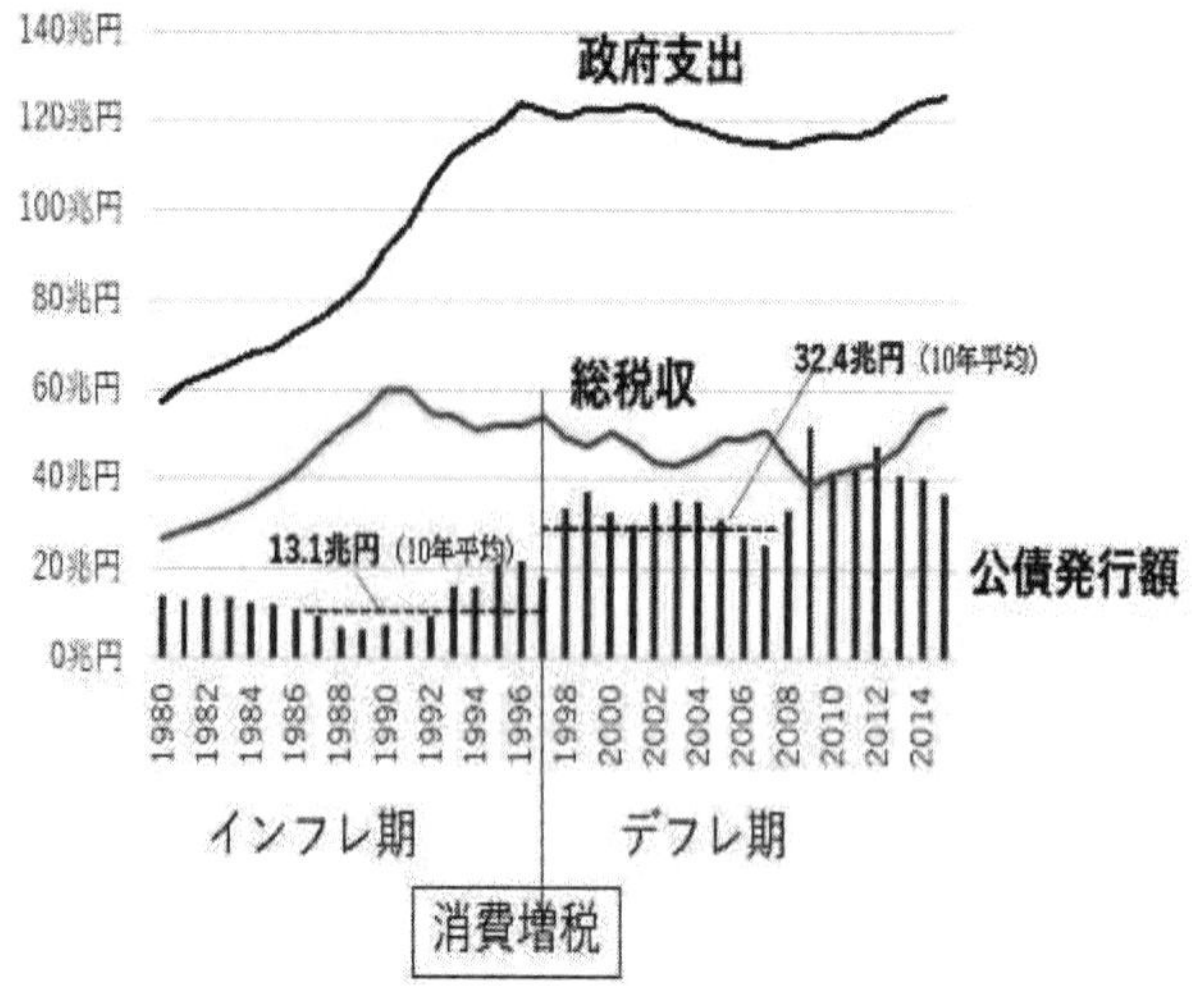

図3　1980年以後20年間のデフレ状況

緊縮財政は公債発行額を増す＝経済を縮小させ税収を減少させる

政府支出、総税収、公債発行額（兆円）：1980-2014

1997：消費増税（3%から5%へ）　　出典：藤井聡（mag2.com）

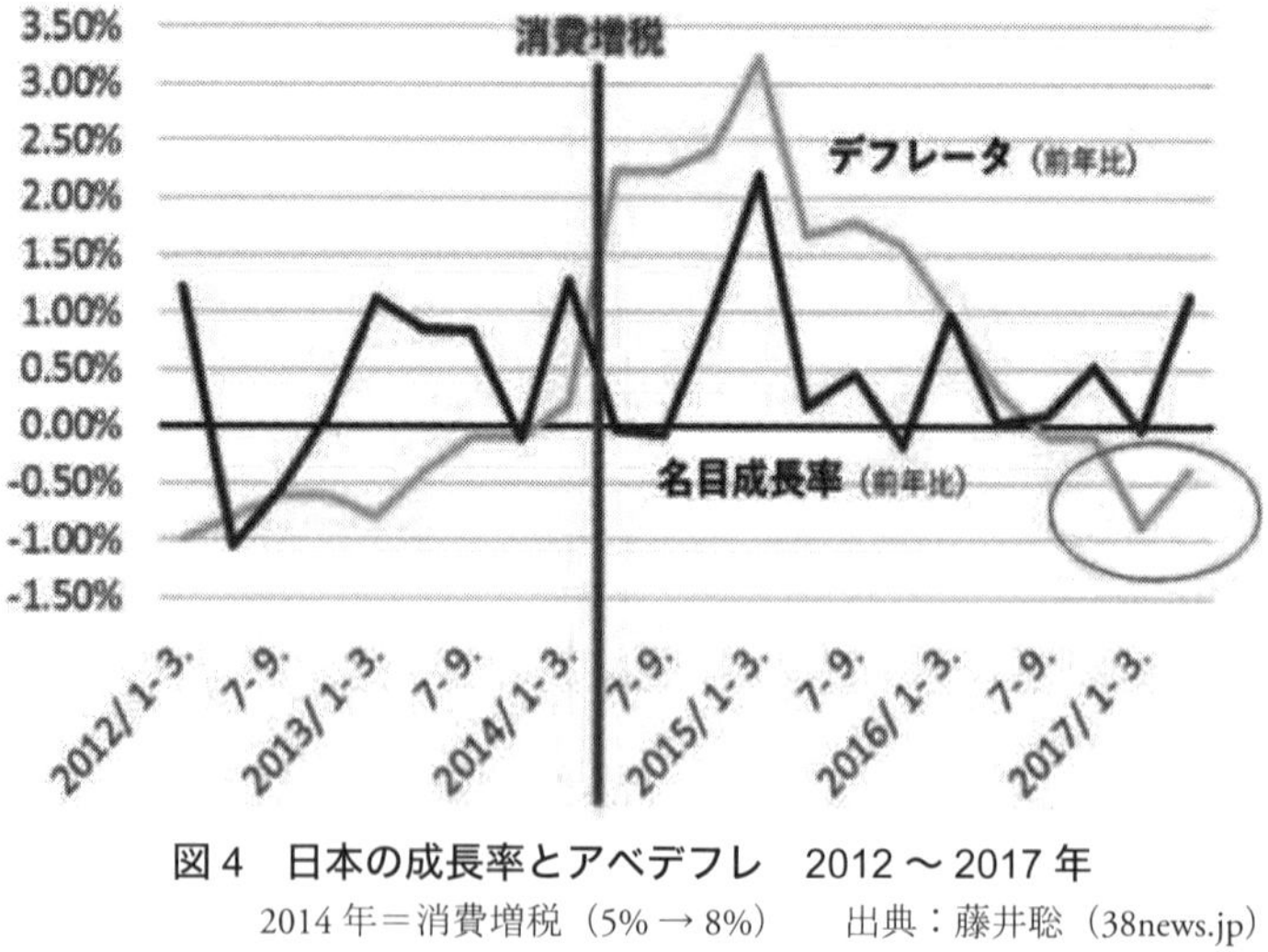

図4　日本の成長率とアベデフレ　2012～2017年

2014年＝消費増税（5%→8%）　　出典：藤井聡（38news.jp）

ところで、日本を含めたいくつかの国のＧＤＰの推移をごらんください（図5）。ちょうどこのあたりでバブルが弾けて、ＧＤＰの伸びが止まります。止まった後に九七年の消費税増税、緊縮財政があって下降もしくは横ばいになっています。この線はアメリカですが、しっかりと増え続けていますね。ヨーロッパ諸国もドイツとかフランスなどが、大体順調に伸びています。日本のように完全に横ばいもしくは下がっている国はどこにもないという状況です。

このことによってどういう具体的な変化が社会のなかに起こっているかというと、これは実質賃金の推移ですが、一九九六年、九七年ぐらいが頂点で、その後ずっと下がっています（図6）。この二〇年近くの間に、大体一五％近く実質賃金が下がっているわけですね。貧困化がはっきりと見て取れます。

緊縮財政による日本社会の劣化

このような貧困化は、自殺率にはっきりと反映してきます（図7）。このグラフは、一九〇〇年から二〇一五年までの各国の自殺率の推移を表していますが、この真ん中の黒く太い線が日本です。九七―九八年頃に一八人から二五人位に急激に上昇しています。人口一〇万人中二五人の方が自殺をするという、非常に厳しい状況がここで見て取れます。実は、七〇年代、八〇年代というのは、フランス、ドイツ、日本は大体同じレベルだったのですが、日本が二五人に跳ね上がったにもかか

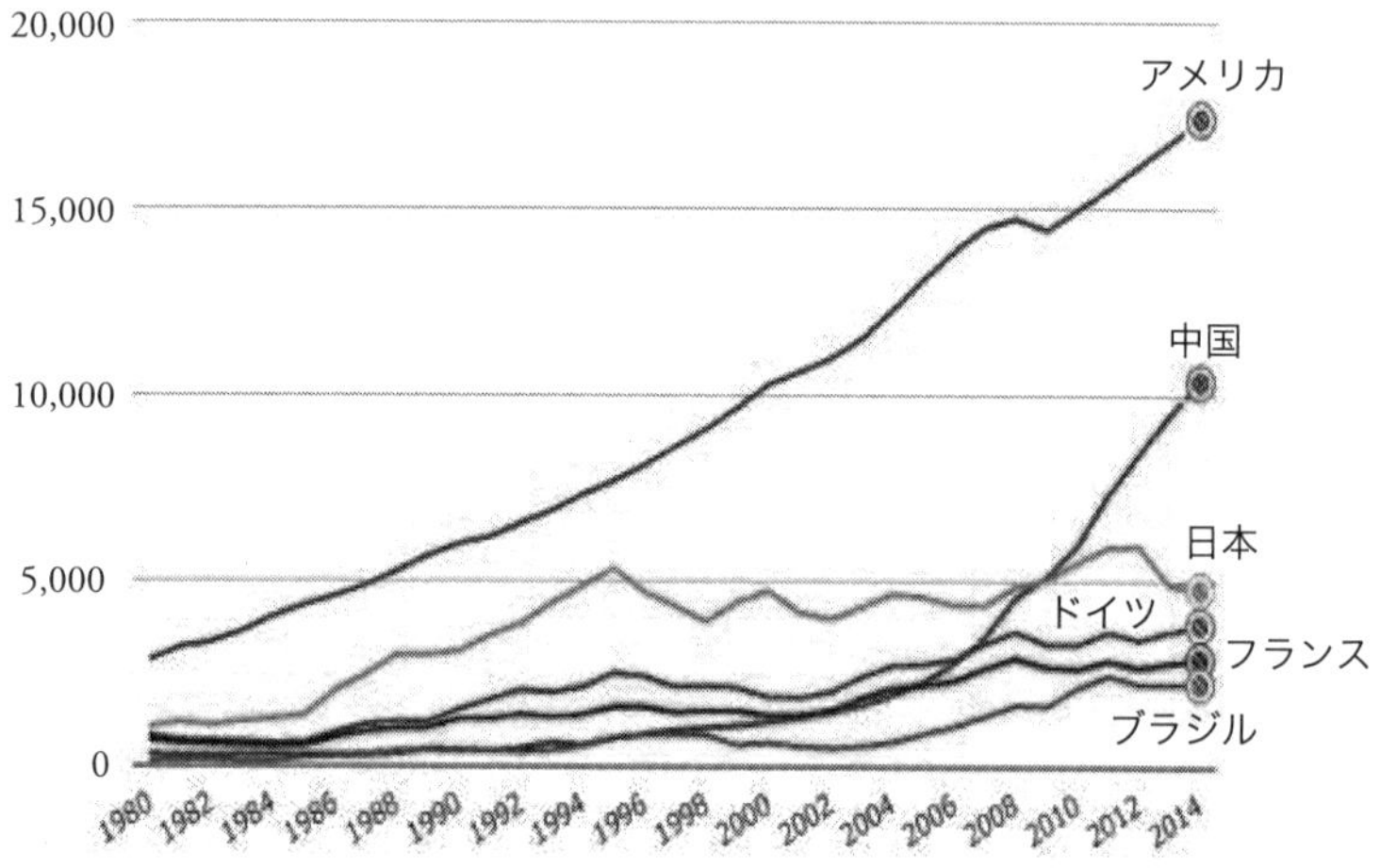

図5　GDP　1980〜2014年

単位：10億USドル

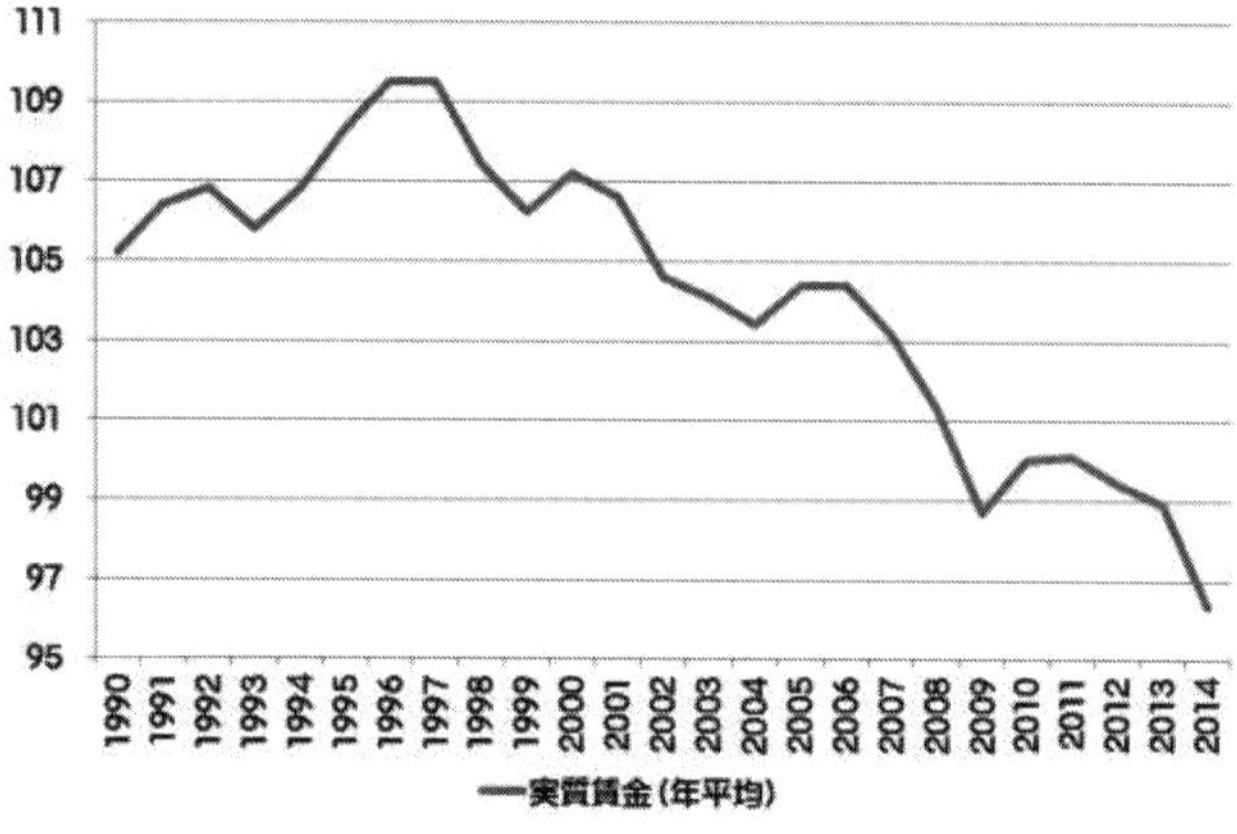

図6　日本の実質賃金の推移　1990〜2015年

出典：mtdata.jp（三橋貴明）／厚生労働省

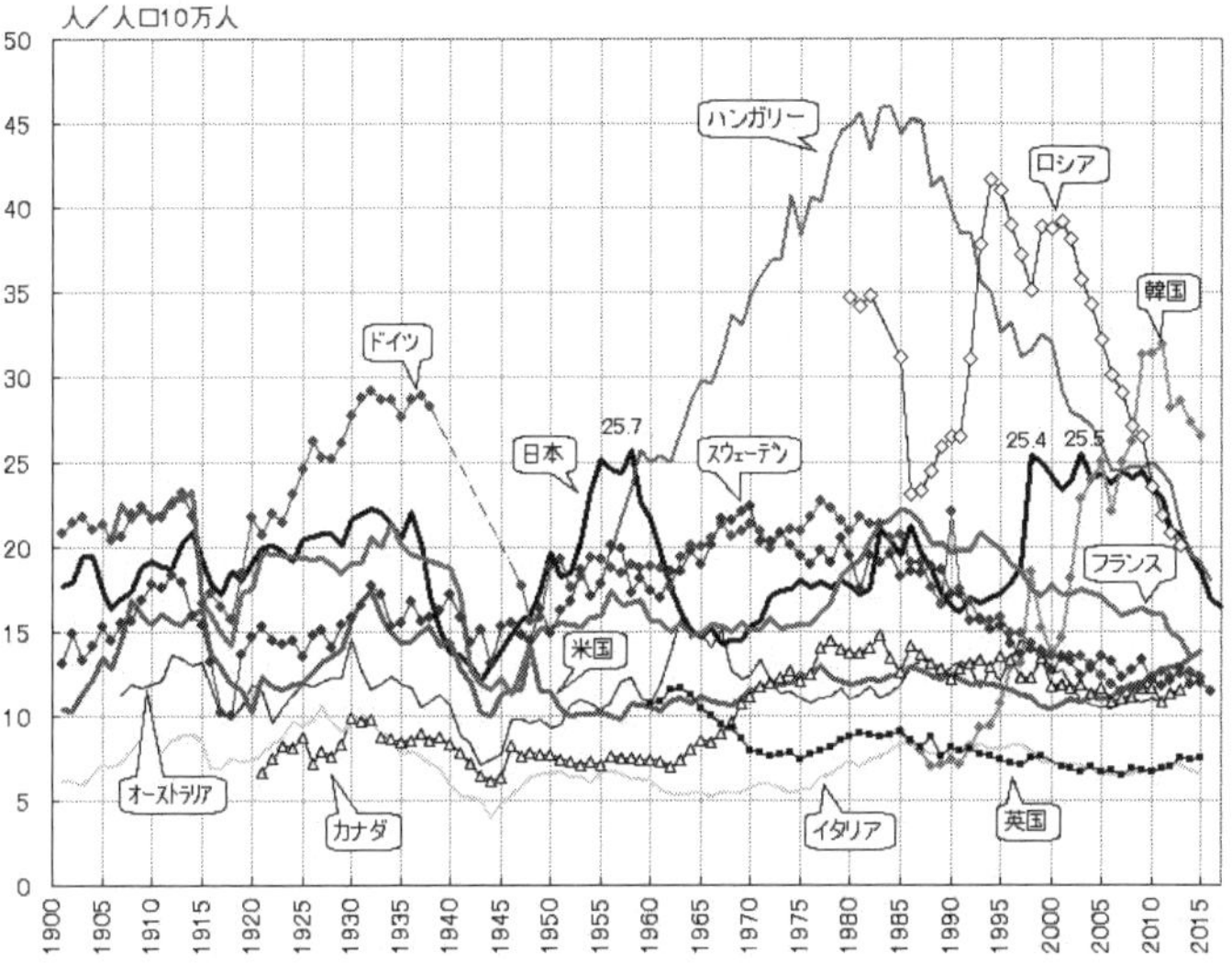

図7　世界の自殺率　1900 ～ 2015 年

出典：社会実情データ図録 honkawa.sakura.ne.jp

わらず、フランスやドイツは逆に少しずつ下がってきているというのが実情です。なかでも、ドイツの自殺率が非常に低くなっているのが見て取れます。デフレ状況がいかに日本社会にストレスを掛けてきたか、さまざまな問題を引き起こすかを表しているものです。

この際に、科学技術への投資について見たいと思いますが、図8は、二〇〇〇年を基準にした変化率を表しています。まず中国ですが、約一一倍増えています。それから韓国が四・七倍です。米国、ドイツ、イギリスは一・六倍、一・五九、一・五二とありますが、日本は一・〇六です。ほとんど横ばいですね。日本だけ世界に存在する唯一の国だったとすればまだしも、近隣の国々がどんどん科学技術への投資を行って

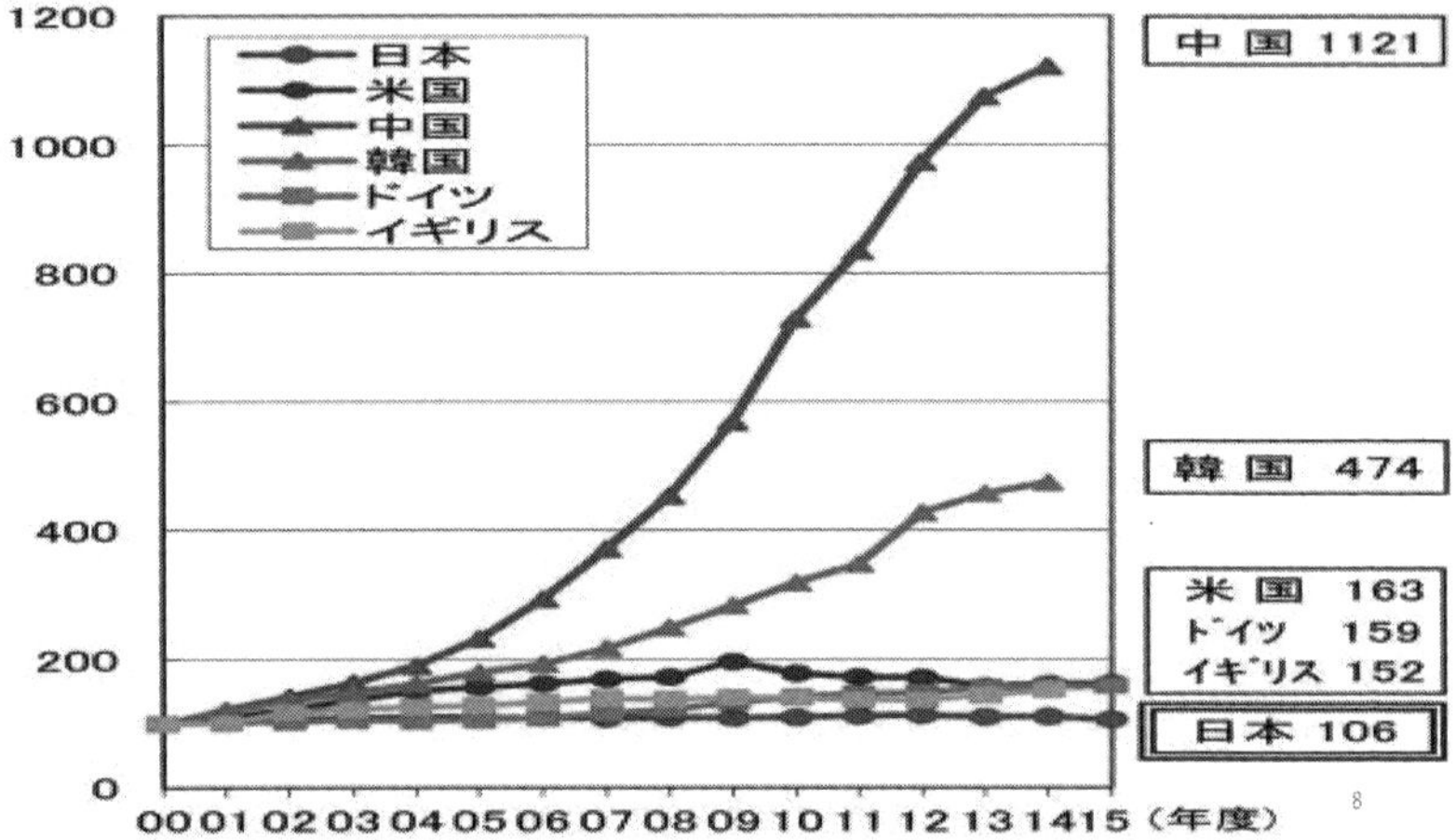

図8　科学技術への投資　2000～2015年

いる訳ですから、この差は日本にとって極めて深刻な結果をもたらすことになります。

図9は政府のインフラ投資です。日本はこの二〇年の間に半分以下になっています。最近、雨が降ったことで数百人規模の犠牲者が出ましたが、これはインフラ投資を大幅に削ってきたことで、河川の管理や浚渫作業が十分ではなかったことを意味しており、引いては日本のインフラが極度に劣化してきていることの表われです。

それに対してドイツをごらんください。ドイツは横ばいです。ドイツもあまりいい状態ではありません。ナチスドイツのときにつくったアウトバーンは、もうかなり老朽化して危ない状態になっているとも聞きますが、それは当然のことですね。それからイタリアが一・三倍、フランスが一・六五倍、アメリカが一・九ですから二倍ぐらいですね。韓国が二・四倍、イギリスが二・九倍、カナダが三・二七倍に

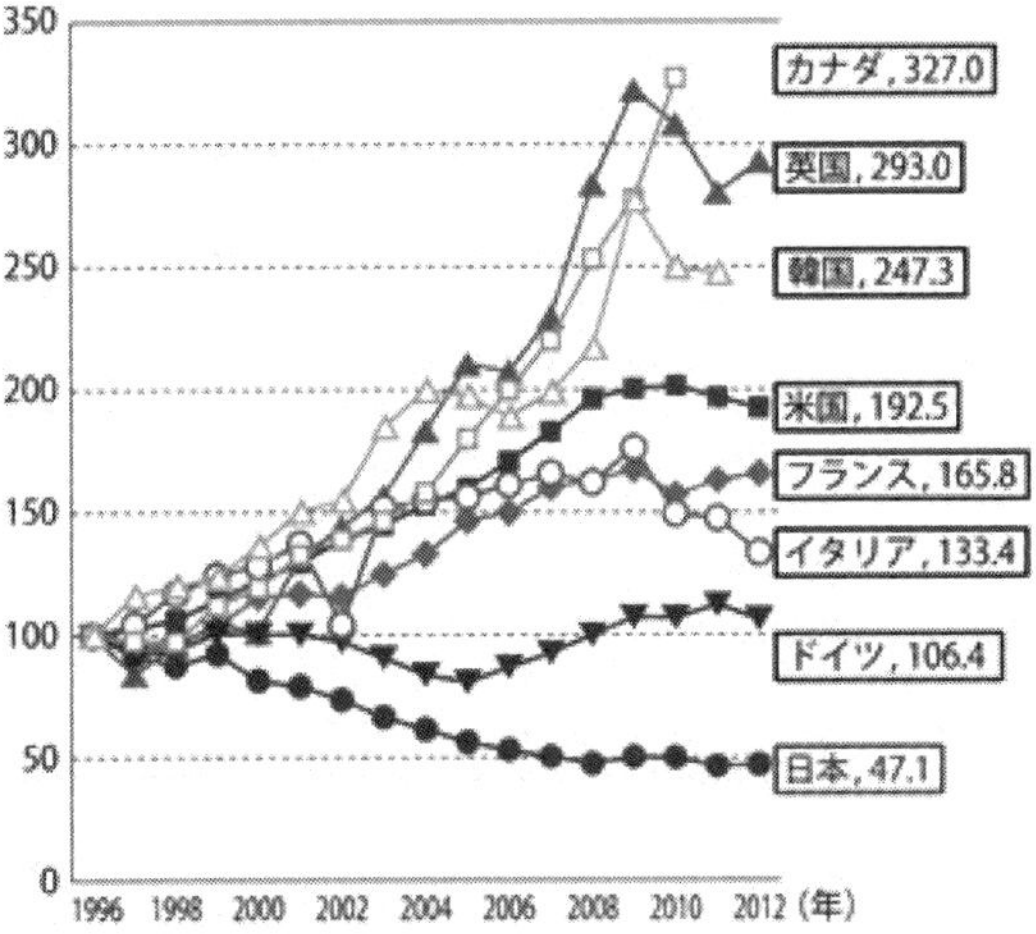

図 9　政府のインフラ投資　1996 〜 2012 年
（主要各国の公的固定資本形成の推移）

出典：国土交通省 HP

なっています。イタリアでは、先日、高速道路の橋が崩落しています。これは民営化によって高速道路の運営を民間企業に委ねた結果、メンテナンスのためにかける費用はできるだけ削減することから来たものです。そのことによって橋が落ちてしまったのです。ですからインフラの劣化は、ドイツやイタリアでもひどい状況を確認できるのですが、日本の状況は、さらに深刻な状況だと言えます。日本の場合、この深刻さの根底にあるのはデフレであり、その原因が緊縮財政と消費増税を続けてきたことにあるのです。

ユーロの機能不全

ここでユーロ圏加盟国の貿易収支のグラフを見ながら、ヨーロッパの状況を見てみたい

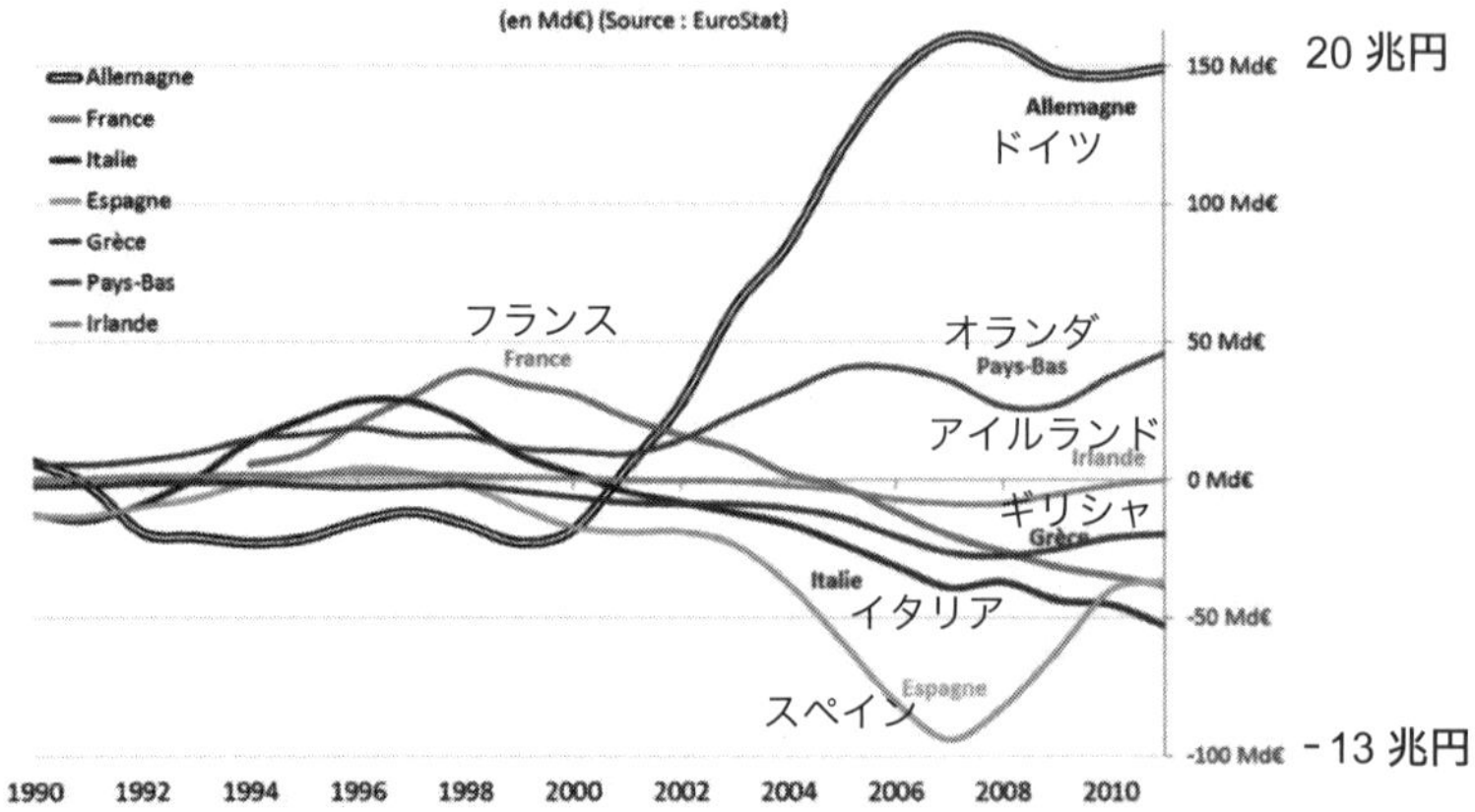

図 10　ユーロ圏の貿易収支　1990 〜 2011 年

出典：Olivier Berruyer, www.les-crises.fr

と思います（図10）。ヨーロッパで何が起こっているかというと、一九九〇年が東西ドイツの統一の時期ですが、二〇〇〇年頃にはユーロが導入されます。九二年、九三年というのはちょうどマーストリヒト条約で、さあEUをつくるぞという動きがはっきりと政治的に動き出してきたときです。このドイツの線をごらんください。皆さん今EUの中でドイツが一人勝ちだという話はよく耳にされていると思います。それは確かにそうなのですが、それを表しているグラフがこれです。この一九九〇年代の期間をごらんください。東西ドイツが統一を果たしたことによって、東ドイツを支える西ドイツ側の経済への負担が、貿易収支の赤字という形で出てきています。ところがユーロが導入された後は、全く逆に一人勝ちの方向へ行ったことが分かります。

　これはなぜかというと、ユーロ圏は、今は一九カ国ありますが、このグラフにある数カ国だけ見ても、ユーロの水準は、加盟国の通貨のあるべき水準のちょうど平均値あたりに設定されています。そうすると、ドイツ・マルクはやはり強かったですから、ドイツの産業にとってユーロの水準は非常に低いものであることを意味します。つまり、通貨の切り下げをやったと同じ効果が起こったのです。それに対してヨーロッパの南の国々、ギリシャなどは殊にですが、そこの産業効率にとっては、ユーロは高過ぎるのです。そうしますと、南の国にとっては通貨が高過ぎるわけですから輸出力がどんどん下がっていきます。そのことによって、ユーロ圏の中での貿易収支の格差はここに見られるようにどんどん開いていきます。フランスは、ユーロが導入された二〇〇〇年頃までは順調に行っていたのが、ユーロ導入以後、少しずつ陰りが出てきて、今ではマイナスになっていますね。ですから、このグラフからは、ユーロの構造そのものが作り出したユーロ圏内の国の格差がはっきり見て取れます。

ターゲット2・バランス

さてこれはターゲット2・バランス（TARGET2-Balances: Trans-European Automated Real-time Gross Settlement Express Transfer System）と呼ばれる、ユーロ圏各国の中央銀行間の資金の移動を表したグラフです（**図11**）。これについては後ほどアスリノさんが詳しくお話しされると思いますが、さっき見た貿易収支の変化と比較して見てください。この二〇〇〇年あたりから二〇〇八年あたりまでは全然大した

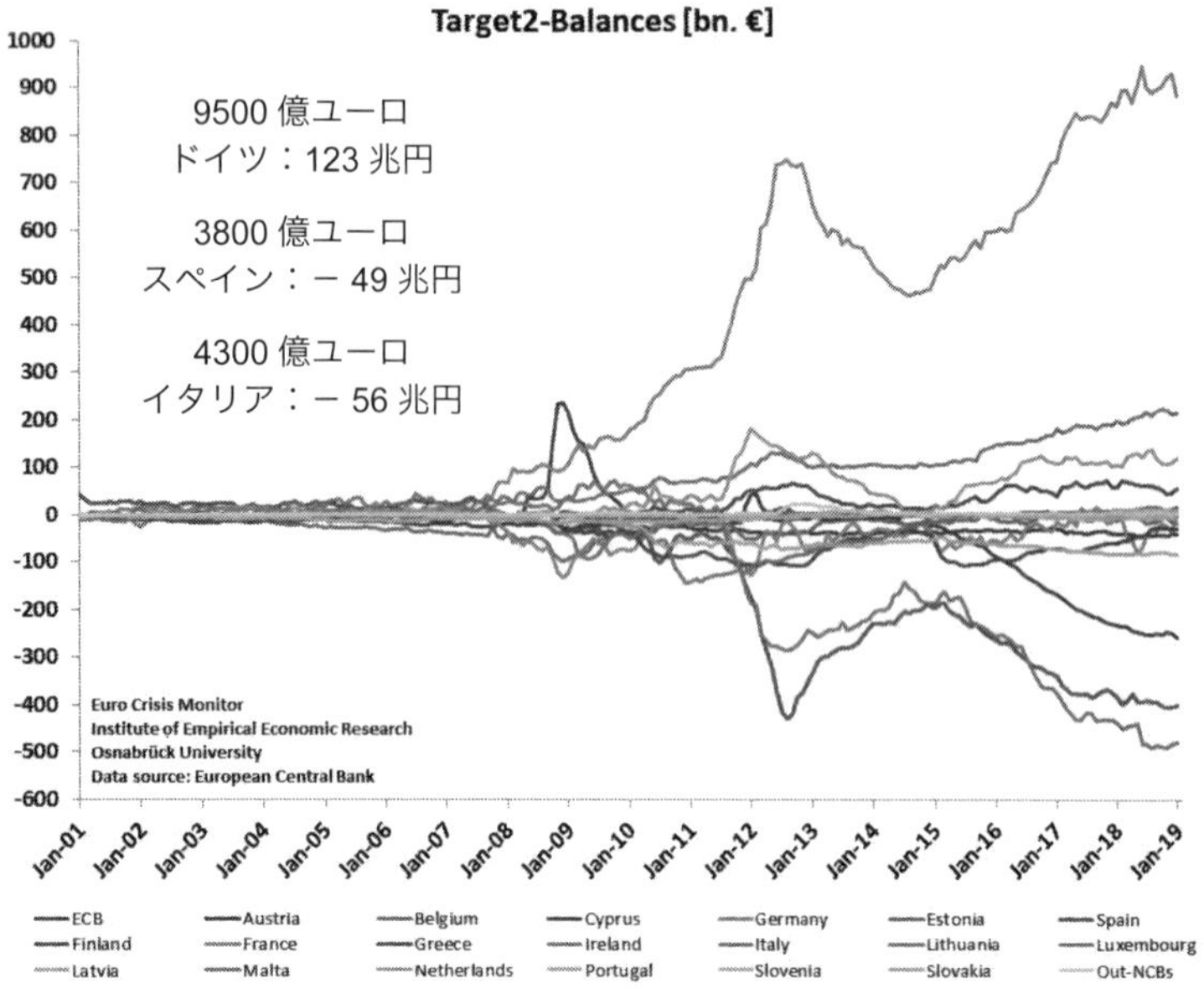

図 11　ターゲット 2・バランス　2001 〜 2018 年

出典：eurocrisismonitor.com

格差はないですが、リーマンショック以後、ユーロの構造的な問題が露呈する形で、格差がどんどん開いています。これはユーロ崩壊後を見通して、新マルクが強い通貨として再生するとみられるドイツへ今から資金を移動しておこうとする現象なのです。

　貿易収支にはユーロ導入直後から変化が見られますが、このターゲット2は、各国経済への信用不安が反映しての結果を表していますから、リーマンショックをきっかけに表面化してきた訳です。上のプラスに伸びている線は、やはりドイツです。下のマイナスはスペインとイタリアですが、これは単純に言ってスペインとイタリアの資金がドイツの方に移動しているということですね。そうするとドイツの方は何かお金が入ってきて良好なように思えるかもしれませんが、これらはユーロが崩壊すると不良債券化する債権がドイツに集まってきているとも言える現象なのです。ドイツの専門家や政治家たちは、いずれユーロが崩壊したときドイツが大変厳しい状態になる危険性をすでに意識していて、ユーロに対する危機意識が高まっています。実際、ユーロ圏は、加盟国間の利害の対立が極めて深刻な経済圏であり、例えばドイツの最近のターゲット2・バランスの値は九千億ユーロ、約一二〇兆円規模ですが、これはドイツの年間の国家予算の二倍近いものですね。この金額は、例えば日本が数年に分割して財政出動に回していけたら、デフレ脱却はまず問題なくできるという金額です。それが、不良債権としてドイツの方に入っていることになります。スペインは四九兆円マイナス、イタリアは五八兆円マイナスです。このグラフに表されたプラスとマイナスは、全部足すとプラスマイナスゼロになる、そういうグラフです。

ブレグジットの意義

さて、EUとユーロの機能不全がこのように顕著になってくる中で行われたのが、英国でのEU離脱、ブレグジットを巡る国民投票でした。二〇一六年六月二十三日です。その結果は皆さん御存じのように、約五二%が離脱を求め、四八%が残留を求めました。イギリスの地図（図12）の、（二つに大別した小さい方の地図で）濃い部分（青い）の地域は、離脱を求めた票が多数派だったところです。それに対して、薄い部分（茶色っぽい）地域は残留を求めたところです。スコットランドは残留を求

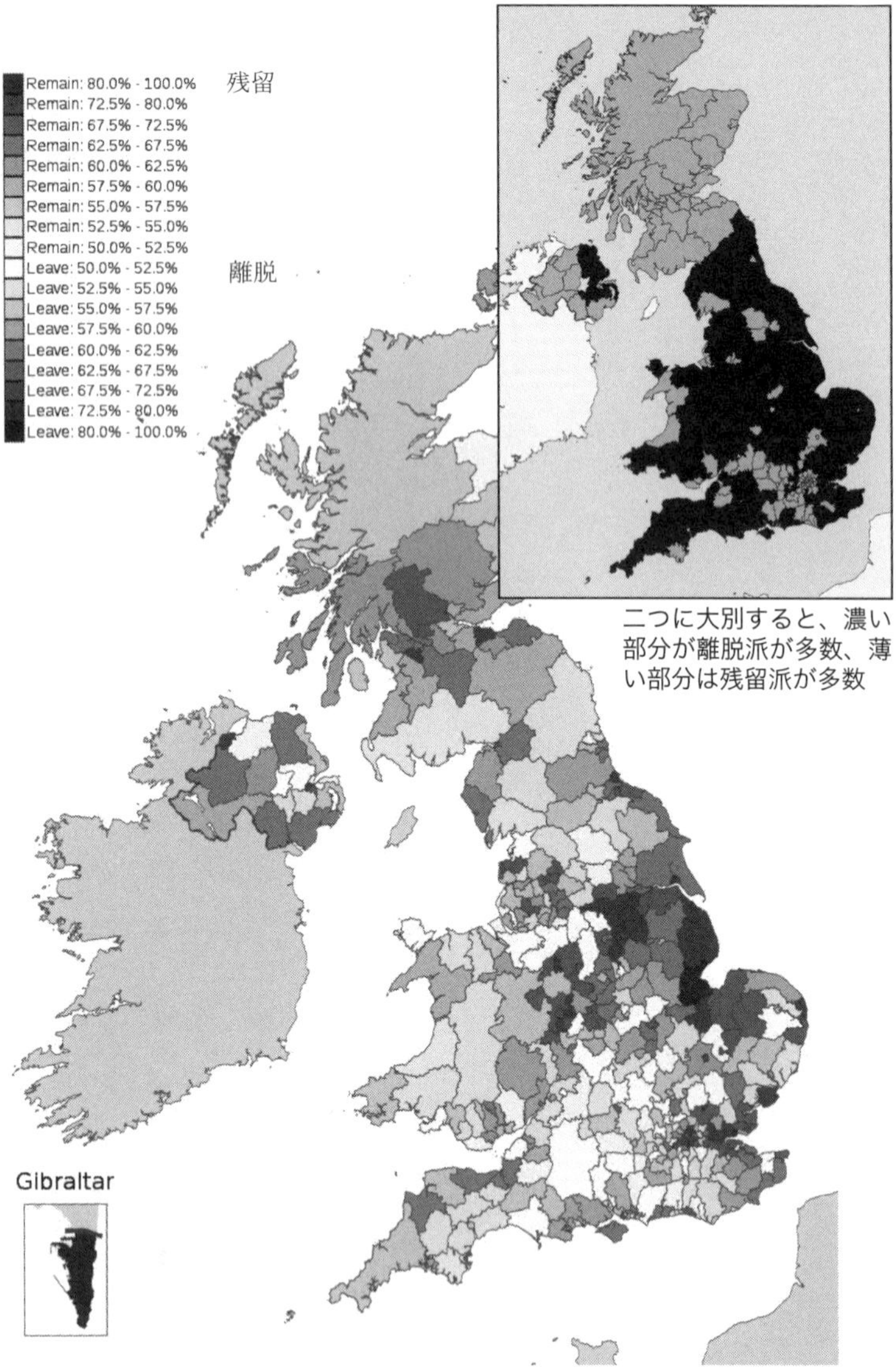

図 12　英国の国民投票　2016 年 6 月 23 日　BREXIT

出典：en.wikipedia.org

めています。それから北アイルランドも全体としては残留です。ことにアイルランドとの国境に近いところは残留を求めています。ただごく少数ではありますが、ベルファスト付近は、離脱派の方が多いのです。イングランドでは全体的に離脱を求めているのですが、残留を求めているのはどこかといいますと、ロンドンなどの大都市です。いわゆる金と権力が集中していて、今の体制の恩恵を受けている人たちが集中しているところです。ロンドン全体では六〇%の人が残留を求めているという投票行動にそれは表れています。ケンブリッジやオクスフォードなどの大学都市では、七〇%という圧倒的な残留派の存在を確認することができます。つまり、今の体制によって虐げられている人たちが離脱を求めて、現体制で非常にいい立場にいる人が残留を求めている、という結果がはっきりと見て取れます。

ところで、ブレグジット決定以降のイギリスの失業率を見てみましょう。国民投票の結果は、残留したい人、離脱したい人に二分された状態にイギリスがあることを示しています。ただこの結果は、ブレグジットの国民投票が行われる直前に、いわゆるプロジェクト・フィアー（Project Fear）と呼ばれる、ブレグジットを選択するとイギリスの経済はその翌日から奈落の底に落ちるぞというネガティブキャンペーンが大々的に展開されたことを考慮すると、抜き差しならない現実が出現していることを理解することができます。例えばＩＭＦがそういうふうに発表していましたし、オバマ大統領も当時わざわざイギリスに行って、皆さん、ブレグジットになっちゃうと大変なことになるよ、と言っていたのです。この失業率の推移のグラフを見るとブレグジット決定以後、イギリスは

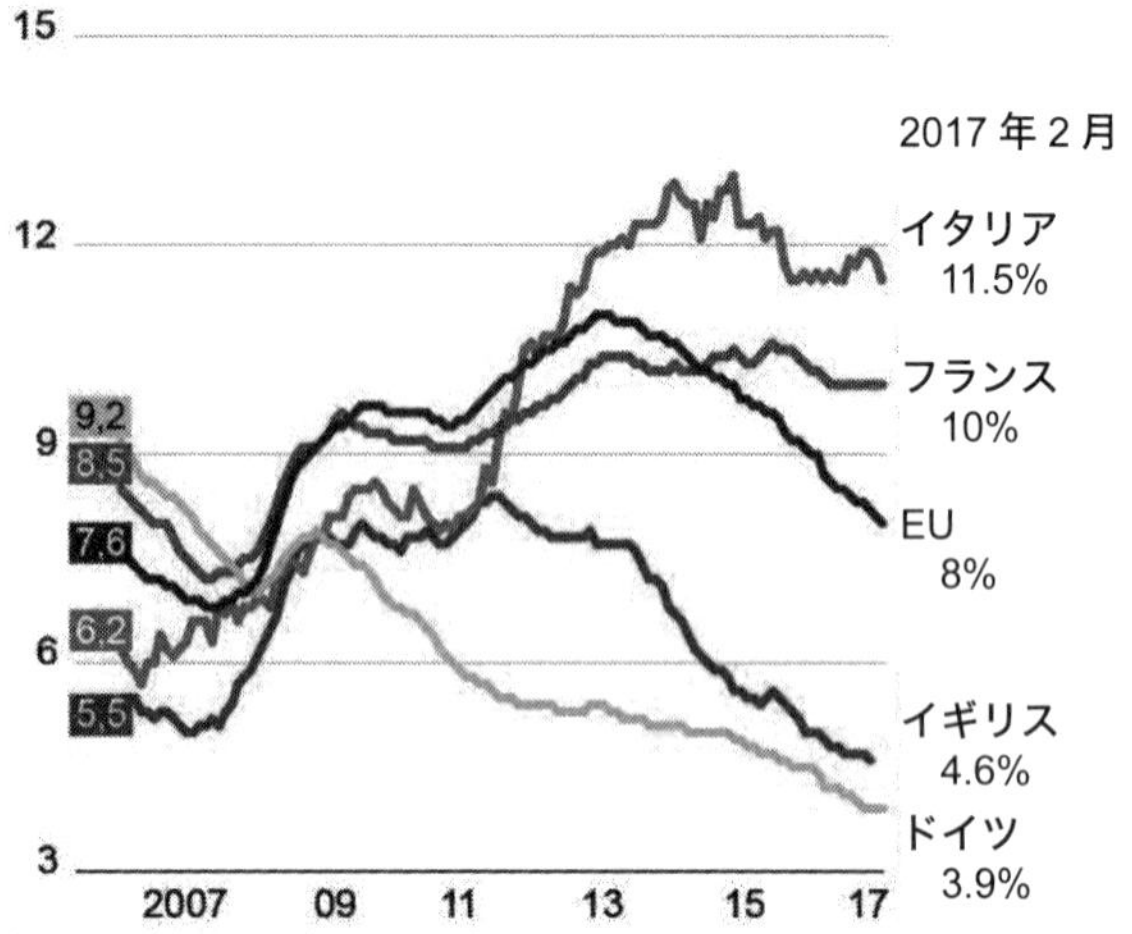

図13　ヨーロッパの失業率

出典：francebleu.fr

失業率が下がり続けていて、今では、四％代と一九六〇年代以降で最も失業率が低い状態にあることが分かります（図13）。プロジェクト・フィアーがいかにデタラメであったかを示しています。

それに対して、フランスの失業率をご覧ください。フランスはやはりEUとユーロの両方の中にいて、非常に苦しんでいることが分かります。一〇％近い高い失業率が、いまだに続いている訳です。イタリアはさらに厳しいと言えます。EU全体の平均値では八％ぐらいですけれども、それよりもフランスが高い、ということが示されています。

ドイツの失業率の推移で特徴的なのは、二〇〇六年あたりで九・二％あった失業率が、今は三・九％に減少していることです。これは先ほどお見せしました貿易収支の黒字と、ターゲット2・バランスが示すように、ユーロ圏の南の国から資金

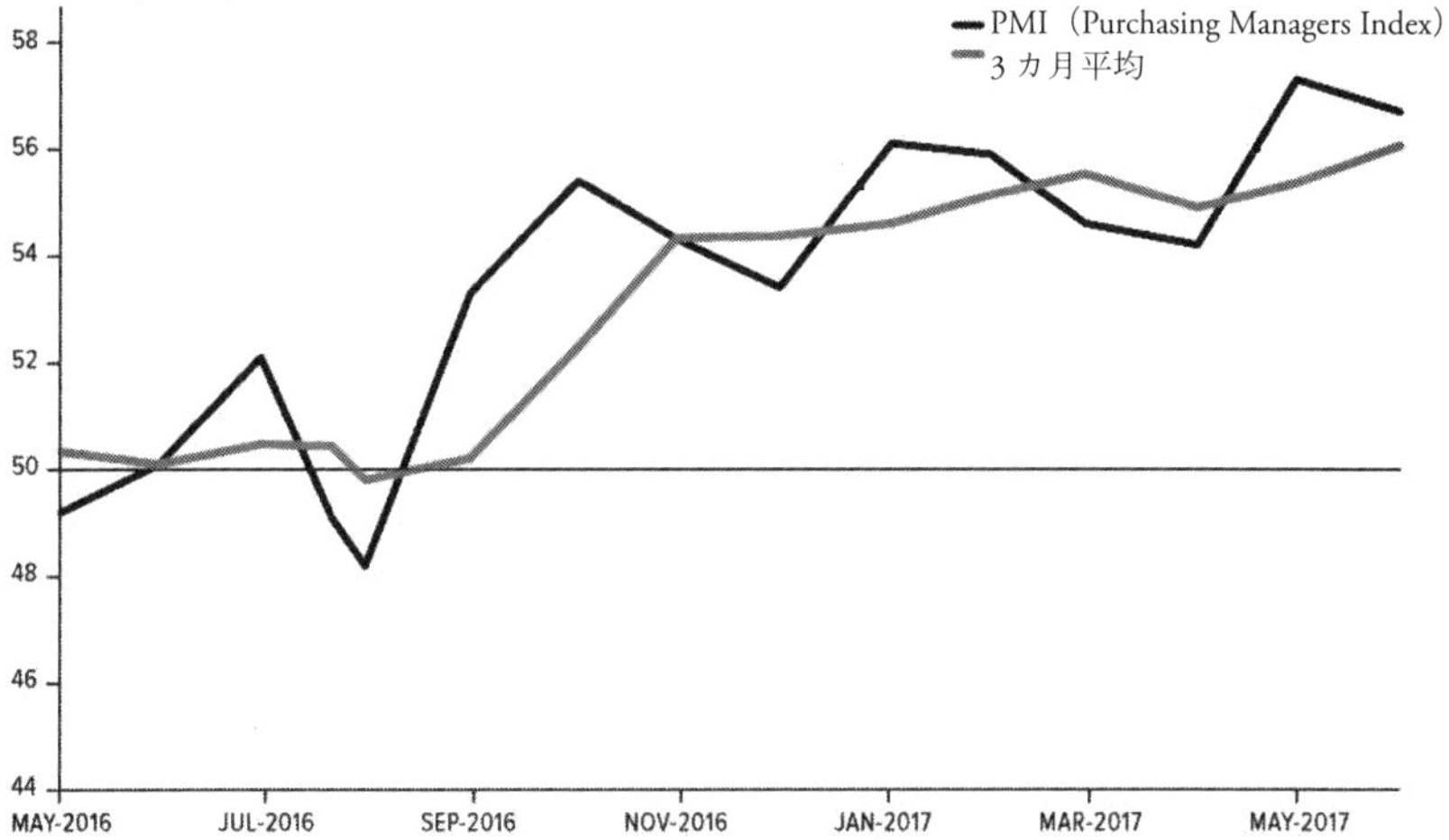

図 14　イギリスの景況指数　2016 〜 2017 年

出典：Bloomberg U.S. Global Investors

が入ってきたことと関係があります。これは将来不良債権になる危険性があるとしても、資金が入ってくることによって経済的には活性化を生み出していると言えるでしょう。そのことによって二〇一五〜二〇一六年に、ドイツのメルケル首相は中東、アフリカからの移民をしっかりと受け止めますよというメッセージを送りましたが、これはこういう産業の活性化を背景にした産業界の意向が強く働いたものだったのですね。

さらには、景況指数についても見ていきましょう（図14）。ちょうどこの辺りでブレグジットの投票が行われます。そのことによって残留派によるとカタストロフィックな状況に落ちていくはずだったイギリスの経済状況がむしろ上向きになってきている、景気への期待値が非常に良くなってきていることを表しています。ですからプロジェクト・フィアーとは全く逆のことが実際には起

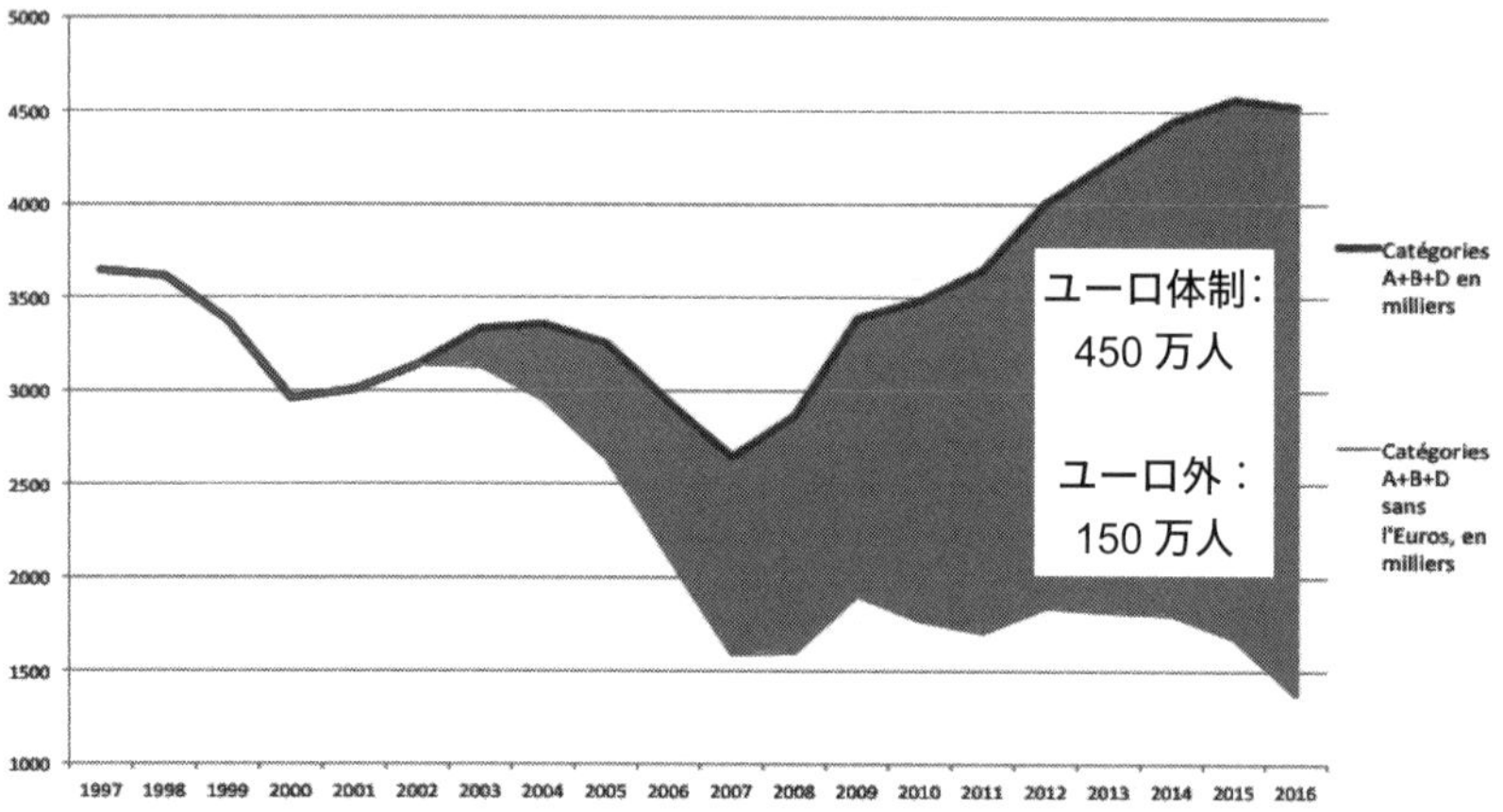

図 15　フランスの失業率：ユーロの有無の差　1997 〜 2016 年

出典：Jacque Sapir　https://www.les-crises.fr/

こってきています。フランスは失業率ですごく大変なのですが、これは経済学者のジャック・サピールの試算ですけれども、失業者が四五〇万ぐらいいますね。それに対してユーロが導入されていなかった場合の数字を一五〇万人と試算しています（**図15**）。三百万の違いがあります。また彼が別のところでは、今フランスがユーロから離脱をすれば二年ほどの間に二百万人近い失業者を減らすことができると試算しています。ユーロ離脱は、失業対策として最も有効な方法なのだとも言っています。つまり、ＥＵ・ユーロ体制が、いかにフランスを縛り、独自の政策決定ができないことによって、没落しつつあるかが見えて来ます。

ヨーロッパの家族構造

さて、このようにフランスも日本も、自らの社会

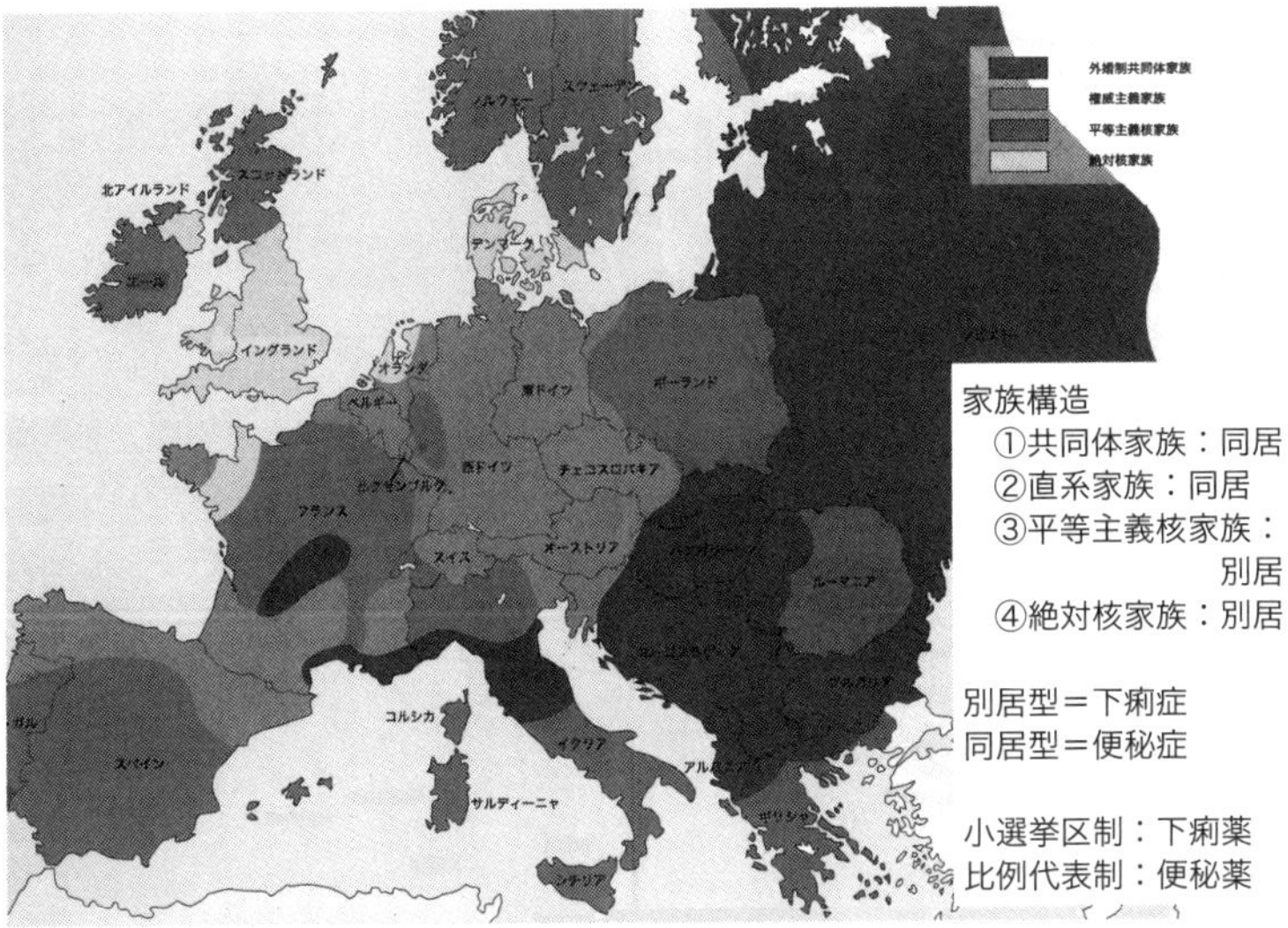

図 16　E・トッドによる家族構造の分布図

出典：トッド『世界の多様性』

の利益を損なう政策を推し進めて来ているのですが、そのことへの批判が政治的な動向として明確に表現されないままに現在に来ています。その背景となる文化的、歴史的な要因について触れてみたいと思います。図16はエマニュエル・トッドの『世界の多様性』[4]のヨーロッパにおける家族構造の分布図ですが、注目していただきたいのは、四つの異なる家族構造がこれだけ複雑なかたちでヨーロッパに分布しているということです。そこには、思想的にも、文化的にも、あるいは宗教的にも非常に多様なものがあって、EUのように一つのルールでくくっていくことが非常に難しい地域だということがはっきり言えます。

この家族構造は既に御存じの方も多数いらっしゃると思いますが、どういうふうに設定されているかというと、財産を平等に相続して来た地域と、日本の伝統の中にあったように、一子相続といって一人だけが財産を受け継いでいくというのがあります。これを平等主義対不平等主義という一つの軸として立てることができます。そしてもう一つの軸は、財産の相続を受けた子供が親と同居するかどうかの軸です。同居型と別居型に分けることができるものです。この二つの軸を座標軸として見たとき四つの組み合わせを設定することができます。まずは communautaire 共同体型といって、二十世紀に入って大体共産主義体制をとった地域ですね。財産を平等に相続した伝統から平等主義が強く、親と同居するので、権威主義が強いのが特徴です。それに対して souche 直系型はドイツを中心にした地域のもので、スイス、スカンジナビア、スコットランド、フランスの南西部、それからスペインの北部に広がっています。カタルニャもこの直系型ですが、この家族構造は自分たちで固まろうとする傾向が強いのです、実際、カタルニャでは独立運動が非常に活性化していますが、それはこの家族構造と無関係ではないのです。さて nucléaire égalitaire 平等主義核家族ですが、これは青い地域のもので、フランスのパリ盆地、スペインの中部から南部、イタリアの南部に展開している家族構造です。フランスの政治的中心、文化的中心はパリ盆地ですので、ご覧のようにパリ盆地は別居型で財産を平等に分ける平等主義の地域です。別居型ということは、若い夫婦が自分たちの新しい世帯を持ったときに、親の縛りから離れて自由を謳歌できます。ですから自由に対する強い拘りがあるのと、平等を求める平等主義が根付いている地域だと言えます。フランス革命は自由と平等を求める運動として展開しましたが、これはこの家族構造の根底的な価値観が政治的なイデオロギーの中にリサイクルされたものであったのです。

それから nucléaire absolue 絶対核家族ですが、これはイングランドの家族構造です。ブリテン島全体ではなくて、スコットランドを除いたイングランドがこの構造なのです。ここでは、財産は必ずしも平等に分けることにはこだわらない。平等でもいいし、不平等でもいい。例えばどら息子がいて親の面倒を全然見なかった場合に、面倒を見てくれた子にたくさん遺産を渡すことはちゃんとできるのです。でも、それはフランスでは許されません。平等主義が法律にも書き込まれていて、子供への相続に平等ではない調整を行うことは法律で禁止されています。その平等主義が根底にあることで、遺言による不平等な相続も許されないのです。ところがイギリスの場合は、自由さえあればいい、親とも同居しないという形です。

ヨーロッパには大きく分けてこの四つの家族構造がありまして、この四つが根底的にイデオロギーの対立やずれを生み出す条件になっています。これをEUという形で一つのルールに押し込めていこうとすると、様々な反発が起こり極めて困難な作業になるはずです。

日本の家族構造と政治構造

日本に戻ります。日本は直系家族の伝統を持っている社会ですので、基本的な価値は不平等主義だと言えます。そこで注目していただきたいのは、先ほど言いましたように小選挙区制はいいものだという幻想が定着しているという事実です。この小選挙区制とはどういうものかというと、極めて不平等主義的な選挙制度なのです。実は、このことによって緊縮財政、そして消費増税路線がずっと維持されてきたのです。そして二〇年間デフレが続いているのです。その結果、貧困化と格差の拡大が深刻に進行しているのですが、その事実への批判が政治的な運動として生まれてこないことの根底には、まさに不平等主義の社会が不平等主義的な選挙制度を導入し、しかもその制度がいいものであるという幻想に囚われているという悲劇的な状況があるのです。小選挙区制導入前に採用されていたのは中選挙区制でしたが、これはむしろ平等主義的選挙制度だったのです。それが不平等主義の小選挙区制に変更されたことによって、日本社会の不平等主義的体質が強化されたと言えるのです。そのことによって、不平等な状況があってもそれに対してはあまり目が向かない政治構造を作り出して来てしまったと言えるのです。

家族構造の便秘型と下痢型

この分布図の中で、同居型と別居型ということをお話ししました。同居型というのは、もう少し分かりやすく言うと、ちょっと尾籠な話ですが便秘型なんです。何か調子が悪くなると、固まってしまう、そういう社会の体質があります。それに対して別居型は下痢症なんですね。ちょっと疲れたり、体調が悪くなると下痢を起こしてしまう。

この二つの大きな体質の違いが政治的なレベルで何を必要としてくるかというと、選挙制度において便秘型のところは散らす効果を持つ選挙制度が必要なのです。つまり日本のように不平等主義の社会では、平等主義的な価値を持つ選挙制度が必要だということです。逆に下痢症のところは、社会の中にストレスが溜まってくるとばらばらになる傾向があるので、下痢止めを処方して、固める必要があるのですね。小選挙区制は拡散性を抑制して固める機能のある方法です。なぜかというと、幾つもの多様な意見を無視して唯一の代表者に全権を委ねる訳ですから、ちょうど日本の伝統的な一子相続型の選挙制度だと言えるのです。これでは、長男の意見だけが尊重され、その他の兄弟姉妹の意見が排除される制度なのです。極めて不平等な制度なのですが、何故、一九九四年当時この制度がこぞってメディアによって褒め称えられたのでしょうか。それは、冷戦崩壊直後で、アメリカのものであればなんでもいいという思い込みと、日本の伝統的な不平等主義がそれに拍車をかけたこと、さらには、イギリスやアメリカなど小選挙区制を採用している国では政権交代が頻繁に起こっていることから、政治に流動性を生み出す制度だと誤解したのです。ところがこの制度は、逆に流動性を抑制するものであり、バラバラになろうとする力を政権交代という穏やかな下痢になんとかとどめるかたちで、社会のバランスを保持するものだということが理解できなかったのです。つまり日本は便秘症でありながら、下痢止めを処方したのですから、政治の便秘度は深刻な局面に入ってきています。これが二十年にも及ぶデフレにもかかわらず、打つべき政策に目覚めることができない現在の日本政治の便秘構造だと言えます。小選挙区制というのは不平等主義の制度であり、下痢止めの劇薬なのですね。

下痢止めを必要とする社会

では、どのような社会でこの劇薬の下痢止めが必要とされるのでしょうか。それはまさに別居型故に下痢症の社会が必要としているのです。具体的にはどこかというとデンマークとかオランダの海岸線、それからイングランドですね。フランスもそうです。問題状況が深まるとばらばらになる傾向の強い社会ですので、固まるために下痢止めを処方しなければならないのです。それが小選挙区制です。

ところが、逆に日本は便秘症の国なのですね。便秘症の国が小選挙区制を採用すると、便秘症の人が下痢止めを処方するようなものですから便秘がさらに悪化します。政治的なレベルで考えると、それはどんなにまずい方向に進んでいたとしても、そのまずい方向が堅持されてしまう。固まったまま、そのまま行ってしまうということが起こります。それが起こっているのが、日本のこの小選挙区制を導入した後の二五年の歴史だと言えます。下痢症の社会が必要とする劇薬、これが小選挙区制ですが、日本のように便秘症の社会は平等主義的な選挙制度が必要であり、中選挙区制がそれに当たるのです。小選挙区制が、国政における多様な意見を排除し、日本社会が持ちうる広い政治的なバランス感覚を失っているのだと思います。

車の両輪

一つの夢のような話ですが、日本でこの緊縮財政、消費増税政策を変えていくための動きがどういう形であり得るかというと、やはり両輪が同時に動き出すことで初めて前に進む車をイメージする必要があると思います。共産党は、消費税廃止を唱えています。ただ、共産党は財政出動に対しては非常にネガティブなのですね。もし共産党が財政出動の必要性に目覚めてくれれば、おそらく日本は動くだろうと考えています。それはいま自民党の中に「日本の未来を考える勉強会」というのがあって、財政出動と消費増税反対を主張している人たちがいるのですが、もし共産党が財政出動を唱えれば、自民党の中でも「日本の未来を考える勉強会」の声が大きく響き渡ることになるのではないかと思います。そうすれば日本という車の左と右の両輪が動き出すことによって、日本は今の路線を離脱することができる、してほしいなと思います。

日本とヨーロッパ

最後に、主権と民主主義の奪還を求めてEUからの離脱を決めたブレグジットに関してです。多国籍企業の狩場となっているEUからの離脱をイギリスが決定したのは二〇一六年六月でした。と

図 17　トーリー党の EU 離脱派中心メンバー

右からボリス・ジョンソン（首相）、ジェイコブ・リース＝モグ（下院議長）、マイケル・ゴーヴ（ランカスター公領大臣）、2019 年 9 月現在。出典：*The Times*

ころが残留派だったテリザ・メイが首相として離脱の交渉を進めてきたために、大変混沌とした状態になっています。この三銃士に扮した写真の三人は共にトーリー党の離脱派の中心メンバーだった議員たちです（**図17**）。マイケル・ゴーブは法務大臣をやっていた人で、現在は環境大臣ですね。中央にいるのは大臣経験者ではありませんが、ジェイコブ・リース＝モグという「ブレグジット欧州調査グループ」の中心人物で、イギリスの中でいま非常に注目されてきている政治家です。三人目は、前ロンドン市長のボリス・ジョンソンで、ついこの間まで外務大臣をやっていて、最近辞任した人です。辞任理由は、テリザ・メイ首相がチェッカーズ(5)でブレグジットの交渉を離脱の方向ではなくて、むしろEU寄りの方向に舵を切ったために、抗議の意味での辞任だったのです。ともかくこの三人が、三銃士の装いで孤軍奮闘するこの写真が示すものは、国民投票で決まった民意を懸命に守ろうとする少数派の議員たちの状況です。実に、民意は離脱にあるにもかかわらず、議員たちの三分の二が残留派であるという現実は、イギリスにおいても政治と民意の間に明らかなズレがあることを物語っています。

日本もフランスも二つの幻想によって縛られていると先程来言ってきました。日本の場合は小選挙区制は良い選挙制度、そして緊縮財政、消費増税は良い政策であるという幻想ですね。フランスの方は、ＥＵは平和と繁栄をもたらし、ユーロは経済の発展を促進するというもので、やはり一般庶民には、緊縮財政と増税が重くのしかかっています。この二つの国が囚われている幻想からいかに離脱することができるのか、その置かれている状況がかなり似ているということを念頭に置きながら、この後アスリノさん、それから田村秀男さんのお話を伺いたいと思います。どうも有難うございました。

（二〇一八年十月十日　於・早稲田大学）

注

（1）早稲田大学フランソワ・アスリノ来日記念講演・対談「ＥＵ・ユーロ体制のフランスとデフレ化政策20年の日本、主権と民主主義、没落は宿命なのか」、二〇一八年十月十日（水）開催。

（2）京都大学国際シンポジウム「グローバル資本主義を超えてⅡ――『ＥＵ体制の限界』と『緊縮日本の没落』」、二〇一八年十月十三日（土）開催。「「緊縮」と闘う民主主義――フランソワ・アスリノ・藤井聡対談」『別冊クライテリオン――消費増税を凍結せよ』二〇一八年十二月増刊号。

（3）François Asselineau フランス財務上級監査官、二〇一七年フランス大統領選挙公認候補、二〇〇七年、フランスのEU、ユーロ、NATOからの離脱を目指し左右対立を超えた政党「人民共和連合 Union Populaire Républcaine」を創設。主要メディア、公共放送の徹底したボイコットにもかかわらず、ネットと支援者の人海戦術により、二〇一九年二月現在、党員数ではフランス第三の党に成長。

(4) エマニュエル・トッド『世界の多様性』荻野文隆訳、藤原書店、二〇〇八年。ヨーロッパには概ね平等主義核家族、絶対核家族、直系家族、共同体家族の四つの家族構造がある。

(5) 二〇一八年七月六日、イギリス首相用の別荘チェッカーズで、内閣全員が集まり決定したチェッカーズ合意に反対の意思を表すためであった。ブレグジット担当大臣のデイヴィッド・デイヴィスは、ジョンソンに先立ち、七月七日に辞任している。

〈講演〉

3　ヨーロッパの多様性——EU・ユーロ体制の現状と展望

F・アスリノ

こんばんは。フランス語でお話しすることをお許しください。最初に、早稲田大学の岡山茂先生に感謝申し上げます。経済と政治に関わる講演会を開いていただきまして、本当に有難うございます。私はこれから短いですが、非常に重要で、かつ非常に複雑な問題についてお話ししたいと思います。

皆さんにもし一つアドバイスを申し上げるとすれば、フランスの現在の状況を理解しようとするときには、ぜひ『産経新聞』をお読みください。『産経新聞』は私にインタビュー[1]の機会を与えてくれましたし、いろんな形でのサポートをしてくれましたが、『ル・モンド』は一度もそんなことをしてくれたことはありません[2]。ですからフランスの現在を知るためには、『ル・モンド』ではなく『産経新聞』であるという思いがあります。

もちろん『産経新聞』だけではなく、『人民日報[3]』も私のインタビューを載せました。それからベルギー、スイス、レバノンの幾つもの新聞、雑誌が私のインタビュー(4)を載せていますので、『産経新聞』以外にも世界では私に対する関心が増えています。ただ、フランスではそうではないのです。フランスの状況は、人民共和連合の党のサイトへのアクセス数が、実はフランスの政党では最も多いのです。そのようなネット状況と従来メディアの状況との乖離が、非常に特徴的に現状を示していると言えます。

ヨーロッパの多様性

先ほどの荻野さんのグラフには示されていないヨーロッパのもう一つの多様性についてお話ししますと、これは宗教的な多様性です。もちろん皆さん御存じのように、南の方はカトリック、北の方はプロテスタントで、ルター派を含めいろんな多様性があるわけですが、それら多様な国々がEUに対してどう対応しているかをご覧いただくと、特徴的な傾向が見えてくると思います。例えばスカンジナビアでは、EUに入っていない国が、アイスランドとノルウェーがあります。そしてEUに入ってはいるけれどもユーロに入っていない国としては、スウェーデンとデンマークがあります。EUに対して表現の自由を行使できる国、つまりEUの機能不全をちゃんと指摘することができるメディアが機能しているところは、ヨーロッパの北なのです。北へ行くほどその自由度は増します。それに対して南のカトリックの伝統があるポルトガル、スペイン、イタリア、フランスなどでは、ヨーロッパの現状に対する批判的な分析を出すのが非常に難しい状況にあるのです。

ヨーロッパの現状を非常によく示すものとして、一連の用語があることに皆さんの注意を引きたいと思います。それは欧州懐疑主義（Euroscepticisme）と信念を持ったヨーロッパ人（Européen convaincu）というものです。これはフランス語でも英語でも、宗教的な語彙なのですね。つまり、ヨーロッパやEUについて語られる時、非常に宗教的、もしくはイデオロギー的な意味合いを内包して機能しているということなのです。

例えばフランス人であればそのままフランス人なのであり、日本人は日本人である訳ですが、それを日本懐疑主義とか信念派日本人とかいう表現は存在しません。ヨーロッパでもやはり、フランス人はフランス人、イギリス人はイギリス人、イタリア人はイタリア人なのです。それがヨーロッパでは、EUについての議論に用いられる用語そのものが非常に宗教的な意味合いを含んでいるのです。

教条主義あるいはドグマと言われるものは必ずや崩壊するという運命にあると思いますが、EU、つまりヨーロッパ統合のプロジェクトは一つのドグマだと言えます。今EUの機能不全を見ていますと、その前にあったドグマ、つまり社会主義の建設を基盤とする勢力が、数十年間に渡って行った試みと非常に似ていると言えるのです。そういう教条主義、ドグマ的なイデオロギーでつくり上げられていくプロジェクトがどういう結末を見るかということは、一九一七年に始まった社会主義の試みがあっという間に崩壊する事態に立ち至ったように、EUの構築のプロジェクトそのものも同じ運命をたどると私は考えています。それが何年後か、あるいはいつ何時ということは言えませんが、少なくとも五〇年後にはＥＵは存在しないでしょう。たぶん一〇年後には消滅している可能性が非常に高いような気がします。

アメリカの戦後戦略

今のＥＵの状況を理解するためには、例えば日本が一九四五年にアメリカによって支配されたとき、ヨーロッパがそうであったように、アジア全体を組み込む一つの大きな共同体が構築されていたとした場合、果たして同一の規準で十カ国以上の国を統治することができるか考えてみてください。まず無理だとお判りいただけると思います。ただ、実際には東アジアには中国があり、ソビエトも存在しましたから、アメリカの支配は、ヨーロッパと東アジアでは同じようには実現できなかったのです。しかしヨーロッパについては、第二次大戦が終わる直前、一九四三年、四四年、四五年にテヘランと、ヤルタ、それからポツダムで会談が行われ、ソビエトとアメリカが、戦後どういうふうに分割するかという会談が行われて戦後が始まったわけです。

アメリカは戦後ヨーロッパをどうコントロールしていくかということについて、一つの戦略ビジョンを持っていました。まずは、マーシャル・プランという経済的な復興を支援するものがありました。それからＥＵの前身に当る、ヨーロッパの幾つかの国を束ねて大きな共同体をつくっていくというものです。一つ一つの国の独自性を縛る大きな構造体をつくれば、アメリカからのコントロールが非常にし易くなると考えたのです。一つの枠の中に幾つもの国が縛られていると、いわゆる中国の兵法三十六計の中に、鎖でつなぐと動きがとれなくなるというのがありますが、それに非常に似た戦略をアメリカは実行に移しました。その現在に至った姿がEUであり、NATOであるわけです。

アメリカの戦後の世界戦略の中で築かれてきたのが、実はEUだったのです。EUというのは、社会的な側面を強調することでヨーロッパ内の国、フランスとドイツが協調して平和なヨーロッパを築いていくという物語を作り上げたわけですが、実はその背後には常にアメリカの戦略がしっかり働いていたわけです。これは、表向き非常に明るい彩りのものでしたが、並行してNATOがあったのです。こちらの方は、軍事的にヨーロッパをアメリカのコントロールの下に押さえ込むためのシステムであって、この両面が現在もちゃんとヨーロッパをコントロールするものとして機能し続けているのです。

それに対して日本、東アジア地域は、中国が戦後数年で共産主義体制に入り、ソビエトと連携することにもなりましたから、アメリカがヨーロッパで実行した戦後戦略は東アジアでは実現できなかったのです。そのかわりアメリカは日本に軍事基地を置いて、共産圏に対する砦としたのです。これを言うのは申しわけありませんが、沖縄にあれだけの基地が固まっているのも、アメリカの世界戦略の中で出来上がったものであったわけです。

ＥＵの現状をもう少し具体的な形で示しますと、例えば東アジアと東南アジアを含めた大きな共同体がアメリカの指導の下に築かれていたとしましょう。日本、北朝鮮、韓国、中国、フィリピン、それからベトナム、マレーシア、インドネシア、ネパール、ブータンなどいろいろありましたが、この大きな一つの括りがもしある程度実現していた場合、そこの司令塔となるアジア委員会が、ＥＵ委員会のように、例えばシンガポール辺りに置かれたとします。そこには選挙で選ばれた人ではなく、官僚が集まっていろんなことを決めて、それを加盟国に向かって通達として出していくとしたら、果たしてそれは機能するでしょうか。機能不全を起こすのは当然のことですが、ＥＵで起こっていることはまさにそのことなのです。

ＥＵのもう一つの状況をアジアの例でお示しするとすれば、例えばミャンマーとかバングラディシュの直面している問題と、日本が直面している問題は全く違います。それからベトナムなりインドネシア、あるいはラオスが直面しているものと、中国とかフィリピンが直面している問題とはやはりかなり違う。この大きな多様性を持った国々の全く異なる利害を、一つのルールによって、一つの枠の中で決めていくことにいかに無理があるかを理解するのは容易です。その巨大な枠には、アジア委員会、もしくは中央政府のようなものがあり、そこは選挙で選ばれたわけではない人たちが外交、経済政策、社会政策などの全てを決めていくわけですね。それで果たして機能するかどうか、機能不全を起こすのは当然だと思います。

例えばアジアにそのような大きな枠組があったときに、ミャンマー、ブータン、バングラディシュなどの国々が何を求めるかというと、インドの帝国主義に対して砦になるようなものを求めると思います。ところが日本は、むしろインドと仲よくするところに日本の利益が見出されると思います。まさにこれと同じことがヨーロッパでも起こっているのです。例えばロシアに近いところのバルト三国はロシアに対抗する大きな枠組みとしてEUが機能してほしいと思っています。それに対してフランスは、むしろロシアと仲よくするところにフランスの国益が見出される状況があります。これらが、いかに類似した状況であるかを理解することができるでしょう。

EU体制の矛盾

現在、EUが機能するためにはもちろん予算が必要なわけですが、その予算は加盟国が拠出金という形で出しています。その場合に、拠出金と受け取るお金には差がある中で、まずは、たくさんお金を出して少なめにもらう国があります。西欧の国々がそれに当たります。それに対して東欧の国には、出すお金よりも余計に援助金としてお金が入ってきます。そうすると、この二つのグループの間にやはり利害の対立が構造的に起ることになります。

具体的に見ていくと、ドイツは今のレートで行きますと、約二兆円弱のお金を実質的にほかの国に渡していることになります。フランスは一兆円強、イタリアは三千億円余りを他の国に与えていることになります。そういう形でお金をほかの国に渡している国と、逆にポーランドのように、ドイツが渡しているのと同じぐらいの金額を余分にもらっていますし、ハンガリーは千三百億円を受け取っています。この状況が長続きするはずがないというのがEUの問題なのですね。

EUのお金を多く出す国と、お金を多くもらえる国の関係には、もう一つ次のような問題があるのです。例えばかつて発展途上国に対して資金援助をしました。その援助をした資金は、そのお金を出した国の製品とかサービスを買うために使われました。つまり、ある意味でお金が戻ってくる形だったのですね。ところがヨーロッパで現在行われていることは、具体的にはフランスが出しているお金の三千億円弱がポーランドに行っている計算になりますが、その三千億円でポーランドはフランスの製品を買うかというとそうではなくて、中国の製品を買ったり、アメリカの戦闘機を買ったりするのです。フランスから見たら、ただ国家予算が削減されることになっていて、循環するような形にはなっていないのです。そうしますと、フランスにとってはその分毎年予算から削られていくわけですからデフレ傾向が強くなってきます。さっき荻野さんが日本におけるインフラ投資の推移を見せてくれましたが、フランスにおいても全く同じことで、緊縮財政が迫られる中で、フランスの道路を毎年ちゃんとメンテナンスするためには三千億円ほどが必要ですが、その予算を捻出することができなくなっているのです。ですから、こういう状況で機能しているEUが長続きするはずがないのです。

ユーロの構造的矛盾

ユーロのことにもう一回立ち戻りたいと思いますが、ユーロの構造的な問題について、先ほどお話ししたアジアの大きな共同体ができたとしてお話ししたいと思います。アジアに一つの共通通貨ができたとした場合、その通貨水準は日本の円とか韓国のウォン、中国の元のレベルと、それから東南アジア地域の通貨の水準との平均辺りに設定されることになってしまいます。これは、東南アジアの国々にとってはあまりにも高すぎる通貨水準になります。そうするともちろん輸出力は減退していきますし、逆に日本なり韓国なりにとっては通貨水準が低くなりますから、非常に輸出がしやすくなってくるという歪な状況が生まれることになります。

加盟国全体のちょうど中間点に通貨水準が合わされた共通通貨を持った場合どうなるかというと、日本のような産業効率の高い国は圧倒的に優位に立って輸出を伸ばします。それに対して東南アジアの国は産業効率が低いですから、輸出が激減することによって失業者が増大することになります。こういうことで果たして機能できるかという問題ですが、それが全くユーロの中で行われていることなのです。

ユーロの中で具体的に起こっていることを見てみると、今のユーロの水準は、ドイツにとっては非常に低く抑えられていますので輸出が増大します。それに対してヨーロッパの南の国にとっては高過ぎますので、貿易収支がどんどん悪化して赤字になってきています。このギャップがユーロの根本的な問題なのですが、それはさっきの説明の中にあったターゲット2のグラフが如実に物語っているものなのです。

ユーロの破裂

ユーロはこれから破裂します。何故なのか、その秘密をこれからお話ししたいと思います。先ほどターゲット2のグラフが示されましたが（本書六四頁参照）、何故このようなグラフが存在するのでしょうか。もしユーロが、本当の意味での単一通貨であったならば、ユーロ加盟国間で移動する資金を計算する必要はないはずです。実は、ユーロは、通常大多数の政治家や経済専門家が考えているような単一通貨ではないのです。実際は、ユーロ加盟国の中央銀行が発行しているユーロという共通の名称をもつ複数の通貨の総称に過ぎないのです。単一通貨の導入という考えは、アメリカの戦略の中から出てきたものなのです。まずアメリカは、一九六五年二月十一日にアメリカの外務省の外交官たちがある会議の中で、当時のEC欧州経済共同体の副総裁だったロベール・マルジョラン[5]に対して単一通貨の導入を急ぐように圧力を掛けました。当時はEUではなくてECですね、そのことによって、単一通貨を軸にしてヨーロッパを一つの統合体として縛っていこうとしたのです。そうすることで、アメリカにとって牛耳やすいヨーロッパに変えていこうとしたのです。それが一九六五年に既に始まっているのです。

そのアメリカの圧力があって、ヨーロッパの中では、世論には一切知らされることなく秘密裏に単一通貨を導入しなければという戦略が着々と進められていったのです。それが東西ドイツの統一する段階で、単一通貨の導入を認めなければドイツの統一は認めないというアメリカの圧力によって、ドイツはマルクを諦め、ユーロの導入を承諾したのです。これがマーストリヒト条約へと結びついていくのです。当時フランスでは、ユーロの立ち上げをドイツに承諾させたのはミッテラン大統領だったと言われていましたが、あれは全くの誤りで、フランスはそんなに力があった訳ではありません。後ろにいたのはアメリカなのですね。それで、ドイツが譲歩したのです。しかしドイツ・マルクを一応諦めて、ユーロに変わることを、ドイツはただで認めた訳ではないのです。ある一つのことを呑ませた上でユーロを受け入れたのです。それがどういうことかというと、統一通貨であればその運用にはヨーロッパ中央銀行が一つあれば十分ですが、ドイツが望んだのは、それぞれの国の中央銀行をそのまま機能し続けるものとして残すということでした。何故かというと、ドイツが再びマルクに戻ることができる日がやってきた時、そのままスムーズに元のマルクに移行できる構造を残しておきたかったのです。現在フランクフルトにあるヨーロッパ中央銀行は、EU加盟国の中央銀行の上位に位置づけられていますが、取り扱っている資金は、ユーロ圏全体の八%の比率に過ぎないのです。それ以外は、全てそれぞれの国の中央銀行が扱っているのです。

ユーロは単一通貨ではない

なぜユーロは弾けるのかを理解するためには、ちょっと技術的になりますが、次のことを説明する必要があります。例えば皆さんが銀行に五十万円のお金を預けているとします。そうすると、それは日本の中央銀行である日本銀行に対して皆さんが五十万円の債権を持っていることになります。ヨーロッパの状況を見ますと、ユーロが単一通貨であるとすればヨーロッパの中央銀行が一つあれば済むわけです。ところがドイツの戦略は、それぞれの国の中央銀行を残して、ユーロ自体が機能不全を起こしたときに、またもとに戻せるための受け皿を維持したかったのです。

このように各国の中央銀行が維持された状態ですので、皆さんがそれぞれの国の中にいて、銀行に例えば、二万ユーロの預金を持っているとします。そうすると、それはそれぞれの国の中央銀行に対する債権を持っていることになります。フランスであればフランス銀行に、ギリシャであればギリシャ銀行に、またドイツであればドイツ連邦銀行に債権を持っているのです。ですので、同じ二万ユーロの債権でも、実は欧州中央銀行に対しての債権ではなく、ユーロ加盟国の中央銀行のうちのどれか一つの中央銀行に対しての債権だということなのです。

現在、ユーロが日常的に使用される中で、秘められた大きな秘密があるのです。それはまさに、各国の通貨がユーロという通貨の背後で、機能し続けているということです。現在、ユーロという単一通貨があるように思われていますが、実はそれぞれの国が発行しているユーロという同名の通貨が幾つもある状態なのです。それがユーロに関する条約の規定で、それぞれの国のユーロの為替レートが一対一になっています。ですので、国を跨いでユーロが移動しても、何となく一つの通貨の中で資金が移動しているだけのように見えます。ところが実際は、フランスのクレディ・リヨネ銀行からドイツの民間銀行であるドイツ銀行に十万ユーロを預けると、フランスの通貨からドイツの通貨に両替されて十万ユーロのドイツ・ユーロに変換されるという事態が起こっているのです。そのことによって、当初フランス中央銀行に対して持っていた十万ユーロの債権が、ドイツ中央銀行に対する十万ユーロの債権に変換されたことになるのです。ただ、名前がユーロですし、為替レートも一対一ですので、債権先が変わったという認識を持つ契機が通常はないのです。この仕組みは、今までずっと秘密とされてきたもので、メディアで、これについて説明がなされたことはまずありません。

ユーロ破裂後の通貨変動

ともかく一つの通貨であると思われているユーロですが、その実、それぞれの国が発行した通貨に過ぎないものが、一対一のレートで交換されているのがユーロです。このようなユーロの仕組みを了解することがなぜ重要かと言いますと、ユーロが破裂したときに何が起こるかを理解するために不可欠だからなのです。ユーロが破裂して新しいドイツ・マルクが出現すると、今のユーロの水準よりはるかに高く切り上げになります。それに対してフランスの新たなフランは、今のユーロの水準に比べて大体一〇―一五％ほど切り下げになります。ギリシャの場合は、新しいドラクマができた場合には約五〇％の切り下げになります。そうするとユーロが弾けたときに、どこにお金を置いておいた方が得かというと、ドイツに預けておけば明らかに有利ですね。このような各国の新通貨の切り上げ、切り下げの現象は、ユーロの構造性から生まれてくるものです。

もう一度、「ターゲット2」のグラフを見て下さい（本書六四頁）。このグラフが表しているものとして、二つの現象が相乗的に関与していることを指摘することができます。一つは、ユーロの水準が高すぎるために、ヨーロッパの南の国であるイタリア、スペイン、フランス、ギリシャなどの輸出がどんどん落ちていってドイツに対する貿易収支が赤字に転落し、その累積が増大して来ていることです。それに対してドイツのような国は、ユーロの水準が低過ぎるので、どんどん輸出を増やします。この構造は、通貨政策の自由が各国政府から奪われていますので、この格差、不平等がどんどん累積しているのです。問題は、この不平等が是正される契機は、少なくともこのユーロが続く限り不可能だということです。もう一つの問題は、金融市場のインサイダーの動向です。投資家やファンド、投資機関は、ユーロ圏内でどういうことが起こっているか熟知していますから、彼らは、ユーロが破裂するまでの期間、ドイツ、そして若干はオランダやフィンランドに投資するという状況があるのです。中国には増水期に灌漑をするという表現があるようですが、まさにそれをやっているのです。

このグラフからは、現状が極めて深刻な状況にあることが見て取れます。一九九九年にユーロが導入された後、貿易赤字が顕在化しますが、しばらくは赤字の累積は大きなものではないので、ターゲット2にそれほど顕著な動きは見られません。共通通貨内では、インフレ率の高い国の低い国に対する貿易赤字が拡大してくることが構造的に避けられないのです。そして二〇〇七年辺りからサブプライム危機が引き金となって、不均衡が拡大していきます。イタリアとスペインからドイツへ大量の資金が移動し始めます。私たちの党である「人民共和連合」には、ヨーロッパ中央銀行に一五年間働いていたヴァンサン・ブルソーという世界的なユーロ専門家がいます。彼によると、この二〇〇七―二〇〇八年にドイツの財政問題を担当する警察の部局がヨーロッパ中央銀行にやってきたというのです。なぜかというと、この異常な資金の動きについてヨーロッパ中央銀行内のドイツ人たちから通報があったので、調べに来たというのです。

この時点で顕在化してきたのは、先ほどお話しした、貿易収支の不均衡の問題です。ユーロが一つの通貨として機能していることによって、ある国にとっては貿易上非常に不利な状況が生まれる一方で、ドイツのような国にとっては非常に有利になります。この不均衡が累積していくと大変なことになるということが問題なのです。そこから資金の移動がこういうふうに起こるわけですが、これは資本家やファンドがドイツにお金を移しておけば、ユーロが破裂したときに新ドイツ・マルクを手にすることができるという認識からなのです。ところでギリシャ、イタリア、スペインからドイツにお金を預けるということは、実は、預ける人にとっては、ドイツの銀行に対する債権を手にすることを意味します。ところがドイツの中央銀行にすれば、それは法的には、ギリシャ、イタリア、スペインの中央銀行に対して債権をもつことになります。ただ、ユーロの現行ルールがありますので、無担保の債権になります。問題は、二〇一八年現在でドイツの中央銀行の他の中央銀行に対して有する債権が百二十兆円規模になって来たことです。この金額がドイツ連邦銀行の貸借対照表に債権として記載されているのです。このことによって、ドイツでは、もしそれらの中央銀行がドイツ中央銀行に対する債務が払えなくなった場合、それらの中央銀行は破産する可能性があると危惧されているのです。ですので、ユーロは非常に際どい状況になっているのです。こういう構造性はもともとあったわけですが、その歪みが非常に鮮明に顕在化して来たと言えるのです。

ギリシャ金融危機

最後になりますが、グラフのこの辺りはギリシャの金融危機のときですが、いわゆるトロイカと呼ばれる欧州委員会、欧州中央銀行、ＩＭＦが少なくとも十二兆円規模の資金をギリシャの返済のために注入しました。それによってドイツへの資金の流入は少し下がりましたがまたすぐに戻っています。ユーロ圏が加盟国間の熾烈な貿易競争の市場になってしまった構造性が変わらない限り、この不均衡が際限なく広がっていくのです。これがまさにユーロの終焉を示唆する状況なのです。

一九四九年にドイツがマルクによって通貨主権を回復してからの半世紀の間、ドイツ・マルクに対してイタリア、フランス、ギリシャなどの通貨が、何度も切り下げを行なって来た事実は決して偶然ではないのです。まさに各国固有の生産効率の差を反映した調整が繰り返された歴史であったからです。それが一九九九年以来、ユーロの導入によって、その調整の可能性が奪われたのです。この状況は極めて深刻な事態なのですが、とりわけドイツにとって深刻です。もしイタリア中央銀行が破産し、ドイツ連邦銀行に対する債務の支払いを拒否するようなことになれば、ドイツにとっては五千億ユーロ（六十兆円）規模の未払金が発生することになるからです。フランスにとっても深刻な問題です。先ほどフランスの道路のメインタナンスのために三億ユーロ（三六〇〇億円）が必要であるにもかかわらず、その予算が十分に捻出できない状態だとお話ししましたが、もしイタリア中央銀行が破産した場合、フランスは千億ユーロ（十二兆円）規模を肩代わりしなければならなくなります。とんでもない事態になります。

ドイツ政界の目覚め

ユーロが破裂するメカニズムについて最後に申し上げたいのは、ドイツの政権党はメルケル首相のCDU、キリスト教民主同盟ですが、その政権の経済委員会がつい二〇一八年六月、ユーロが一対一の為替レートで、無担保でヨーロッパの南の国からドイツに入ってくる資金に対して担保を条件付けることを政府に要求し始めました。(6)これが政治レベルで具体的に動き出すと、スペインやイタリアが担保を出せるうちはいいですが、そのうち出せなくなる時がくると、ドイツはその資金の受け入れを拒否することになります。そうすると、金融市場が為替レートを決定することになり、現行の一対一で交換できるユーロ体制は具体的に瓦解することになります。そして、フラン、リラ、ドラクマといった、それぞれの国の新たな通貨が戻ってくる現実が見て取れるのです。

ユーロが破裂するということは、もちろん極めて重大な事態です。世界経済に甚大な影響を及ぼすのは明らかだからです。しかしこのシステムは長続きしないのです。それを予告するかのように、金融市場はすでに対応し始めています。例えば、現在ドイツの十年もの国債の金利はマイナス金利になっていますが、それでもそれは大幅に買われています。それはまさに、いずれユーロが崩壊するというのを専門家は判っていますので、一〇年後にはもう既にユーロが破裂しているだろうという投機的な対応に出ているからなのです。そこにはユーロが崩壊したときに、ドルに対して二〇％切り上げられる新ドイツ・マルクに換金できれば明らかに有利だという読みがあるのです。ご静聴ありがとうございました。

（二〇一八年十月十日　於・早稲田大学）

荻野文隆 訳

訳注

（1）「仏はEU離脱を――アスリノ野党党首インタビュー」（『産経新聞』二〇一八年十月九日）以外に、

「EU発足二五年、英の離脱、終わりの始まり――フランスの強硬離脱派アスリノ氏に聞く」（『東京新聞』二〇一八年十一月五日夕刊）、「なぜEUからの離脱＝Frexitをめざすのか――フランス・人民共和連合党首アスリノ氏に聞く」（『週刊金曜日』二〇一八年十一月二十三日）などがある。

（2）「人民共和連合」二〇一八年度シンポジウム（二〇一八年十月二七―二八日）には、運動の盛り上がりと社会状況を踏まえフランスの多数のメディアが初めて取材に訪れたが、『ル・モンド』と公共放送は例外であった。本書所収の二つの討論「エマニュエル・トッド＋フランソワ・アスリノ討論（フランスは消滅するのか）」、「エドゥアール・ユソン＋コラリー・ドローム＋ダヴィッド・ケイラ＋ヴァンサン・ブルソー討論（ドイツはEUとユーロから離脱するのか）」は、共にこのシンポジウムでの討論である。

（3）「中国的智慧与欧元的未来」『人民日報』ネット版、二〇一八年五月十一日。

（4）*Le Regard Libre*, François Asselineau « J'ai créé mon parti par désespoir », octobre 2018; *Le Matin*, Entretien de François Asselineau « L'euro va s'effondrer et l'UE avec », 28 février 2018.

（5）Robert Marjolin（1911-1986）、一九五八―一九六七年にはフランス人として初めての欧州経済共同体の経済・金融担当の副委員長。

（6）これについてはヴァンサン・ブルソーの論文を参照のこと。「人民共和連合」サイト https://www.upr.fr.「Target2-Balances の終了」。

https://www.upr.fr/actualite/france/regarde-cest-deja-laube-un-article-de-vincent-brousseau/「フランスのナティクシス銀行によると「今のところ、ユーロは失敗である」」

https://www.upr.fr/actualite/france/selon-la-banque-francaise-natixis-pour-linstant-la-zone-euro-est-un-echec-vincent-brousseau-commente-cette-note-qui-fait-sensation/。

〈講演〉

4 アベノミクスはデフレからの脱出口を見つけるか？

田村秀男

最初に日本の現状を、まず簡単に説明したいと思います。私は一介の経済ジャーナリストですけれども、この二〇年間ずっと、日本がデフレから脱出することがいかに大事かを書き続けてきました。先ほどのアスリノ党首のお話は実に興味深く、非常に勉強になりましたが、ユーロのフランスと、単一通貨であり、非常に自由で独立しているはずの日本円を持っている日本、両者が共通してデフレという圧力を受ける。そして財政も自由ではなく、制約を受けている――これは一体だろうというのは、経済学的に面白いテーマで、非常にチャレンジングだと思った次第です。

お金を刷っても経済は活性化しない

経済の基本を、ここで多少踏まえてみる必要があります。このグラフ（図1）をまず見てくださ

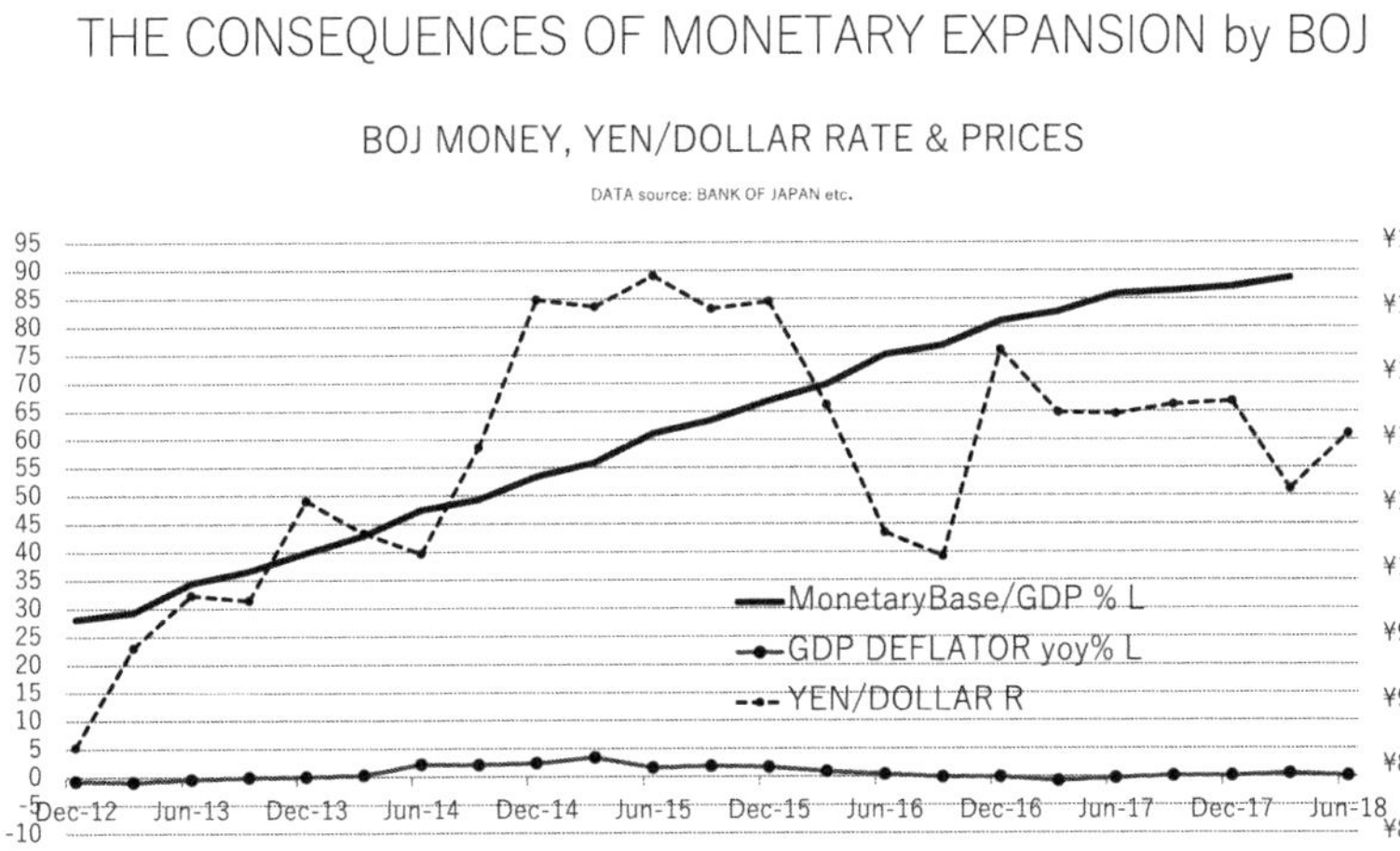

図1　日銀がお金をじゃんじゃん刷った結果

い。まず日本の場合、私が特に問題にするのは、いわゆるアベノミクスです。アベノミクスというのは、「三本の矢」と安倍さんもよく言いますが、一つは金融の異次元の緩和、つまり「お金をじゃんじゃん刷る」ということ、そして二つ目は財政は機動的に出動する。三つ目は、ご存じのとおり「規制緩和」と言われています。けれども、これは一体何のことか、実際中身はあまりない。事実上、アベノミクスで一番言われているのは、お金をじゃんじゃん刷ることです。日銀がお金をじゃんじゃん刷るというのはどういうことかというと、市中にある国債をどんどん買い上げて、その分のお金を刷る。そういうことで成り立っているわけです。

このグラフは、そのアベノミクスの間、つまり会計年度《フィスカル・イヤー》の二〇一二年度に比べて、二〇一七年度の経済の結果が、一体どういうふうに変化したかということを表しています。ＧＤＰはそこそこ増えたように見えます。ところが家計消費になると、ほとんど増えていない。もう一つは、民間企業の設備投資もあまり勢いがない。輸出はそこそこ増えていますが、アベノミクスでお金をじゃんじゃん刷って一体何が起きたかというと、お金はどんどん増やしたわけですけれども、実体経済活動がいま一つ冴えない。

「お金をじゃんじゃん刷る」というのは、日銀が発行する資金を「マネタリーベース」という金融用語で呼んでいますが、何のことはない、日銀が発行するお金の量だと考えればよろしい。それがアベノミクスが始まって以来どう増えたか。GDP比で一七―一八%ぐらいだったのが、今はGDP比で九割近くまで増えています。大変な勢いでお金が刷られているわけです。

お金をじゃんじゃん刷って市中に流せば、取り引きされるモノやサービスに付随するお金の量が増えるから物価が上がると見込めます。だから脱デフレを実現するはずだという、経済学上の理論に基づくものです。実際には何が起きたか。物価指数は、消費者物価指数など、いくつかの指標がありますが。しかしGDPのデフレーターは、経済全体の物価を表す総合指数、代表的なインフレ指数です。これは皆さんがご存じのとおり、ほぼ〇%に近い、つまりはりついたままぴくとも動かない。いくらお金を刷っても、物価は動かないんです。デフレ圧力がずっと一貫して、いまだに続いているということです。

では一体何が起きたのかといいますと、実は円安、つまりアベノミクスが始まる前は一ドル七〇円台、あるいは八〇円ぐらい近傍でしたが、それが今、例えば今日現在だと一ドル一一三円ぐらい

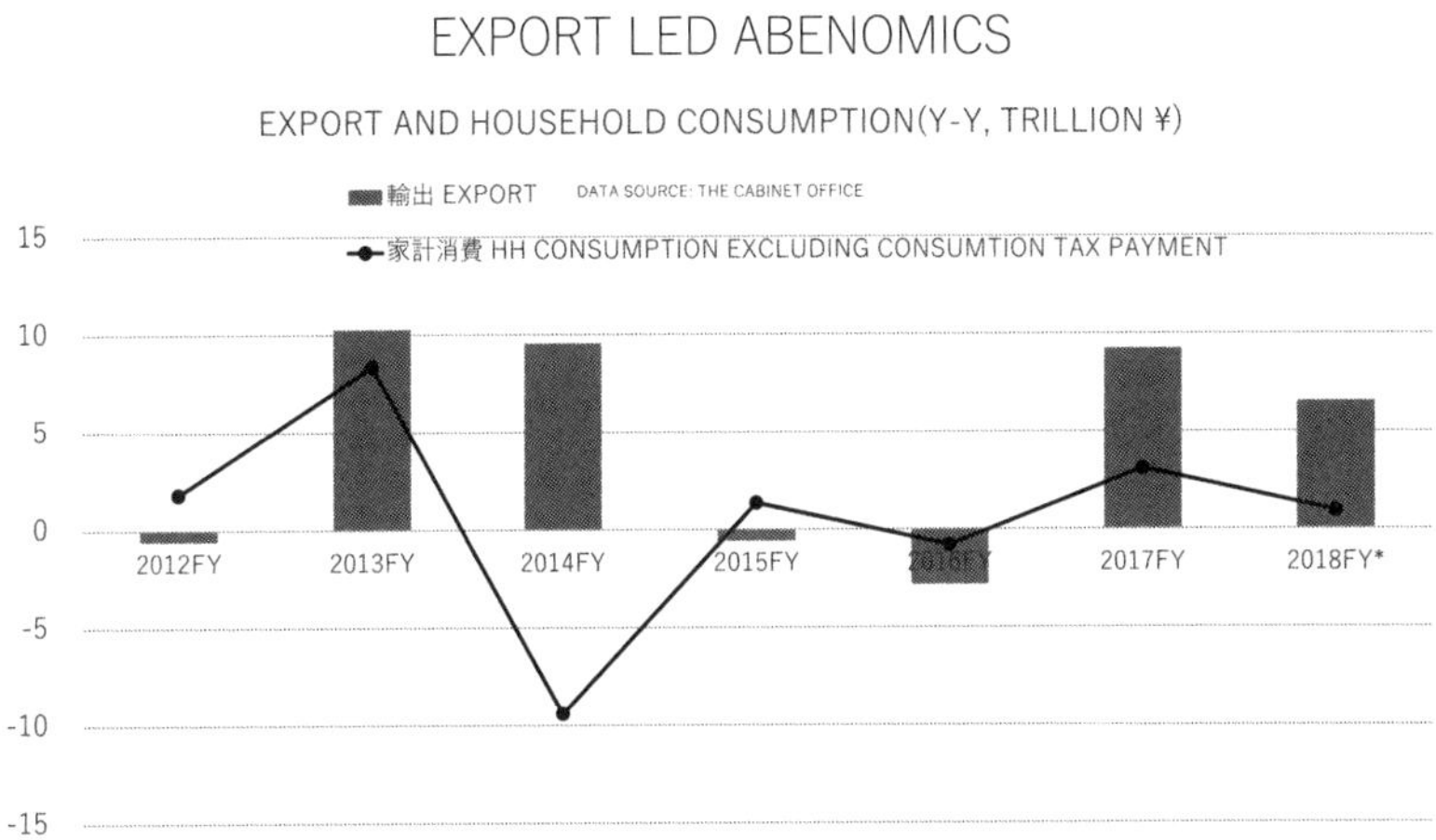

図２　アベノミクスは輸出主導

です。アベノミクスが最初始まったころ、前半の時期では一ドル一二五円ぐらいまでぐっと安くなり、一旦戻って、今現在このあたりの水準に行く。お金を刷った最大の効果は、どうやら円安になったということです。ここに、実は重大な意味があります。

ではアベノミクスで経済はどうなったかということを、ＧＤＰ、国内総生産の構成項目の中で、一番特徴的に変化しているものは何かということで取り出したのが、皆さんの家計の消費と、それからめざましく増えたのが実は、日本から大手の企業の輸出です。

図２のグラフは、前年に対してどのぐらい増えたかを表しています。輸出は増えていますね。では家計の消費は一体どうだったかというと、全然です。消費税の増税以来、家計の消費はどんどん下がっています。全体としては、アベノミクスの期間中、家計の消費水準はむしろマイナスです。これは、まさしくデフレの状況です。

物価が下がり賃金も下がるのがデフレ

デフレというのは、そもそもどういう意味でしょうか。学術的には、要するに物価が下がり続ける状態、あるいは物価が下がり続けるだろうとの予想が一般に蔓延している状態だと定義づけられています。経済学の教科書には、そう書かれています。しかし私のようなジャーナリストは、そんな曖昧なものでいいのかということで、私はデフレの定義を再定義すべきだとずっと言っています。私の再定義では、物価が下がる、下がってもそれ以上に賃金が下がる、これがデフレです。また「デフレ圧力」とは、物価が多少、例えば〇・一%〜一%上がるとして、しかし賃金はほとんど動かない。つまり賃金の上昇率が物価の上昇率を下回る、この状態がデフレ圧力というわけです。こういうふうに再定義すべきだと、私は新聞紙上などで何度も主張しています。

デフレの問題というのは、実はそういうことなんです。物価が多少上がっても、例えばインフレ目標と言って二%の物価上昇が望ましいと言っているけれども、賃金はせいぜい一%ぐらいしか上がらない。だから、若い人たちの将来がない。だから社会が暗くなる。つまり、物価が上がればいいということではないんです。一方で、物価が下がれば、みんな楽になるんじゃないかと考える、これもまたおかしな話です。賃金は物価以上に下がります。あるいは物価が上がっても賃金はそれほど上がらない。これがデフレ圧力というものなんです。

今回自民党の総裁選で安倍総理に挑戦した石破茂さんと私は個人的に親しいんですが、石破さんに私は以前から「あなたはちゃんと〝脱デフレ〟を言わないと、日本の政治のリーダーとしては失格ですよ」と言っているんです。そうしたら石破さんは「いいや、物価が下がることはいいことだと、家庭の主婦なんか皆さんおっしゃってますよ」と言ってましたね。とんでもないことです。最大の問題は、物価が下がって、御主人の賃金、給料がそれ以上に下がる、これがデフレの問題なんですよ。だからリーダーは〝脱デフレ〟をきちんと認識して政策を発表してください、と申し上げているんですが……。

とにかく、日本の政治も、政界も財界も、それから残念なことに我がメディア、また官僚、企業の経営者に、軒並みこの認識がありません。なぜそうなったのか。先ほど小選挙区制との関連をお聞きしましたが、日本は物価が上がらなくていい、賃金が上がらなくてもやむを得ないという雰囲気が全体的に漂っているのが、非常に残念なことです。

緊縮財政・増税路線のあやまち

さて、いくらお金を刷っても、物価が上がらない、デフレ圧力が下がらない、これは一体どういうことであろうか。それを示すのが、このグラフです（図3）。日本はユーロ圏のフランスなどと違って独立通貨を持っているわけですから、財政において硬直的な制約で自らを縛るのは、非常に

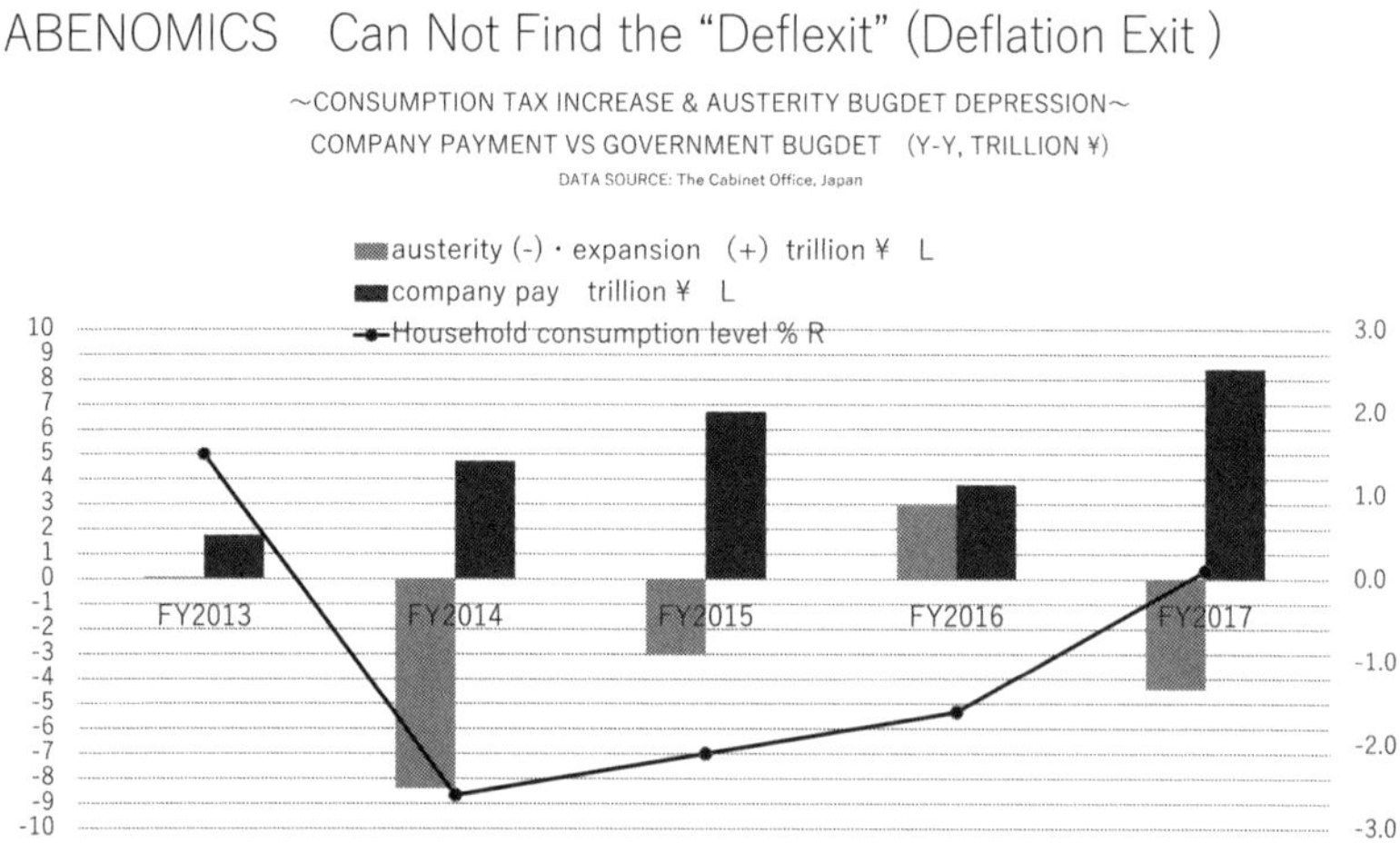

図3　アベノミクスは「脱デフレ口」を見つけられない

おかしな話です。脱デフレを目指しているはずのアベノミクスが大変な緊縮財政、増税路線をやっているわけです。安倍さんが今回総裁選等で何を言ったかというと「アベノミクスは大成功です」と。つまり求人倍率が一九七〇年代後半の非常に景気のいいころと同じくらいで、それなりに景気がよくなっていますよということをおっしゃっているわけです。

雇用者に企業側が払うお金、統計として雇用者報酬（company pay）という用語で呼ばれている項目ですけれども、これは確かに前年比で、結構増えているように見えます。なぜかというと、比較的高齢の方も人手不足だということで再雇用されたり、または主婦も雇用されるということで、社会全体としての雇用者数が増える。そのことによって、総量として企業側から支払われるお金の総額、これは企業が負担する年金など社会保険の負担量も含まれていますが、企業が負担する分は、それなりに増えているわけです。ところが何が下がっているかというと、家計、ハウスホールドの消費です。これが前年比でどんどん下がっているんです。こういうことで、いくら雇用報酬が増えても家計消費が下がるばかりというのが、日本の現状なのです。

この原因は何かというと、日本は緊縮財政と増税をやる。いくら雇用者報酬が増えても、増えた民間で払われるお金、所得になるお金を、緊縮財政、あるいは増税ということで、政府が全部吸い上げてしまうわけです。そうすると経済社会はどうなりますか。我々の懐が寂しくなる。物価が一％上がっても、我々の給料はむしろ下がっている。そういうことであれば、私たちの懐はますます細るわけでしょう。そうしたら社会全体が暗くなる、経済が成長しない、だから将来性がないという状況ですから、まさにデフレ圧力にさらされた状態が続くわけです。

ではなぜユーロの国々、フランスなどと違って、日本が二〇年もデフレを続けてしまうのか。アベノミクスは「脱デフレ」と言っていたわけです。ところが、実際やっていることはデフレ容認路線です。このデフレはどこから来るかというと、まさにこれは、一言で言えば政策の失敗です。つまりお金さえじゃんじゃん刷ればデフレから脱出できるという間違った考えのもとにアベノミクスは動かされて、結局頼るのは輸出。円安によって輸出を増やすことだけがアベノミクスの、成果といえば成果です。半面で円高になればたちまち成果が吹っ飛んでしまう危うさがつきまとう。

政府が民間からカネを巻き上げると、国内需要、つまり我々の消費が押さえつけられたままになります。そうすると、お金がどんどん余っていきます。我々の家計は節約に節約を重ねる、したがって預貯金をどんどん積み重ねる。企業は設備投資や雇用にお金を回さず、利益剰余金をどんどん増やしています。例えば、名目的な意味で日本のＧＤＰは五〇兆円ぐらい増えました。家計消費もアベノミクスの間で一〇数兆円増えました。しかし実際は消費増税でどんと取られていますから、これはゼロ、あるいはマイナスということですけれども。しかし最も増えた項目は、企業の使わないお金、これがアベノミクスの二〇一二年を起点として二〇一七年度までで合算すると、一五〇兆円ぐらい利益剰余金が増えています。家計の預貯金は九四兆円増えています。つまり使われないお金だけがたまるわけです。

使われないお金は、グローバルな金融市場、つまり外に向かってどんどん流れるわけです。我々が働いてためたお金が、世界中に分散するわけです。グローバルな金融という中に吸いこまれて、国内には還元されないということです。ここが日本の最大の問題なんです。

デフレ容認路線？

こういう日本と、ユーロ圏との共通項は何か。アスリノ先生がおっしゃっているように、フランスは依然としてデフレ圧力にさらされ、財政の自由度も大変制約を受けている。通貨を動かすわけにはいかない。日本は、通貨を発行するのは自由、金利を設定するのも自由です。しかし緊縮財政ばかりやっている。その結果デフレーション、デフレ圧力が続く。しかし、お金はどんどん余っていく。家計と企業を合わせたら、アベノミクスの期間だけで合計でどのぐらい余ったお金が増えたかといいますと、九四兆円プラス一五〇兆円ですから、二百数十兆円お金が余っている。もしこのうち一〇％でも国内投資に回していけば、我々のインフラもどんどんよくなるし、景気もよくなっていく。我々の所得も増えるはずです。

なぜ安倍政権はそれをしないのか。私は長い間、アベノミクスをウォッチしてきましたが、やはりこの政権もデフレ容認政策ではないかという感じを、今強く抱いています。ではなぜデフレを容認し、安倍総理がそのくせ「脱デフレ」ばかり叫び続けるのか。これはもう方便でしかないという気がしています。二〇一九年、予定どおり消費税の増税をやり（二〇一九年十月実施）、消費増税で税収が多少増え、その一部は家計の、つまり教育の無償化なんかに充当するから、だから若い人のためになるんだということを盛んにメディアに向けて言っているわけですけれども、これはおかしな話です。経済学的にも、社会政策上も非常におかしい話です。なぜかというと、消費増税で一番打撃を受けるのはまさに勤労世代、子育て世代です。その所得を減らしておいてデフレ圧力を加えた上に、あなた方は子供がいるから、お子さんに対しては教育の無償化で一部を還元していきますと。そういうことをおっしゃるんなら、安倍さん、まず消費増税をやめなさい、これが筋でしょう。一部を返すからいいこと、財源ができたからいいことだという、これはまさしく小選挙区における政治家の方便です。経済のパイ全体を大きくする本来の政治の役割を放棄しています。

政治家というのは、財務省の官僚の支配下にあります。財務省の官僚は「先生、社会保障だ、教育無償化だ、子育ての補助だと、いくら言っても、財源がありませんよ。財源が欲しかったら、消費税の増税に賛成しなさい。そうしたら我々も考えてあげますよ」と。こういう論法で来て、それで政治家の先生はそっちの方にすぐなびいてしまう。だから、消費税の増税をやり、全体としては緊縮財政をする。つまり、全体としての歳出をどんどんカットしていくということです。その結果として生まれるのはデフレであり、なおかつ国際的なグローバルな金融市場に日本がひたすら貢献していくという、この姿です。国内には国民が稼いだカネが回らず経済成長できない。

これはアベノミクス以前から始まっているわけで、脱デフレを唱えた安倍内閣、アベノミクスであるはずですけれども、実際は相変わらずのデフレ容認路線、グローバルな金融市場に貢献していくということ。これで喜ぶのは、これははっきりしています。まずアメリカであり、ロンドンの金融市場、あるいは中国のようにお金を非常に必要としているところでしょう。誰がハッピーになるか、日本国民がハッピーになるとはとても思えない。

今日のアスリノ先生のお話を伺っておりますと、なるほど悩みの内容が少し違うかもしれない、その原因が少し違うかもしれないけれども、これはまさに政治のリーダーシップが間違った方向に行っている、間違った政策をそのまま誇示し続け、それを変更しようとしない政治の方にある。あるいは一言で言えば政策の失敗、間違いこそが日本の停滞を呼んでいるということではないかと、私は感じた次第です。

（二〇一八年十月十日　於・早稲田大学）

〈対談〉

5　なぜ緊縮財政はいけないか？——日仏共通の課題

F・アスリノ
田村秀男

超自由主義を押しつけるＯＥＣＤ

田村　アスリノさんのお話は、非常に勉強になりました。私のこれまでの国際経験はアメリカと中国ですが、ヨーロッパの詳しい話をこのように聞いたのは、初めてと言っていいぐらいです。ジャーナリストですから、一番わかりやすいことから詳しく知りたいのですが、一〇年後にユーロが必ず崩壊するとおっしゃいますが、一〇年という根拠は一体何でしょうか。

アスリノ　私も、田村さんのお話からたくさんのことを学ぶことができました、ありがとうございます。聖書にも言われているように、何日の何時にことが起こると予言することは不可能ですので、十年と言ったのは、一つの目安に過ぎません。しかし確実なことは、ウルトラ自由主義を押し付ける現在のEUの状態を喜ばしく思う勢力がいることです。それは基本的には多国籍企業、大企業の経営者たちですけれども、その人たちにとってはいわゆるEU条約に書き込まれている資本の移動の完全な自由という制度は、非常に有難い制度であるわけです。そのことによって大企業は、例えばフランスであれば東欧諸国、スロバキア、ルーマニア、ブルガリア、さらにはバングラデシュ、インド、ベトナムなどの賃金の安い国に工場を移すという形で、自分たちの利益を最大限にすることができるわけです。

EU条約にはさらに、公共サービスの民営化という方針も書き込まれていて、EUによってフランスの公共サービスが破壊されつつあります。この点、なぜか日本とフランスは非常によく似た政策が行われているように思われますが、そこで考えなければならないことは、背後にOECDの存在があるということです。このOECDはまさにウルトラリベラリズム、超自由主義の理念によって機能する政策を、北米、欧州、日本、韓国に展開させようとする機構ですので、これが日本とフランスの政策の類似性を背後で作り出しているのです。もちろん、日本は固有の通貨を持っており、フランスはユーロによって他国に縛られているという違いはあります。ただOECDの影響下にあることで、結局はフランスと日本は同じようにデフレ化政策を推し進めており、奈落へと向かっているといえるのです。

田村 アメリカではトランプ大統領が登場し、「アメリカ・ファースト」、つまり反グローバル主

義を唱えています。お話を伺っておりますと、ＥＵも日本も、それに対してはグローバル主義のように見えます。つまり本来グローバル主義の本家であり、原動力であったアメリカが方向転換を見事に果たしてしまった。アメリカ第一主義ということで、財政も金融も、他のことなど構ってはおれない。貿易もそうです。それで中国に対しては強硬措置をとっている。ところが日本のことを言いますと、日本は相も変わらず大企業の輸出を大いに奨励し、円安に何とか持っていきたい、それから金融においては世界に金をどんどん貸しまくり、本国では金を回さない、こういうことをやっています。これが日本流のグローバル主義です。したがいましてトランプ流のようなやり方は、これは保護主義だと非難、批判する人たちが日本にも非常に多いわけです。

ヨーロッパにおいても、おそらくトランプの一国主義、あるいはアメリカ・ファースト主義に対しては、非常に警戒や反発もあると思います。しかし考えてみれば、日本のように、通商を含め、人の自由も含め、あるいは金融も、財政もそうですが、デフレを容認するのはグローバル主義ですから、グローバルの金融に貢献すればいい、貿易に貢献すればいいという、自国の利害をある意味で後ろにやった政策なんですね。

それに対してトランプはアメリカ・ファーストだと言って、それまで言っていたグローバル主義を完全に放棄した。ではヨーロッパとしては、このトランプ主義に対して、どういうやり方があるのか。アスリノさんの方は、アメリカの政策転換、グローバル主義に関して、フランス第一主義みたいなことを唱えていくおつもりなんでしょうか。

歴史と連動する経済

アスリノ　田村さんのおっしゃることには全く賛成です。私は経済と金融を専門に学んだものですが、同時に歴史的な視野の中で考えていくことにも非常に関心を持っています。例えばアフリカのある諺に、「ある人がどこへ行くかを見るためには、どこから来たかを見れば分かる」というものがあります。歴史を遡りますと、中国では古代ローマのセステルス銀貨が発見されていますが、これは紀元二世紀頃にはローマ帝国と中国の後漢の時代に、この二つの帝国の間にはシルクロードを介した緊密な交易関係が成立していたことを物語るものです。その後、ローマ帝国は崩壊しますが、そのことによってローマ人がつくった道路網は劣化して行きます。ちょうどアメリカや日本、そしてフランスのインフラが老朽化し劣化している現状に似た状態とも言えます。

こうしてローマ帝国の崩壊した後は、それぞれの地域が自分たちの内側に閉じこもる時代がやってきたわけですが、その後一三四八年には西欧でペストの大流行が起こります。これは中東との交易が非常に盛んになっていたことを物語るもので、閉じこもりの流れが、十三世紀から十四世紀には逆に開かれる方向に転回したことを示すものだったのです。メリーヌ関税[1]は十九世紀末のフランスにおける保護貿易の始まりを象徴するものですが、それも十九世紀を通して展開していた、開かれた交易の時代を保護主義へ向けて導くためのものだったのです。

経済現象というのは、思想・イデオロギー現象がそうであるように、歴史と連動した形でそれなりのサイクルを描くということは、経験知として言えるように思います。「コンドラチェフの波」などはしばしば言及されますが、それが数十年であったり、もっと長い周期であったりしますが、それなりのサイクルがあると思います。大雑把に言いますと、いわゆる世界化、グローバル化で開かれた方向へ進んだ後には、不可避的に閉じる方向がやってきます。現在は、ソビエト崩壊の後に展開したかなり大規模なグローバル化が、閉じる方向に向かっているということは確実だと思います。

アメリカではトランプ大統領が選ばれたわけですが、彼はいわゆるアメリカのエスタブリッシュメントを批判し、金融、軍事産業、大企業を批判する形で選ばれたわけです。その背景には、やはりアメリカ社会の歴史があったのであり、アメリカの国民の歴史が、それを可能にしたということが言えます。イギリスのブレグジットを巡る展開も同様ですし、ブラジルでは保護貿易的な方向へ動きそうな新大統領が当選しそうな状況です(2)。つい二日前には、ラトビアの大統領(3)が、ロシアに対して国内を固める方向を打ち出したばかりです。この傾向は、今後、様々な地域でますます顕著になっていくと考えています。

田村 私が今日のアスリノ先生の話を聞いて意を強くしたのは、日本はやはり日本第一主義で行くべきで、日本第一主義とはどういうことかというと、要するに財政出動をもっとやる。日本ではアベノミクスが始まって以来、二五〇兆円ものお金が使われずにそのまま眠っています。それは海外に流れるだけなんですが、それを吸い上げるのは、財政しかありません。政府が財政でそれを吸収することによって、日本のインフラを直し、災害に強い列島に直す、あるいは成長に資する人材の育成に充てる、つまり教育等にそういった資金を充てていく。いろんな使い道がありまして、結局日本はそのお金を生かしながら大きく飛躍することができるんです。この日本第一主義の考え方に立ち返らない限り、日本の脱デフレは、私はあえてこれを「デフレグジット」とネーミングしたわけですけれども、これは不可能であろうと思うわけです。

皆さんの中には、例えば日本は財政赤字がGDP比で二倍もある、先進国では最悪の部類に入ると信じておられる方がいるかもしれません。しかし実際に日本の政府の債務水準は、アメリカや中国とほぼ同じです。なぜかというと、日本という国は官僚がいろんな法人をつくったり、いろんな出資をして、莫大なる資産を持っております。その莫大な資産のうち金融資産だけ取り上げていきますと、日本の金融債務というのは、実はGDPとほぼ同じぐらいの額に、つまり半減するわけです。つまり日本は、アメリカ合衆国と同じ水準です。ということで考えれば、日本は債務危機に陥る、ギリシャのようになる、と誰か政治家が言ったことがありますけれども、これはとんでもない嘘、デマです。そういうことですので、とにかく日本第一主義でやらないと、デフレから脱することもできない。我々の将来は非常に暗くなる、衰退が続くことになるわけです。

同じようにフランスも、アスリノ先生が政権に大変な影響力があるようになれば、その座につけば、フランス第一主義ということで、フランス自身も大きく変わると感じるわけです。

その反面で、一つの疑問が湧くでしょう。アメリカのアメリカ第一主義、フランスのフランス第一主義、日本の日本第一主義、中国はもうとっくに中国第一主義でやっていますが、こうなると世界がばらばらになってしまうのではないかという疑問を呈する方も、おそらくいらっしゃるでしょう。そうなると世界秩序が壊れると怖がる人もいるかもしれません。ここを先生はどうお考えでしょうか。

アスリノ　ご説明いただきまして誠に有難うございます。田村さんの分析の大方の点についてでは私も大賛成です。日本については、私は田村さんほどしっかりと把握している訳ではもちろんありませんが、日本は私の大好きな国ですし、一九八〇年代初めに大学を終えた後一年半ほど暮らしたこともありますので、当時の大変に活気に溢れ世界から賞賛された日本を経験しています。しかし現在の日本は、歩みを緩め、高齢化し、前へ進めずにいる感じを受けます。

日本についての印象は、公共投資が大きく欠落しているとともに、大企業が巨額の利益を上げながらそれを国際市場に投資しているということは、この状況をうまく利用している人たちがいるということです。ユーロもEUも機能不全を起こしながらも、なぜここまで長続きしているかというと、利益を得ている人たちがいるからです。投資家、ファンド、大企業が目先の利益を最大化しようとしているのです。

同じように日本も、今のような機能不全を起こしながら、なぜデフレ化政策が続いてしまうのかというと、当然それによって利益を受ける人たちが存在するからです。大企業が利益をあげ、それを金融市場に投資し、株主のための利益を最大化しようとしているのです。その帰結として、この二十年の間にOECD加盟国の格差を示すジニ係数は大幅に増加してきました。とりわけフランスではそれが顕著ですが、おそらく日本でも同じだと思います。

経済は長距離旅客機

アスリノ　経済について説明するとき、私はよく長距離旅客機の比喩を使います。つまり四つのエンジンを備えた長距離旅客機のイメージです。四つのエンジンがついている飛行機であれば、太平洋を飛行して東京―パリ間を飛行することもできれば、大西洋を渡りパリ―ニューヨーク間を結ぶこともできます。ただその場合、四つのエンジン全てが順調に作動する必要があるのです。経済も同じことで、最初のエンジンとして大事なのは、家計消費です。フランスではこのエンジンが故障していています。ユーロが高すぎるために、失業が増大し、将来不安のために消費にお金が回らず貯金をするからです。ですから今の経済の状況は、この一つ目のエンジンが停止している状態だと思います。

二つ目のエンジンも停止していると言えます。それは、企業が将来の活動に向けて投資することです。フランスではこの企業の投資が弱いのですが、それはフランス国内に投資をせずに東欧諸国やバングラデシュ、ベトナムなど賃金の安いところに投資するからです。資本の移動の自由が存在するからです。日本でも同様の現象が見られるようですね。

三つ目のエンジンは輸出です。フランスでは、この三つ目のエンジンも故障している状態です。輸出力がどれだけあるかは非常に重要なポイントなのですが、先ほどもユーロがフランスの産業効率にとって高すぎるということを指摘したように、四つあるエンジンの三つが止まった状態で、大西洋の上、太平洋の上を飛行しているということになります。

今や六五〇〇万人のフランス人を乗せたこの旅客機は、最後に残ったエンジンだけで海の上を飛んでいるのです。このエンジンというのは、政府の財政出動なのです。ところが欧州委員会の政策は、この最後のエンジンも止めろというものです。従ってフランスはEUの方針に従って緊縮財政が強いられ、この四つ目のエンジンも停止した状態で墜落しつつあるのですが、多くの人々はそれを理解しようとはしないのです。

先ほど田村さんが、巷では多くの人が、「物価が下がるのはうれしいことじゃないか」と言っている、とお話しされましたが、これはまさに経済が何たるかを理解していない人の考えです。全くもって間違っています。フランスでは、金がないのだから歳出を減らすのは良いことであり、歳出を削減すれば借金が減ると考えている人々がたくさんいます。しかしこれは直感的には正しいように感じますが、全く間違っています。

家計と国の経済を混同してはいけません。家計において収入以上の支出を続けていけば、破綻に至るのは明らかです。収入に応じたお金の使い方をすることが賢明なやり方です。しかし国の経済は全くそれとは違います。税収によって国が賄われるわけですから、税収を増やすことが必要であり、そのためには経済を活性化しなければいけないのです。経済を活性化するためには、まさに先ほどの四つのエンジンがしっかりと機能することが必要なのであって、緊縮財政は経済には逆効果です。一九三六年にケインズが主張したように、財政出動が不可欠なのです。

メディアと民主主義

田村　アスリノ先生のお話の中でまた一つ印象的だったのが、フランスのメディアやヨーロッパの主流的なメディアが、アスリノ先生が相当の提言をしている政策に関して取り上げようともしない、非常に冷淡であるということでした。これは非常に私も身につまされる話です。

私もさんざん「アベノミクスの中身がもうないではないか」と、脱デフレを言い、さらに財政出動を言い、さらに「消費税の増税はやるべきではない」と盛んに言っているけれども、我がマスコミは全然私のことを無視して、みんな増税賛成ばかり言っているわけです。政治の世界においても、本音を聞くと多くの政治家は「やはりいま消費増税はまずい」と言いながら、「いや、そんなことを表向きに言うとはばかられるので、やはり言えません」という政治家が実に多い。私は非常に共感するところがあったんですけれども、そういう意味では、きちんとした政策を掲げる党の党首のアスリノ先生がいらっしゃるフランスの方がまだ救いがあるんじゃないかと思うんですが、いかがでしょうか。

アスリノ　田村さんがおっしゃるようなメディア状況は、フランスでも全く同じです。このシンポジウムの初めに、『ル・モンド』などを読むよりは、『産経新聞』をお読みになった方が、フランスについてのしっかりした分析を見いだすことができるでしょうと言ったのも、その意味においてだったのです。『ル・モンド』、『フィガロ』、TF1、フランス2などの主要メディアは、全く同じことを繰り返しています。まさにヨーロッパ諸国の民主主義が問われている問題だと思っています。

最後に一つつけ加えたいのは、経済というのは自然科学ではなくて、人間がそこにいることで動いているものであるということです。しばしば経済予測が外れるのはそのためです。経済において忘れられがちなのは、自分に対する信頼、将来への信頼、そういうものが基盤にあって初めて前に進んでいくものだということです。

現在、トランプ大統領がアメリカの大企業やエスタブリッシュメントに歯向かう形で政策を打ち出していますが、多くのメディアは、そんなことをやったらとんでもないことになると批判していました。ところが昨日のＩＭＦの発表では、アメリカがいま四・六％の経済成長を遂げていて、世界の中でも最も確実な成長を遂げていると評価しています。それからブレグジットの場合も同じことで、多くの主要メディアが、ブレグジットを選択すればイギリスは壊滅的な状態に陥ると批判していたのですが、実際は失業率が一九六〇年以降で最も低い四％になっています。この二つの例で興味深いことは、ともに人々が立ち上がって自らの存在を主張したものだったことです。まさに田村さんが先ほど日本第一、フランス第一という表現で指摘されたことだったのです。

歴史上、あらゆる復活の物語において言えることですが、この経済の復活の実現においても必要なのは、まさに私たちの祖国に対する愛であると思います。

（二〇一八年十月十日　於・早稲田大学）

荻野文隆 訳

訳注

（1）メリーヌ関税、十九世紀末の保護主義への展開を象徴する一八九二年の関税に関する法律。Jules Méline（1838-1925）は当時、フランス国民議会の関税委員会の委員長。

（2）ブラジルの新大統領のジャイル・ボルソナロは自国第一主義を唱えている。

（3）ラトビア大統領ライモンツ・ヴェーヨニス（1966-）がロシアに対して自らの足元を固める方向を打ち出している。

第II部

日仏のデフレ化政策と闘う

〈対談〉

1　デフレ化政策と闘う民主主義

F・アスリノ
藤井 聡

日仏共通の「ポリコレ」とは?

藤井　今日はわざわざ京都までお越しいただき、本当にありがとうございます。今、日本には消費増税という問題があり、それと対抗するために今、「反緊縮」がとても重要になっています。これは、欧州でEUという問題があり、それに対抗するために反EU、フレグジット（フランスのEU離脱）が非常に重要になっているという構図と同様と思います。両者が似ているというのは、増税の延期やフレグジットが必要だという話は、論理的、実証的に明らかであるにもかかわらず、それがなかなかできない、というところ。なぜ両国で明らかに必要な事がなかなかできないのかと言えば、一つには、メディアの問題、とりわけ、「ポリティカル・コレクトネス」の問題があります。

その他にも、財界の圧力があり、さらにもっと深く言うのならば、戦後レジーム、あるいはヤルタ体制の問題がある。

まず、メディアの歪みの問題。アスリノさんの大統領選挙の時のメディアの露出はわずか一％だった。にもかかわらず、マクロン氏は二八％もあった。これが合理的な投票判断を歪めた。その背後には、マスメディアの「スポンサー」たちの誘導があったと言われている。日本でも同じことが、増税に関して行われています。一番直接的なものが「軽減税率」の問題。「軽減税率」の対象に今、新聞が認定され、消費税が一〇％に上げられた時、新聞購読料も八％に据え置くということになっていることから、新聞各社が増税反対運動をぴたりとやめる――という新聞社にニンジンをぶら下げる形でのあからさまな世論誘導が行われている。

それから、ポリティカル・コレクトネス、いわゆる「ポリコレ」についても、日仏で類似した状況がある。ポリコレとは「政治的に望ましい言説」なるものであって、それが暗黙裏に社会で共有され、こわばった空気を形成し、それに反する言説が言えなくなっていくという社会現象を生み出します。今日本では、「消費増税賛成論」はポリコレ的にOKで、「反増税論」はポリコレ的にアウト、という認識が、とりわけインテリ層で共有されている。フランスでもEU賛成がポリコレOKで、反EUはポリコレ・アウト、ということになっている。

そんな「ポリコレ」ですが、多分に多国籍企業や資本家によって作られているという側面もあるのですが、これがまた日仏で共通している。メディアのスポンサーである多国籍企業は多くの場合、輸出関連企業ですが、そういう企業は還付金がもらえるため、消費増税を支持する。さらには、消費増税とバーターで法人減税が進められるという点からも消費増税を支持する。同様にEUは自由貿易にとって有利ですから、彼らは支持する。そして、そうした多国籍企業やそれに関連する資本家たちがメディアのスポンサーになっていることから、彼らの思惑に影響、ないしは支配される形で新聞やテレビの論調が歪められ、妙なポリコレが社会的に共有されている、という次第です。

結果、緊縮、消費増税、グローバリズムは皆、ポリコレOKで正しく、その反対の積極財政、消費減税、保護主義は皆、ポリコレ・アウトであって、そんなものを主張するのは「不道徳」だということになっている。

このような格好でメディア空間がグローバル資本主義に歪められ、日本やフランスで「妙なポリコレ」が作り上げられ、グローバリズムが進み、緊縮が進んでいる、という次第です。その辺りのところについて是非、フランスの実情も解説していただけるとありがたく思います。

メディアが仕掛ける「情報戦」

アスリノ 今、藤井先生がお話しされた状況認識には全く賛成です。そもそも二〇〇〇年以降、我々はある意味で一つの戦争状態に入ったと言えるのではないかと思います。その戦争というのは銃とか爆弾といった形で行われる戦争ではありません。

「情報戦争」です。

この戦争の結果、いわゆる先進国地域のメディアが完璧に多国籍企業や金融界に牛耳られ、メディア空間が恣意的な形で歪められています。その時に、そういう国際的なビジネスの動きに対して最も目障りなものは何かというと、「国民国家」という存在です。

そもそも二十世紀の前半に、フロイトの甥だったエドワード・バーネイズという人がアメリカで『プロパガンダ』という本を書きました。この人の書いた本は、情報によって人々の心理や行動を導いていこうというものですが、この本によってアメリカの中では、いわゆる心理戦、情報戦に対する意識が非常に高まったのです。例えば一九二〇年頃に、タバコ企業が売り上げを上げたいと考えた。女性に吸ってもらえば、売り上げが倍増できるというふうに考えた。それで、タバコを吸うことについて、非常に自由で解放されたようなポジティブなイメージを展開したわけです。当時は女性の喫煙はちょっとまずいという雰囲気があったのですが、「情報戦」によってそれを変えていき、売り上げを倍増していったのです。

こういうふうに情報戦で人々を操る、洗脳していくということは、とりわけ今の二〇〇〇年以降の社会の中で、人々を最も効果的に誘導する手段になっていきました。もちろん今でも戦争というのは、シリアやバグダッド辺りで具体的には鉄砲やミサイルをぶち込むことを言いますが、それ以外のところでは情報戦という戦争が行われているのです。

ＥＵに関しても情報戦が功を奏して、ＥＵは平和と繁栄の基盤であり、ユーロは経済発展の基礎になるというイメージが共有されてしまった。そうやってポジティブな方向を示されると、人々は「羊のように」ついていく。特に、機能不全を起こしたＥＵ・ユーロ体制は非常に複雑な機構で、全容を理解することが難しい。だから、皆、その本質が分からず、ますます「羊のように」なって、イメージだけに従っていったわけです。

藤井 その辺りは、日本も同じですね。消費増税の問題やプライマリーバランスの問題は、簡単には分からない。だから、イメージだけで人々が判断をしてしまい、かつ、そのイメージを情報戦を明確に意識している財務省や財界の人々に作り上げられてしまったから、結局、財務省や財界の人たちの思う方向に、世論と政治が誘導され、消費増税が繰り返されているわけです。

アスリノ こうして、複雑な問題からは人々が離れていくという状況の中で、情報戦がさらに功を奏しているわけです。だから一番大切なのは、「現実が一体どういうものであるか」ということの理解を促す「情報」を出していくことです。それによって初めて対応が可能になっていく。主要メディアが歪んだ情報を、「操作」しながら流していますから、これを打ち破るには、正しい情報を流し続けるしかないわけです。いわば、情報戦争を明確に意識しつつ、情報を流すことが大切なわけです。

フランスでは、一〇人の資本家がほぼ全体のメディアを買い占めているという状況があります。彼らは当然、自分たちの利益のために、メディア情報を歪めようとしています。つまり、一般の人々に、その人々の利益に反する（しかし、資本家たちにとって利益となる）行為を、「受け入れなければばならないのだ」と思い込ませる情報戦争を展開しているわけです。だから、メディアは今や、多くの人たちの利益を代弁するものではないのです。

この点で北欧のメディアは、割合自由があると言えそうです。それに対してフランスをはじめとした南欧のメディアは、非常に偏っています。

私は九〇年代に、フランスの行政機構の中で大統領と非常に近いところで仕事をしていました。その中で分かってきたのは、ＥＵがあることでフランスが主権を行使できない状態になっている、という実態でした。

だから私は二〇〇七年に、フランスをＥＵから離脱させなければならないと主張する政党を立ち上げました。その時、資金も援助してくれる団体も何もありませんでしたが、官僚としての経験に基づいて、脱ＥＵは絶対に必要だと確信し、政党を立ち上げ、現在に至っています。

この我々の政党に対するメディアの反応というのは、封殺、黙殺しようとするものでした。

ただし、黙殺しようとするのは、我々に対してだけではなかった。例えばミッテラン大統領は、一九九七年に「フランスは戦争状態にある」ということを告げる本を出版し、アメリカは権力を独り占めしようとする戦争に突っ走っていると主張した。ところが、そんな話は全く報道されず、フランス人はその事実に気づかなかった。ですので、今の状況に対する無知な状態を作り出し維持しているのが、主要メディアなのです。

それからトランプ大統領は、アメリカの中にある「寡頭政治」を行おうとする人たちに反旗を翻したことによって大統領に選ばれたわけですが、それと同じようなことが、世界中で起こっていると言えると思います。

この状況の中で何が必要かというと、やはりまず情報を流す人々の理解に訴えるということに尽きるわけですが、この流れをどうすればいいかといった時に言えるのは、インターネットの重要性です。

例えば、我々の人民共和連合というこの党のホームページの視聴数はフランスの政党の中で最も多く、その結果として、党員数はフランスの中で四番目になっています。インターネットはきわめて効果的なのです。だから我々は、インターネットという武器を使いながら、テレビや新聞といった主要メディアから外れたところで戦いを進めていくしかないのだと思います。

人民共和連合の情報戦略

藤井　アスリノさんの人民共和連合については、インターネットで調べていただきますと、党員数の推移グラフが出てきますが、それを見れば、指数関数的に党員が増えていることをご確認いただけます。これからグローバリズム疲れがさらに深刻化し、イギリスのＥＵ離脱について肯定的な評価が形成されることがあれば、フランス世論が大きく変わり、アスリノ大統領の誕生というのも十分考えられるのではないかと感じています。

それからアスリノさんがおっしゃった情報戦争、そしてその次に言及されたのが、フロイトの心理学の話でありました。個人的な話を申し上げて恐縮でありますけれども、私自身アスリノさんと非常に近い経歴をたどってきたものと感じました。

私はシビルエンジニア、つまり、土木、国土、都市の工学者として、日本の国土、経済を支えるための公共政策の研究を、主として経済学のアプローチに基づいて三十歳の頃までやっていました。その中で私自身が理解したのが、積極財政と増税の凍結、そして合理的なインフラ投資の徹底推進と東京一極集中の緩和、こうした事がなければ、日本の未来はないだろう、ということ。しかし、日本で積極財政やインフラ投資、消費減税などは皆、完全にポリティカリー・インコレクトだった。ポリティカリー・インコレクトと言うと、なんかちょっとかっこいいですけど、要するに、土木や積極財政を主張すると「お前は古い考えの変な業界や権力者と結託している、道徳的にちょっと劣った奴だ」という空気になるわけで、実際に、そうやって根も葉もない誹謗中傷を繰り返されたりもしたわけです。で、そういう空気があるもんだから、どんなインテリも、インフラ投資や積極財政が日本を救うんだなんてことは、口が裂けても言えないような状況だったわけです。結果、「理性的な議論」なるものが完全に排除されていた。

こういう構図を認識した当方は、こういう「空気」そのものを変えなければ、話は始まらん、ということで、三十歳で学位を取った直後に、最もリベラルな国であるスウェーデンの大学の心理学部に留学し、心理学や認知科学を勉強し、人間心理や行動、世論との関係を研究し始めたわけです。

そうすると、確かに心理学は「情報戦争」に活用されていることが分かった。しかし、その活用の仕方は、ナチスドイツや米軍等が、特定の組織の利益のための「世論誘導」のために使っているというものだった。それに対して僕は、「公正や正義のために心理学を使うべき」だと考え、帰国後、（公共経済学の心理学版、という趣旨で）「公共心理学」という学問を立ち上げ、その教科書を書き、大学院でそんな講義を始めることにしました。

そしてその次に「ジャーナリズム」にアクセスすることとしました。まずはインターネットでの情報配信に加えて、いわゆる地上波のレギュラー番組でのニュース解説などを担当するようになりました。最も多い時で週にテレビが三本、ラジオが三本、メールマガジン配信が週に二本という情報を配信するようになりました。同時に、言論誌の編集長も始めたわけですが、これは全て一つ一つが「情報戦争」における戦略、オペレーションだったわけです。

こういう情報戦争に学者や言論人として身を投ずれば投ずるほど、この情報戦争に勝つ以外に日本に未来はない、という現実を、日に日に深く認識するようになっていきました。アスリノさんも全く同じ認識を持たれたのだろうと先ほどのお話をお聞きして感じました。ついては是非、アスリノさんが現在考えておられる、情報戦争上の戦略やそのお考えなど、お聞かせ願えないでしょうか。

アスリノ　私が二〇〇七年に人民共和連合を立ち上げた時にですね、みんな私のことを「気が触れたのか？」と訝しがりました。そんな政党を立ち上げて、具体的に何ができるのかと言われ、ほとんど相手にされませんでした。そういう党を立ち上げるまでは、私は実は非常に優秀な官僚であると評価を受けており、いずれは大銀行の頭取になって、しっかりした給与を得られるだろうと、周りはそう見ていたんです。しかし政党を立ち上げたことによって、あいつはもうバカだというような扱いを受けました。

ただ、その二〇〇七年から様々な形で、現状を変えるべく頑張ってきたわけですが、そのことによって昨年二〇一七年の大統領選の候補者にもなりました。この人民共和連合は党員が三万二〇〇〇人。先ほども申し上げたようにこれはフランスの政党の中では四番目に多い。政治に関わって具体的な状況を変えていきたいと思っているときに、おそらく悲観主義的な方であれば大変苦しいだろうと思いますが、私も苦しくないわけではありませんけども、楽観的な人間ですので、信念を持って未来を目指そうとして、現在までやってきました。

この現代は、いろんなところで機能不全が生じているにもかかわらず、それに対する新たな提案が出てこないという時代。しかし多くの人たちは、今のシステムが機能不全を起こしている、これじゃまずいよという意識を深めてきています。ですので、その状況からの離脱を、自分たちを解放してくれるものだと認識するようになってきているはずです。

こういう形で私はやってきましたが、どんな状況でも言えることは、人民共和連合がやってきたように情報発信するということが非常に大事だということだと思います。情報発信する場合、それはもちろん質の高い情報を発信しないと人々には届かない。これだけ悪い条件のもとで展開しているわけですから、質の高さを追求することが非常に大事だと思います。例えば、今日こちらでお話しされた方々の発表（評論家の中野剛志氏、京都大学准教授の柴山桂太氏、京都大学教授の藤井聡氏と東京学芸大学特任教授の荻野文隆氏の四名が、この対談の前に発表を行っている）の質の高さは、特筆に値するものです。こういう情報発信は、私たちの運動ともつながる大切なことだと思います。発表された内容についても、非常に感銘を受ける質の高さがありました。殊に日本では儒教の影響の下でしょうか、物事を深く理解することが非常に重視されていると感じますが、だからこそ、より質の高い情報、質の高い知を提供していくことが大事だと思います。そのためにインターネットを使うわけですが、YouTubeに動画を流すとか、ネットを通した形で人々の連絡網を最大限駆使して質の高い情報をどんどん拡散し展開を図っていくということが望まれると思います。

いずれにしろ、マクロン候補が大統領に選ばれたのも、結局は情報戦の中で彼を支えるメディアが非常に大きな役割を果たしたからです。この情報戦の中で、資本もなく戦うためには、情報の質の高さをしっかりと上げていく必要がある。繰り返しますが、マクロン大統領が選ばれたのも、メディアの情報戦の恩恵のせいだったのです。そしてその点についても民衆に伝えていくことも大事でしょう。

フランスだけではなくて、今のグローバル化の中で問われてくるのは、例えば国連憲章の中に出てくるように、それぞれの国が主権を持って、そして他国への干渉をなるべくしない、各国の文化的アイデンティティーや経済政策を自由に行う権利、そうしたものを国際的に尊重し、主権を持った国同士が集まって国際的な協調関係を強めていくということが、非常に大事だと思います。グローバリズムではなくて、国民国家を基本とした、自立した国同士が自由な形で協調関係を作っていくことを目指すことが大事だと考えています。

「反緊縮」は感情と理性で訴えよ

藤井　どうもありがとうございます。今のアスリノさんのお話をお聞きしながら、この対談前にアスリノさんがおっしゃっていた「感情」と「理性」というキーワードを思い起こしました。例えば、フランスではルペンが移民反対で庶民感情に訴えかけて、支持を広めた。トランプもメキシコなどからの移民を敵視して、労働者の感情に訴えかけることで支持を広めた。しかし、アスリノさんの主張は、そうやって感情にだけ訴えかけて選挙に勝ってもダメなんだというもの。確かに感情に訴えかければ少なくとも短期的には、支持は得られる。しかし、その背後にグローバリズムの構造が存在し、それを支える制度があり、その制度がどういう歴史的背景で作られたのか、という論理を用いて「理性」にも訴えかければ、より強い世論が形成されるはずだったが、彼らはそうしなかった。結果、庶民の支持は不安定なものにしかなっていない。

ところでアメリカ大統領選挙の時には、感情と理性の双方に訴えかけた候補者として、サンダース候補がいた。その点を踏まえると、アメリカの大統領候補には三種類いたという構図が見えてくる。グローバリストであるクリントン、庶民感情に訴えかけたトランプ、そして、理性と感情の双方に訴えかけて根本的にグローバリズムから脱却しようと主張したサンダース。

一方で、フランスも同じ構図があった。クリントンと同じ位置づけにあったグローバリストのマクロン。トランプに対応するルペン、そして感情と理性の双方に訴えかけたアスリノさん。なお、フランスでは、アスリノさんとほぼ同じ構図で、左派の立場から政策を主張したメランションもいた。

翻って、日本はどうなっているかというと、大体クリントンとマクロンしかいないわけですね（笑）。トランプとルペンっぽい人が幾分大阪や東京にいましたが、彼らにしてもバリバリの新自由主義のグローバリスト。サンダース、アスリノに至っては、ほとんど政界にはいないという状況です。

こんなお寒い状況では、アンチグローバリズムや反緊縮の運動なんて全然興らない。そういう、とんでもない状況にあるのが今の日本。そんな中で、アスリノさんがされているように、アンチグローバリズム、反緊縮を理性と感情の双方を織り交ぜてやっていくというのが、雑誌『表現者クライテリオン』や「京都大学レジリエンス研究ユニット」の関係者の思いです。

我々のアプローチは、まず大学の純粋な「アカデミズム」として研究する。その成果を学界だけじゃなくて、インターネット等も使いながら、新聞、雑誌など「ジャーナリズム」で世間に周知、伝達していく。なかでも『表現者クライテリオン』という雑誌は、自分たちで編集する雑誌ですから、財界や権力者の干渉や制限を受けることなく、その内容を「編集」することができる。こうして一般世間に伝えると同時に、政治の世界の人々にも、つまり「ポリティクス」の世界の人々にも様々なチャンネルを通して「政策論」として、なすべき政策方針を伝達していく。もちろん、我々の雑誌の中にも、政治家の方々も登壇いただき、政策論を展開していく。そうやって、「理性的」かつ「感情的」なアンチグローバリズム、アンチ緊縮を拡大し、日本のアスリノやサンダース、あるいは、そうした人たちの政策論を促そうと考えているわけです。

こうやって、アカデミズム、ジャーナリズム、ポリティクスというこの三位一体で、今、世間を覆っている全体主義的で一面的な「ポリコレ」の空気に風穴を空けて、正しい事実認識に基づく、国家、国民に資する政策論を少しずつでも展開していきたいというのが、我々の考えていることです。

「真実の力」が最後に勝つ

アスリノ 私が人民共和連合を立ち上げたとき、非常に厳しい状況でした。その後、いろんな形で努力してきたわけですが、まずは、EU・ユーロ体制から離脱することにどういう意味があるのかについての国民理解を促すことがその活動の根幹になります。もちろん、それに賛同してもらうことは非常に難しい。例えばコマーシャルのレベルでは、今まで使っている製品を止めて別の製品に移るには、乗り越えがたい壁があって、それを乗り越えるための「勇気」が必要になってくる。

同じように、ＥＵ離脱のように、とにかく今の状況から違う状況に向かって進んでいくことを受け入れてもらうには、相当に勇気がいる。ただ、質の高い情報を流し続ければ、多くの人たちがそれを理解し賛同してくれることがあるだろうし、最終的に大きな変化が訪れることもあるだろうと思って、私はやってきました。

今の段階で言えることは、ジャーナリストたちの多くが、少しずつ目覚めてきている、ということ。例えば以前、あるジャーナリストとの問答の中で、なぜ私が主要メディアに出ることができないのかを尋ねたところ、彼女は「それはあなたの言っていることに対してどうやって反論していいか、多くのジャーナリストには分からないからなのです」という返事が返ってきました。つまり今や、少なくともジャーナリストの個人的なレベルでは、アスリノの運動の存在を無視しきれなくなってきているわけです。

そして昨年、私が大統領選に出たことによって、ネットレベルの運動の存在も無視しきれなくなってきている。当時は一万四〇〇〇人ぐらいの党員だったのですが、それが一年の間に倍の三万人に膨れ上がっています。こういうふうに、確実に理解者が広がっていることを考えますと、今までやってきたことに間違いはなかったということを、改めて確信しています。例えば今回の滞在中、東福寺に行ってきましたが、そこでスイス人から「ムッシュ・アスリノ、知っていますよ、あなた」と、声をかけられました（笑）。アルジェリアから来ている人にも同じように京都で声をかけられた。つまりインターネットがいかに多くの人たちのところに届いているかということを、改めて実感しているところです。

二〇一九年の五月にヨーロッパ議会選挙というのがあります。それに向けて今、人民共和連合は準備をしつつあるわけですが、私もその候補者の筆頭に立つことになります。それに向けて、この十月二十七日、二十八日と人民共和連合が催すシンポジウムがあります。それには「大いなるディベート」というタイトルを付けまして、エマニュエル・トッド氏と約三時間の対談を予定していきます。対談のテーマは、「フランスはやはり消え失せてしまうのですか」というもの（本書第Ⅳ部所収「EUユーロ・システム崩壊後のフランスの未来図」）。

それとは別枠で、その日の午後にはエドゥアール・ユソン、コラリー・ドロームといったドイツ専門家やジャーナリストを含めて議論して、ドイツの現状や問題について議論する予定です（本書第Ⅳ部所収「EUユーロ・システム下のドイツの現状と未来」）。しかもその時には、今までほとんど我々を黙殺してきたメディアからインタビューを受けることになっています。例えばフランスの公共メディアや『フィガロ』紙、それから『エクスプレス』紙といった複数のメディアからインタビューを受けることも既に決まっています。

とにかく、インターネットを通して質の高い情報を発信し、かつ、いろんな機会を使って情報を拡散していく工夫を凝らしていくことで、メディアの扉は少しずつ開いてきていると感じます。日本でも、あらゆる形の情報の拡散の機会を使って運動を展開していけば、将来における可能性というのは開かれていくのではないかと思います。

藤井　ありがとうございます。最後に一つだけ申し上げたいと思います。昨日、我が家にアスリノさんをお迎えして、四時間近く夕食をご一緒しながら、お話ししました。その時にアスリノ氏が非常に興味深いことをおっしゃいました。つまり、「今日の議論はほんとに良かった。問題は、このテーブルで話している内容を理解している国会議員がどれくらいいるのか、ですが――」と、おっしゃったのですが、ある政治家が即座に、「いないですよ、そんな人」と回答されました（笑）。

ただ、ほとんどいないのだけれども少しずつ増えてきている。思い起こせば、今は自民党の安藤裕国会議員が立ち上げた「日本の未来を考える勉強会」という会が、自民党の中にあるんですけれど、これは反緊縮、反グローバリズムの政策理念で提言されていますが、最初はむしろ「キワモノ」のような扱いだったわけですが、何回も勉強会を重ね、インターネットで情報を流し、官邸や党幹部の方々に提言をしていくうちに、賛同者が一人増え、二人増え、新聞にも少しずつ載るようになって、メディアも彼らの動きを無視できなくなってきているものと感じています。そういう意味で、相変わらず日本の「現場」は絶望的な状況でありますけれども、少しずつ状況は改善しているとも思います。

フランスのみならず日本でもなぜ、こういうことが起こるのかについて、一言だけ申し上げたかったんですけれども、要はグローバリストや緊縮側には、財力と権力とメディア力が膨大にあるわけですから、普通に戦えば彼らに勝てるはずがない。だけど彼らが持っていない力が一個だけ、我々にはある。

それは、「真実の力」です。

これを彼らは一切持っていない。我々には財力もメディアの力もないけれども、この「真実の力」さえあれば、諦めずに続けていけば、それが十年なのか百年なのか分かりませんけれども、そのうち何とかなると思います。そういう信念をアスリノさんは持っておられるということを改めて本日感じましたし、我々日本人も、それを決して忘れてはならないと改めて感じました。

それではアスリノさん、最後に、日本の皆さんに一言、お願いします。

アスリノ　最後に一言付け加えさせていただくと、フランスにおいて私たちの運動、それから訴えというのは、メディアによってずっと封殺されてきました。これを今少しずつ変えつつあるわけですが、その変化にあたって、一、二年前からフランス「以外」のメディアでの情報発信が、非常に大事だということが分かりました。例えば私がレバノンに行った時に、レバノンの新聞が私を扱ってくれましたし、レバノンの大統領とも会うことができました。ロシアの新聞が私の対談を取り上げてくれましたし、スイスの『時代』という名前の新聞や、『自由な視線』という週刊誌にも、そして、アルジェリアの新聞にも中国の『人民日報』にも、私の長いインタビューが載ったりしてます。日本についても『産経新聞』や『東京新聞』にインタビューが掲載されました。

こうした状況はつまり、フランスのメディアに対して、「恥を知りなさい！」という状況になっていると言えるのではないかと思います。

皆さん今日は、本当にありがとうございました。殊に藤井先生、それから今日発表された皆さん。

それから日本の方は非常に注意深く、私の言うことに注意を向けていただいて、しっかりと把握していただいているということがつくづく感じられる今日のシンポジウムでした。本当にありがとうございます。しかも京都大学という権威ある大学に呼んでいただいたということは非常に名誉あることで、それについてもとりわけ感謝いたします。

こちらで話す前に、早稲田大学でも話をしてきましたが、やはり同じように私の意見、分析をしっかりと受け止めていただいた気がします。ですので、とにかく楽天的に、諦めることなくしつこく、これからも続けていきたいと思います。藤井先生がおっしゃいました、真実は必ず勝つという言葉、これは聖書の中から出てきたものですが、それをしっかり心に刻んでこれからもやっていきたいと思います。よく言われることですが、老子の言葉に「千里の道も一歩から」というのがあります。諦めずしっかりと頑張っていくということを心がけたいと思います。「天は努力するものを裏切らない」という言葉もありますが、その言葉で、今日の締めくくりとしたいと思います。ありがとうございました。

通訳　荻野文隆

（二〇一八年十月　京都国際シンポジウム「グローバル資本主義を超えてⅡ」）

＊『表現者クライテリオン』増刊号、二〇一八年十二月号（啓文社書房）より転載

2　国民国家の底力――ＧＤＰシェアから見る日米欧の未来

京都大学大学院教授　藤井　聡

今、欧州を中心に米国と日本を巻き込んで一九世紀から二〇世紀に栄華を極めた「国民国家」（nation state）という制度が明確に没落しはじめている。

今筆者の手元にはハーバード大学の Karthik Narayanaswami 氏がまとめた「BRIC Economies & Foreign Policy」というレポートがある。このレポートでは、世界の主要各国（アメリカ、ＥＵ、ロシア、中国、インド）のＧＤＰシェアの「西暦元年から今日」までの二千年以上に及ぶ推移が、今後三〇年の将来予測と共に報告されている。

これによれば、西暦元年から一八世紀後半の欧州での産業革命までの約一八〇〇年間、世界のＧＤＰの大半を中国とインドが占めていた。当時はもちろん大国アメリカは存在せず、日本と欧州は少しずつその勢力を拡大していたものの、産業革命直前の時点ですら日欧のシェアは全体の三分の一に過ぎなかった。しかし、産業革命後、日欧のＧＤＰシェアは一気に拡大していく。

そうした日欧（ならびに、欧州から派生した米国）の拡大に伴い、形成されていったのが「国民国家」

nation stateという仕組みだった。それは、社会的・文化的・政治的に統合された「国民」nationが主体となって「政府」stateを作り上げ、その「国民」と「政府」が互いに深く関わり合いながら国家の運営を果たしていくという、我々にとって親しみ深い仕組みだ。ただしそれまでの世界では、「国民」という概念が明確化されておらず、したがって、その地域住民からは乖離した特権階級が「統治」を行うというものが常態だった。つまり、今の中国や北朝鮮の国家運営こそが、当時の常識的な国家運営の形だったわけである。

さて、一八世紀後半の産業革命以降、（英国の議会制民主主義の発達やフランス革命の影響も受けつつ）国民国家が形成されていくとともに、日米欧のGDPシェアはどんどん拡大し、一九世紀後半の日清戦争の時点では約八割、二〇世紀中盤の第二次世界大戦から米ソ冷戦時代にかけては、世界の実に九割を占めるに至る。

筆者を含めた本書読者は皆、この「日米欧」が世界の覇者として君臨していた時代にこの世に生まれ落ちたわけだ。だから、我々現代人が、日米欧こそ世界の覇者なりと認識していたとしても何も不思議ではないのだが——世界は今、根本的に変わりつつある。

その大転換をもたらした転機は、二〇世紀後半に起きた次の二つの出来事だった。

一つが「米ソ冷戦の終焉」であり、もう一つが、中国をはじめとした日米欧以外の諸国家への「資本主義の本格導入」であった。

そもそも米国とソ連はともに特殊な国家であり、中国や北朝鮮に比べれば国民国家的要素は強いものの、日本やEU各国に比べれば、国民国家的要素は弱い「中途半端」な国家だ。第一に、双方とも「連邦」国家であり、「国民」の概念が歴史的伝統的に形成されたものでない「人工」的なものだ。第二に、その統治機構もソ連においては、国家全体の統制経済を基本とする「共産主義」という「理念」に基づくものである一方、米国においては「自由」と「民主主義」という「理念」に基づいて作り上げられたものだ。つまり、米ソはともに、歴史や風土、伝統とは無縁な「人工国家」だったわけだ。

その意味において米ソは国民国家と非国民国家の中間的な国家だったわけであり、米ソ冷戦とは、共産主義と自由民主主義というどちらの「人工物」がより優れているのかという、「的外れ」とでも言うべき非本来的な戦いだったわけだ。

ただし、どんな下らない闘争でもいずれかが勝ち、いずれかが敗れる。かくして東西冷戦では、共産主義が敗れ自由民主主義が勝利した。

その結果始まったのが、「自由民主主義の暴走」であった。つまり、アメリカ的理念こそが正義であるという「勘違い」が世界に広がったのである。

経済においては国家的なるもの、ナショナリスティックなもの、そして、計画主義的なものは何もかも悪しきものだと断罪され、あらゆる規制緩和や自由化が横行し、貿易においては同じくナショナリズムを強調する保護主義的なものは悪だと唾棄され、グローバル化が過剰に進行していった。さらには、「はき違えた自由」としか言いようのない「アメリカ的自由」の典型として、移民やLGBTを含めた「あらゆる区別」を撤廃した多様化主義こそが素晴らしいものだというこわばった空気が世界を支配することともなった。

しかも、そうしたこわばった空気に便乗してきたのが、「資本家達」であった。そもそも冷戦で敗北した共産主義が、資本家の暴走を食い止めんとして提案されたものだということを踏まえれば、ソ連の敗北の帰結として資本家達が暴走するのも、致し方なしとも言えよう。つまり、冷戦終結後、世界はますますカネがモノを言う状況となり、資本家の影響力が、「国家を凌駕」するほどに膨張したのである。

こうして、米ソ冷戦の半ば必然的帰結として、国境が破壊され、各国の風土の中で培われた伝統や文化、あるいは、社会・政治・経済機構、さらには言論空間がことごとく破壊されていくこととなった。昨今、日米欧各国で大きな混乱をもたらしている「移民問題」や、あらゆるフェイクや嘘が横行し、かつその嘘やフェイクが断罪されずに許容され続けていく「ポストトゥルース」現象はその象徴だ。

さらに言うなら、こうして各国の社会・政治・経済機構が破壊されていけば、自ずと各国は停滞する。つまり東西冷戦の必然的帰結として、各国の「没落」を直接導く「デフレーション」という経済現象が、徐々にもたらされ始めたのである。

ただし、こうして社会や政治、経済、文化が破壊されていったのは、東西冷戦に直接参与していた、EU各国と我が国日本を含む「国民国家」達であった。

一方で、以上の東西冷戦の対立に一定の距離を保っていた「非国民国家」達は、この国民国家たちの没落の陰で「発展」していくことになる。そしてその発展の原動力は、実に皮肉な事に、国民国家達を疲弊させた「資本主義」なのであった。

国民国家では、いわゆる「グローバリズム」と呼ばれる過剰な「反ナショナリズム」や過剰な「反・保護主義」が横行し、経済の需要力や供給力が破壊されていった一方、国民国家にあらざる共産主義国家、中国では、国益を考えるナショナリズムも、国内産業の育成を図る保護主義も徹底的に保持され続けた。その上で、資本主義を導入したものだから、「国内産業を守りながら、世界中の需要を獲得し続けていく」ということに成功したのである。

つまり、共産主義をベースにしながら資本主義を導入した中国は、全体主義的に国益を最大化する方向で資本主義を活用することに成功したのである。そんな中国に、あらゆる国家的な視点を軽視、無視し、資本家たちの自己都合ばかりを優先し始めた国民国家達が敵うはずも無かったのだ。

もちろん、米国はそんな中でも、大いに「健闘」してはいる。二一世紀初頭の現在、急速に没落し始めた日欧に比して、米国のGDPシェアの落ち込みは激しいものではない。それはやはり、アメリカが中身の薄い「人工国家」であり、かつ「巨大な島国」であることから、日欧各国に比して「保護主義」が比較的に残存しているからだと言えよう。とはいえ、その保護主義の水準は、中国に比して脆弱な水準でしかない。保護主義を主張するトランプが人気を博したのは、米国の保護主義は脆弱なものに過ぎなかったのだという実情を逆説的に証明する出来事だと言えよう。

かくして日欧を中心とした国民国家が没落していく一方で、中国を中心とした、非国民国家が台頭した。そして今や、日米欧のＧＤＰシェアは、かつての二〇世紀後半の九割から大きく下落し、六・五割にまで縮退した。これは、歴史をさかのぼると、日清戦争以前の一九世紀中盤頃の状況だ。

しかも、この日米欧の縮退と中国を中心とした非国民国家の膨張は、今後さらに加速する。早晩、日米欧と中印とのＧＤＰシェアは逆転し、二〇五〇年ごろには、日米欧のシェアは四割強、中印のシェアは六割弱に達する。その時、最大の経済大国はもはやアメリカでなく中国だ。中国のＧＤＰシェアは約二五％である一方、米国のそれは二〇％程度となる、と先のレポートは予想している。

さらに言うなら、このままの勢いが持続すれば、二一世紀後半には、日米欧のＧＤＰシェアは、一八世紀後半の産業革命時点にまで逆戻りする。つまり、かつて千年、二千年以上に渡ってそうであったように、中印が世界のＧＤＰの七割以上を占める状況に至ることが今、リアルに予期され始めているのだ。こう考えれば、日米欧が世界の覇者だという今日の我々の「常識」は、一八世紀後半から二一世紀中盤の二五〇年余りにおいてのみ妥当する、イギリスのマンチェスターで産業革命が起こったが故にもたらされた例外的な世界状況だったのだと認識することもできるだろう。

しかし、歴史の流れは確定したものではない。日欧を中心に国民国家が没落し、中印が再び世界の覇者となるという流れは、あくまでも、「このまま行けば」という想定に過ぎない。

未来がこうしたシナリオから乖離する可能性は、幾分は残されていると筆者は考えている。

その希望とは、米国のトランプ大統領の勝利、英国のＥＵ離脱、フランスにおける黄色いベスト運動等だ。これらはいずれも国民国家諸国を没落させる根源的原因である「グローバリズム」あるいは、むき出しの資本の論理がまかり通るいわば「資本家資本主義」、さらに具体的に言うならグローバルな多国籍企業を優遇し続ける「多国籍企業優遇主義」に対して、「庶民」が徹底的に反発して見せる「ポピュリズム運動」だ。このポピュリズム運動が拡大し、グローバリズムが保護し続ける多国籍企業のより上位に「国民国家政府」が君臨することが可能となれば、中国が人民の自由を徹底的に抑圧しながら国家的繁栄を実現しているのとは別の形で、国民の幸福と国家の繁栄を同時に実現できるだろう。

私たち人類は、そして我々日本人は、そんな「国民国家の底力」を見せつけることができるのだろうか？　少なくとも本書読者においては、本稿で描写した大局をご理解いただき、そんな底力の実存証明に幾ばくかなりとも貢献されんことを、祈念したい。

3　財政出動への方向転換を！

自由民主党　衆議院議員　安藤　裕

競争だけでは社会は守れない

ＥＵはグローバリズムの象徴であった。国境を無くし、ヒト・モノ・カネの動きを自由にすれば経済が活性化して、その地域の人々は、より豊かになれる。

そのような発想でＥＵの加盟国はどんどん膨らんでいった。行く行くは米ドルに対抗する基軸通貨を作るべく通貨統合も進め、順風満帆なように思えた。

しかし、ご承知のようにイギリスが国民投票でＥＵからの離脱を決め、他の加盟国においても「反ＥＵ」の動きが顕在化し、現在では世界各地でグローバリズムに疑問を持つ有権者が増えつつあることが明らかになってきた。

そもそも国民国家において民主政治とグローバリズムを両立させるのは極めて困難である。ダニ・ロドリックは著書『グローバリゼーション・パラドクス』の中で、「民主政治とグローバリズムと国民的自己決定（国民国家）を同時に満たすことはできない」と指摘している。EU圏内において「反EU」の動きが加速しているのは、それぞれの国民が「国民的自己決定」を取り戻す動きに他ならない。

国境を無くし、関税を撤廃して自由競争により経済を活性化させ、自国民を豊かにするべきだ、という発想は、政府の活動範囲はできるだけ小さくして、民間の自由な経済活動を妨げるべきではない、という考え方を基にしている。いわゆる「小さな政府論」である。この考え方には、根底から「政府の活動は必ず効率が悪くなるのに対して、民は必ず効率の良い活動をする」という根拠のない思い込みがある。民に任せれば様々な経済活動の資源は競争を通じて必ず最適な分配がされる。最適な分配がされるので経済活動は最も活性化し、社会全体が豊かになるということだ。

この考え方に立脚する一部の政治家は、「政府は最後のセーフティネットだけを整備すべきで、あとは公平で自由な競争ができる環境を整えるべきだ」という趣旨の発言をしている。つまり、徹底的な弱肉強食の世界にすべきだ、ということである。

しかし、過去の日本の歴史を振り返ってみても、日本が徹底的な競争の社会であったことはなかった。徹底的に資本主義を追求する社会でももちろんなかった。基本的に農業国である日本においては、競争どころかお互いに協力しなければ農業生産に支障をきたし、満足に国力を増強させることはできなかったであろうことは想像に難くない。つまり、徹底的な競争、弱肉強食の社会は、保守の観点から見ても「あり得ない」発想なのである。

しかし、このような「徹底的な競争」あるいは「自己責任論」は、ある意味、正義感に訴えかける。公平な競争環境の下の自由な競争によって格差が発生しても仕方がない。努力をした人、能力のある人が報われるという、当たり前のことが起きているだけである、ということだ。

私は、この考え方はスポーツと人間社会の在り方を混同しているように感じている。スポーツであれば、同じ条件の下で競争をし、勝敗を決するべきである。勝者は称えられるべきであり、敗者は努力が足りなかったとしてその立場に甘んじなくてはならない。スポーツの世界はそれでいいであろう。

しかし、人間社会はそういうものではない。成功するには本人の努力も必要だが、環境や運も必要である。すべての人が努力したら報われることが保証されるとは限らない。努力をしても報われない場合もある。しかも、人間社会はいろいろな役割、立場の人々がいなくては成り立たない。「御輿に乗る人、担ぐ人、そのまた草鞋をつくる人」という言葉があるように、いろいろな立場の人たちがそれぞれの役割を確実に果たしてこそ、世の中はうまく回るのである。そして、その時に一部に富が偏在してはならない。豊かさはある程度均等に分配されるべきであり、出来るだけ世の中の不満を小さくすることが求められる。それこそが社会の安定に繋がるのである。そのために必要なのは、まずは社会全体の常識であり、一方で税制等を通じて政府も重要な役割を担っている。

富を均等に分配する

日本でも、順調に国家全体が経済成長しているときは、多少の格差はあるにしても、皆が豊かになり、右肩上がりの経済成長を皆が享受していた。努力をした一部の成功者だけが豊かになり、努力の足りなかった人は低い生活水準のままに据え置かれたわけではない。努力、能力や運や環境の違いによって多少の格差はあるにしても、皆が一様に豊かになっていたのだ。そのことを忘れてはならない。

そして、富を偏在させずに国民全体にある程度均等に分配されることが、実は国家全体の経済成長に大きな貢献をすることになる。国民一人一人が豊かになるのでそれぞれの購買力が上がり個人消費が拡大する。それによって企業活動も活性化し、利益を上げることができるので設備投資や賃上げができる。これがさらなる個人消費の拡大を呼び、さらに経済が活性化する。まさに経済の好循環が起きるのである。富が一部に偏在したらそうはならないのは言うまでもない。

かつての日本型経営は、これを非常にうまく実現していた。いまのソニーの前身である東京通信工業の設立趣意書の経営方針には、次のような記述がある。

一、不当なる儲け主義を廃し、あくまで内容の充実、実質的な活動に重点を置き、いたずらに

規模の大を追わず

（中略）

一、従来の下請工場を独立自主的経営の方向へ指導・育成し、相互扶助の陣営の拡大強化を図る

一、従業員は厳選されたる、かなり小員数をもって構成し、形式的職階制を避け、一切の秩序を実力本位、人格主義の上に置き個人の技能を最大限に発揮せしむ

一、会社の余剰利益は、適切なる方法をもって全従業員に配分、また生活安定の道も実質的面より充分考慮・援助し、会社の仕事すなわち自己の仕事の観念を徹底せしむ。

敗戦直後の日本においてベンチャー企業として産声を上げたソニーであるが、注目すべきは、余剰利益を株主に潤沢に配当するという観点は全く入っていないということだ。それどころか、取引先や従業員に分配してそれぞれの経営や生活の安定を第一に考えるべき、という思想がある。もちろん、敗戦直後で国民全体が疲弊し、生活の再建を考えていたという時代背景もあるだろう。しかし、株主第一主義ではなく、利益をきちんと取引先や従業員に分配し、それこそが社業発展のために必要なことであるという認識を経営理念として共有していた。そして、その経営理念がまさにその後の飛躍的な会社の発展につながっていったのである。

デフレ不況脱却のために政府がなすべきこと

それからもう一つ忘れてはならない観点がある。起業である。戦後日本にはソニーなどのベンチャー企業が生まれたが、現在の日本ではベンチャーも生まれない。米国の若者はどんどん起業しているのに、日本の若者はまったく挑戦しない。これからは起業家を育成しなくてはならない。そういう考え方が日本中を覆っているように感じる。

しかし、なぜ最近は日本で起業が少ないのか。

それは、単純に景気が悪いからである。景気が悪く独立するにはリスクが高すぎるので、独立したくてもできないのである。好景気になり、デフレ脱却を果たして順調な経済成長する社会を再生さえすれば、独立して起業する若者は必ず増えてくる。自分の身近な人が独立して成功しているのを目の当りにしたら、自分もできるのではないかと考え実行するようになる。起業が少ないのは若者の気質が安定志向になっているからではない。デフレ不況のいまの日本は、独立して起業するにはあまりにもリスクが高すぎるので起業しないだけである。

平成の三〇年間は停滞の時代であった。世界の経済成長から取り残され、デフレ不況から脱却できずに停滞し続けたのが日本である。デフレ不況で極めて経済成長が鈍化している中で、起業しない若者を責めるのはお門違いというものである。

そして、デフレ不況から脱却するために重要なのは、政府の果たす役割である。国家の経済主体が、政府、企業、家計、貿易という要素から成り立つとすれば、当然政府の果たす役割は無視できない。ところが、小さな政府論では経済における政府の役割を過小評価し、政府抜きで経済成長を成し遂げようとする。

しかし、政府の経済活動は決して小さくない。これを拡大することによって、GDPを底上げすることは極めて合理的な考え方である。

政府の財政政策は、国家の経済成長を巡航軌道に乗せ、緩やかに国家全体を経済成長させることを念頭において策定されるべきである。不景気で民間が消費や投資をしない時期には政府が消費や投資を拡大し、逆に好景気で民間が消費や投資を活発に行う時期には、政府は消費や投資を縮小して経済の過熱を抑え、巡航速度を保つ。国全体の景気の調整弁を担うのが政府の財政政策の役割である。

これは、負債に着目しても同じことが言える。資本主義は負債の拡大によって成長する。好景気で民間が負債を拡大している時期は政府は負債をむしろ縮小し、国全体の負債の拡大を抑制する。反対に、不景気で民間が負債を返済し縮小する時期には、政府は負債を拡大し、国民全体の資産が縮小することを防がなくてはならない。負債の反対側には必ず別の誰かの資産が存在する。民間も政府も負債の返済を始めてしまうと、国民全体の資産が縮小するので国家全体が貧困化するのである。

東西冷戦において資本主義陣営が勝利を収め、社会主義より資本主義のほうが優れたシステムである、という結論が出たことになっている。

しかし、人間の長い歴史から見れば、資本主義は誕生してまだ間がない未成熟なシステムである。また、最近は現代貨幣理論（ＭＭＴ）が注目されているが、資本主義の重要な要素である「貨幣」の概念が一般的に正しく理解されているとは思えない。

貨幣の概念を正しく理解し、民主政治の正統な手続きによって国民的自己決定を取り戻し、未成熟なシステムである資本主義をうまく機能させ、社会の安定と国民一人ひとりを豊かにしていくことができるか。

これが、これからの日本を含む世界各国共通の政治課題となるだろう。

4 なぜ、右も左も新自由主義なのか

評論家 政治思想 中野剛志

ヨーロッパを混乱させているEU（欧州連合）の枠組みも、日本の没落を加速させている緊縮財政も、その根底にある思想は「新自由主義」である。

改めて、新自由主義とは何か。それは、「自由市場こそが、資源を効率的に配分し、経済厚生を増大させる最良の手段である」という経済理論の下、政府による市場への介入をできるかぎり排除し、個人の経済活動の自由は最大限許容されるべきであるというイデオロギーである。このイデオロギーから、「小さな政府」「規制緩和」「自由化」「民営化」「グローバル化」そして「健全財政（均衡財政）」といった政策が導かれる。

しかし、ヨーロッパでも日本でもいいが、この新自由主義なる幼稚なイデオロギーの支配に対して、保守派（右派）とリベラル派（左派）が、そろいもそろって無力というのは、いったい、どういうことなのであろうか。

保守派の自死

まずは、保守派の検討から始める。

一九九四年、イギリスの政治哲学者ジョン・グレイは、「保守派の死」を宣言した。なぜ、グレイは、保守派は死んだと判断したのか。それは、保守派が新自由主義（市場原理主義）と結びついたからだというのである。

本来、保守派は、歴史的に形成されてきた慣習、伝統的な共同体や持続的な人間関係、安定した社会秩序といったものを尊重してきた。人間は、自分の祖国や故郷の共同体がもつ固有の生活様式、文化、環境に制約された存在であり、また、そういう存在であるべきである。もちろん、個人の自由も大事ではある。しかし、自由というものは、豊かな文化的環境や安定した社会秩序があってはじめて、有意義なものとなる。これが、保守派の本来の思想であった。

ところが、保守派が元来重視してきたものを、新自由主義に基づく経済政策は、ことごとく破壊するのである。

例えば、自由市場において、企業は徹底した合理化を追求するが、それは雇用を不安定にし、従業員の間の持続的な人間関係を棄損する。個人の選択の自由を最大限に許容すれば、共同体を重視する伝統的な価値観が脅かされる。労働者の市場を通じた流動的な移動は、地域共同体の紐帯を弱らせる。緊縮財政がもたらす失業は、社会から疎外された孤独な個人を大量に発生させる。格差の拡大は、国民を分断し、対立させ、社会秩序を不安定にする。グローバル化は、各国固有の文化や伝統的な生活様式を破壊する。

このように、新自由主義というイデオロギーは、保守派が本来尊重してきた価値観とは、まったく相容れない。むしろ、敵対的ですらある。そのような新自由主義を標榜するようになったのだから、保守派は死んだと言うべきなのである(1)。

ところで、なぜ保守派は、新自由主義などというイデオロギーを担ぐようになったのか。その経緯は、一九七〇年代にまでさかのぼる。

一九七〇年代半ば、サミュエル・ハンチントン、ミッシェル・クロジエ、綿貫譲治という三人の社会科学者が、アメリカの「民主主義の統治能力」を問題視して、次のように論じた。

一九六〇年代のアメリカでは、ベビー・ブームで急増した若い世代が、既存の政治的権威を否定し、政治参加や福祉を一方的に要求するようになった。このため、政府の福祉政策は膨張し、財政赤字が拡大していった。また、労働組合は賃上げ要求とストライキを繰り返した。

この財政赤字と賃上げがインフレを引き起こしたのである。

インフレを抑制するためには、財政赤字を削減する必要がある。政府支出を抑制し、増税を断行するのである。しかし、政府支出の抑制や増税といった不人気な政策は、民主政治においては支持されないので、実行できなかった。

インフレを止めるためには、賃上げに歯止めをかける必要もあった。しかし、権威が失墜した政府には、労働組合の要求を抑えることができなかった。

要するに、インフレは、民主主義が過剰になったせいである。したがって、民主主義に節度をもたらさなければならない。これがハンチントンらの結論であった。[2]

同じ頃、経済学者のジェームズ・ブキャナンらもまた、民主政治が財政赤字とインフレを引き起こしたという理論を発表した。

民主政治においては、政治家は、選挙で勝つために、有権者にいい顔をし、利益誘導や手厚い福祉を約束しがちである。その結果、民主政治の下では、必要以上の政府支出が行われるようになり、需要が過剰となる。その結果、財政赤字が拡大し、インフレが起きる。

インフレが過剰になるならば、政府は、需要を抑制するような経済政策を実行すればよいはずだ。しかし、経済理論的にはそうかもしれないが、実際の政府は、民主政治が動かしている。しかし、民主政治は政府支出の削減には同意しないから、インフレは止められない。

そこでブキャナンらは、解決策として、憲法に均衡財政を規定して、民主政治を制限すべきだと提言したのである。[3]

ハンチントンやブキャナンのような議論は、一九七〇年代から八〇年代にかけて、非常に大きな影響力を持った。

日本でも、一九七五年に『文藝春秋』誌上で、「日本の自殺」という論文が発表された。この

「日本の自殺」もまた、民主政治の行き過ぎと堕落を、財政赤字とインフレに結びつけて論じたのである。

「日本の自殺」は匿名論文であったが、書いたのは香山健一、公文俊平、佐藤誠三郎らしい。いずれも保守派の知識人である。また、「日本の自殺」は、一九八〇年代に第二次臨時調査会長などに就任して財政再建に取り組んだ土光敏夫にも大きな影響を与えたと言われている。(4)

一九七〇年代のインフレが、民主主義の過剰がもたらす財政赤字のせいであるのかについては、疑問なしとはしない。むしろ、ヴェトナム戦争による軍事費の拡大、石油危機による原油高、変動相場制への移行によるドル安がインフレをもたらしたとも考えられる。

とは言え、ハンチントンやブキャナンのような議論に保守派が肩入れした理由については、よく分かる。

かのエドマンド・バークがフランス革命に懸念を表明したのが保守主義の起源とされる。それ以来、保守派は、行き過ぎた民主主義は社会秩序を破壊しかねないと常に警戒してきた。一九六〇年代のベビー・ブーマーの若者たちによる権威の否定や反体制運動の過激化にも、保守派は眉をひそめていた。しかも、時は、冷戦時代の真っ盛りである。体制派である保守派が、学生運動や労働組合の力が強まるのを恐れたのも当然であった。

こうした状況下において、インフレが止まらなくなったという経済現象は、保守派の目には、いよいよもって、恐れていた体制の危機が到来したものと映った。インフレを民主主義の過剰に帰するブキャナンらの議論も、大いに納得できるものだった。こうして、インフレの抑制は、民主主義の過剰の抑制と同義となったのである。

保守派は、民主主義の過剰を是正したい。他方、新自由主義の政策は、基本的にインフレを抑制させるデフレ政策によって構成されている。そこで、保守派は、インフレ対策である新自由主義と結びついた。そして死んだのである。

リベラル派の自死

こうして保守派は、自ら新自由主義の毒をあおって死んだ。では、この間、リベラル派の方は、何をしていたのだろうか。

本来であれば、リベラル派は、保守派にも、新自由主義にも反発すべき立場である。保守派が新自由主義と結びついたならば、なおさらであろう。

ところが、リベラル派もまた、新自由主義に染まっていった。少なくとも抵抗しなくなったのである。

例えば、グレイが「保守の死」を宣告してから三年後の一九九七年、イギリスではトニー・ブレアが率いる労働党政権が成立した。ブレア政権は「第三の道」を標榜して、労働党の伝統的な左派路線を是正し、新自由主義を部分的に採り入れた。ＥＵとの関係についても、ブレア政権は、親

ＥＵへの傾斜を鮮明にした。同じ頃、アメリカでも、民主党のビル・クリントン政権が二期目に入ったが、グローバル化を徹底的に進めたのは、ほかならぬこの第二次クリントン政権であった。政治のレベルだけではなく、思想のレベルにおいても、リベラル派は、新自由主義化していった。

その経緯は、再び一九七〇年代にさかのぼる。

もともと、戦後のリベラル派は、マルクス主義の強い影響の下、経済社会を「資本家階級対労働者階級」という階級闘争の図式で考え、特に過激なグループは革命を夢想していた。

しかし、一九六八年以降、フランスや日本などで、学生運動が過激化して失敗に終わり、同時に、ソ連や中国など社会主義国における抑圧的な体制の現実が明らかになっていくと、リベラル派のヴィジョンは急速に色褪せていった。

すると、リベラル派の知識人たちの多くは、経済社会を階級闘争とみなすマルクス主義の「大きな物語」から離れていっただけではなく、経済社会を統合的に把握する「大きな物語」そのものを放棄する「ポストモダニズム」へと走った。

リベラル派の知識人たちは、資本主義体制そのものの構造的な問題に真正面から取り組むのをやめてしまったのである。その代わりに、彼らは、政治を分析する際の対象を「階級」から「アイデンティティ」（女性、エスニック・マイノリティ、ＬＧＢＴなど）へと移していった[5]。さらに冷戦が終了し、社会主義体制が崩壊した後の一九九〇年代には、リベラル派の「階級」から「アイデンティティ」への傾斜は、ますます決定的になった。

こうしてリベラル派は、従来の「連帯」や「平等」のスローガンを捨て、むしろ「多様性」「差異」「解放」「エンパワーメント」を強調するようになった。関心の中心は、市民社会や団体のような「集団」から、「個人」のアイデンティティへと移った。むしろ、国家や社会や文化といった「集団」から「個人」を解放することこそが、リベラル派の使命となったのである。

このアイデンティティの概念が含む個人主義ゆえに、リベラル派は、同じく個人主義を旨とする新自由主義へと吸い寄せられていったのである。マーク・リラが嘆くように、「アイデンティティは、左派にとってのレーガン主義であった。」[6]

「連帯」や「平等」を忘れたリベラル派は、例えば、「勝ち組」の寡占企業を問題視するのではなく、そこで働く有能な女性、マイノリティあるいはゲイのエリートたちを称えるようになった。リベラル派の思想は、遂にナンシー・フレイザーが「進歩的新自由主義」と呼ぶものへと堕したのである。[7]

かたや保守派の思想は、フレイザーの表現にならえば「保守的新自由主義」へと身を落とした。

政治において、我々には、一応、保守派かリベラル派か、あるいは右派か左派かといった二択があることになっている。

しかし、実際の二択は、「保守的新自由主義」か「進歩的新自由主義」かだった。まさにマーガレット・サッチャーが言った通り「選択の余地はない（There is no alternative）」のである。

注

（1）John Gray and David Willetts, *Is Conservatism Dead?* Profile Books, 1994.

（2）サミュエル・ハンチントン、ミッシェル・クロジエ、綿貫譲治『民主主義の統治能力――その危機の検討』サイマル出版会、一九七六年。

（3）James M. Buchanan and Richard E. Wagner, *Democracy in Deficit: The Political Legacy of Lord Keynes, in The Collected Works of James M. Buchanan,* Vol. 8, Liberty Fund, 2000.

（4）グループ一九八四年『日本の自殺』文藝春秋、二〇一二年。

（5）William Mitchell and Thomas Fazi, *Reclaiming the State: A Progressive Vision of Sovereignty for a Post-Neoliberal World,* Pluto Press, 2017, p. 147-9.

（6）Mark Lilla, *The Once and Future Liberal: After Identity Politics,* Harper, p. 93.

（7）Nancy Fraser, 'The End of Progressive Neoliberalism,' *Dissent,* 2 January, 2017.

5　グローバリズムの制約を超えて

京都大学准教授　柴山桂太

ハイエクの国際連邦構想

F・A・ハイエクに「国際連邦の経済的条件」と題された小論がある。[1] 元は第二次大戦が始まった一九三九年に書かれたものだが、ここで展開される国際連邦構想は、欧州統合の未来を先取りしたものとして、注目に値する。

論文の中でハイエクは、国際平和を可能にする国家連合とはどのようなものになり得るのかを考察している。国際平和は、国家連合によって保証される。連邦政府は、集団的安全保障や共通の外交政策を担うことになるだろう。しかし、それだけでは平和は確実なものになりえない。関税を用いた保護主義政策や、不況脱出のための通貨切り下げ政策などが容認されたままでは、国家不和の経済的原因が除去できないからだ。

そこでハイエクは、真の国家連合が実現する条件として、単一市場の実現と関税、貨幣、財政の共同管理を挙げる。人間や資本が自由に移動できるようにすること。国内事情を理由とした保護主義政策や、各国独自の金融・財政政策に大幅な制限を設けること。真の国家連合においては、連邦政府は単一市場を実現し、個別政府による恣意的な市場介入を防ぐという使命を負わなければならない。

域内の単一市場が実現されれば、各国政府の経済権力は大幅に削減されるだろう。人の移動が実現すれば、課税は難しくなる。あまりに高い直接税は、人や資本の逃避を招くことになるからだ。歳入が制約されれば、歳出にも制限が加わる。また、国境が開放され競争圧力が高まれば、労働組合やカルテルなどの国内組織も力を失うことになる。労働規制も緩和され、特定産業を保護する補助金政策なども取ることができなくなる。

個別政府が「小さな政府」となっても、そのかわりに連邦政府が「大きな政府」となる可能性もある。しかしハイエクは、その心配はほとんどないという。そもそも「大きな政府」が生まれるのは、それぞれの国が国民国家（ハイエクの用語では national state）だからである。国民には文化の均質性があり、共通の信念や理想があり、共通の伝統がある。この同胞感情が、政府による市場介入を正当化している。富裕層から貧困層への所得再分配は、同じ国民であるがゆえに合意されやすい。特定産業への補助金は、消費者や納税者の負担によって行われるが、それが正当化されるのも同じ国民としての共属感情があるからだ。

しかし複数の民族・国民を内側に抱える国際連邦では、そのような同胞感情が形成されにくい。豊かな国民から貧しい国民への再分配は容易には正当化されないだろう。ある産業を保護するのに、別の地域の国民が犠牲を甘受するとも考えにくい。国民国家においては、「国民性の神話」が経済生活への政府干渉を容易にする。しかし異なった国民や伝統を持つ人々によって構成される国際連邦では、政府が保護や再分配を行おうとしても必ず強い反対に直面するはずである。ハイエクは、それが望ましいことであると考えた。真の国際連邦、真の経済統合が実現するには各国政府だけでなく連邦政府も「小さい政府」でなければならない。国際社会が文化的・民族的に分断されているということは、国際的な自由主義の理想を実現する上では、むしろ必要なのだ。

それゆえ、ハイエクの国際連邦構想では、市場は強力に統合されているが、政府は弱い統合にとどまる。連邦政府は、各国政府の経済政策を制約するために存在するが、それ以上の権限を付与されない。連邦政府の内部での再分配を行うことはできないし、労働者や特定産業を保護することもできない。連邦政府は、そうした利益団体の影響から隔離されている。連邦政府は、各国政府と比べても「小さな政府」——各国政府の政策自由度を拘束するという意味では強力な権限を有するが、人々の経済生活に直接の干渉を行う範囲は小さい——になる。

ハイエクの国際連邦構想は、戦後の欧州統合が進むことになる道のりを、かなりの程度、予見していたと言える。経済統合は進めるが、政治統合は弱いままに置く。完全な欧州統合を夢見る人々にとって、この現状は決して望ましいものではない。統合政府の権限をさらに強化し、欧州市民としての共通のアイデンティティを確立し、欧州全体での民主主義が実現するよう歩みを進めるべきだ、となるはずだ。

しかしハイエクの考えに従うなら、政治統合を過度に進めるのは現実的でもなければ、理想的でもない。国民国家という単位は残るが、国民の救済を目的とした各国政府の政策上の権限は厳しく制約されている。統合政府は存在するが、域内全体を視野に入れた強力な経済政策を行う権限は与えられていない。何より、各国に残存するナショナリティが、そのような政策を実施するのに必要な意思統一を阻むことになる。政府の縮小圧力が、個別政府の次元でも連邦政府の次元でも強く働く。欧州統合の現状は、まさにそのように進んでいると言えるだろう。

思想的に見ると、ハイエクの国際連邦構想は、自由主義をナショナリズムと社会主義から切り離すところに特徴があった。一九世紀の自由主義者J・S・ミルは『代議制統治論』の中で、「一般に、自由な諸制度にとって必要な条件は、統治の境界が、大体においてナショナリティの境界と一致することである」という有名な言葉を残した。[2] ハイエクはこの考え方を退けている。国民の共属感情は、経済生活や社会生活への踏み込んだ政府介入の母胎である。一九世紀の自由主義は、最初はナショナリズムによって、後には社会主義によって歪められてしまった。自由主義をこの状況から救い出すには、国家権力を制約する国際的な枠組が不可欠である。それは国家を解体することでも、強大な超国家機関を作ることでもない。国際自由市場を実現しつつ、各国の政府権力を国際機関や何らかの国際合意によって封じ込めることで達成される。ハイエクは自由主義が国際自由主義となることで、ナショナリズムや社会主義の影響を排除することができる――ひいては国際平和を実現できると考えた。

ポピュリズムの積極的意義

自由貿易を積極的に実現し、政府による非競争的な市場介入や通貨・財政管理を国際的な枠組の下で制限する。世界の繁栄と平和は、そのような国際体制によって実現するという考え方は、今日、グローバリズムの名前で呼ばれている。グローバリズムの実験がもっとも進んでいるのが欧州であるのは言うまでもないが、WTOのような国際機関の権限を強化し、自由貿易協定によって各国の経済政策に一定の制約を課す動きは、どの国・地域でも見られるものである。

ハイエクはナショナリズムと社会主義の影響を排除すべきだと考えたが、今や世界中のグローバリストがそのように主張している。社会主義を嫌う右派は、戦後体制を変革するのに、EUやWTOなどの国際機関、あるいはTPPなどの大型貿易協定交渉を「外圧」として利用しようとする。グローバル化や自由化は歴史的な潮流であり、国際公約でもあるという錦の御旗を立てて、改革を拒もうとする国内勢力を一掃しようとするのだ。

一方、左派もグローバリズムに親和的である。人権は国籍（ナショナリティ）に関係なく保障されるべきだと考えるからである。国際機関の権威を利用しつつ、外資導入や移民に反対する勢力を押さえ込んで国境を開放しようとする。左派の多くは、ハイエクを新自由主義の元祖として嫌っている。貧困者を救うには「小さな政府」ではなく、「大きな政府」が必要だと主張している。だが、人や企業の移動は個人の権利として妨げられるべきではないと考え、越境移動を制限しようとするナショナリズムを国際的な枠組で抑え込もうとする点で、ハイエクの国際自由主義構想を部分的に受け入れていると言える。

かくして、右派も左派もグローバリズムに同調することになった。右派は社会主義を、左派はナショナリズムを嫌うが、その政治主張は容易にグローバリズムへと取り込まれる。この点、いま欧米で起きている反体制派の運動が、極端な右派や極端な左派に分類される特徴をもって出現しているのは、興味深い現象と言えるだろう。最右派は移民や自由貿易を警戒し、ナショナリティと政治のつながりを回復させようとする。最左派は社会主義の原点に立ち返って、政府の政策的な自由度をEUのような国際機関から取り戻そうとしている。イデオロギーの表面だけを見れば対立しているように見えるが、どちらもグローバリズムに反対している点では一致している。

体制派の目には、こうした動きは危険なポピュリズムと映る。自由主義に反対し、国際協調体制を破壊する危険な運動だ、というわけである。だが、本当にそう考えるべきだろうか。ハイエクはナショナリズムや社会主義を自由主義とは原理的に相容れないものと考えた。それゆえ、自由主義をそれらの影響から遮断するための国際的な枠組が必要だと考えた。今の国際体制は、おおむねその線に沿って形成されていると言って良い。

だが、どのような国際枠組をもってしても、国民的な同胞感情に基づく政策主張や、社会的な公平を求める人々の要求を政治の場から完全に排除することはできない。人々の怒りはこれからも、グローバリズムを自明の前提としてきた既存のエリート層に、また国家の政策自由度を制約してきた国際体制へと向かい続けるだろう。もちろん、ポピュリストの主張を全面的に受け入れる必要はない。だが、いま各地で起きている政治の混乱は、ハイエクが描いた国際自由主義の理想に、重大な陥穽が潜んでいたことを物語っているとは言えるだろう。

自由主義を、ナショナルな共有感覚や、社会的公正性の原理に沿って解釈しなおすこと。国際的な枠組を、自由貿易や自由市場の強制にではなく、各国の制度的多様性を保証するものに作りなおしていくこと。その方向に活路を見いださない限り、グローバリズムがもたらす政治の混乱はこれからも大きくなる一方である。

注

（1）F. A. Hayek, "The Economic Conditions of Interstate Federalism", in Hayek, *Individualism and Economic Order*, Routledge & Kegan Paul, 1949.「国家間連邦主義の経済的諸条件」『ハイエク全集3　個人主義と経済秩序』嘉治元郎・嘉治佐代訳、春秋社、一九九〇年。

（2）J・S・ミル『代議制統治論』水田洋訳、岩波文庫、一九九七年、三八〇頁。ただし訳語は改めている。

6　ヨーロッパのニヒリズム、あるいはEUの思想的「自死」

文芸評論家　浜崎洋介

「啓蒙の自己崩壊」とEU

ナチスから逃れて、アメリカの僻地カルフォルニアに辿り着いたアドルノとホルクハイマーは、その地で『啓蒙の弁証法』を書き継ぎながら、ホメロスの『オデュッセイア』のなかに、〈ヨーロッパ的啓蒙〉のその最初の姿を見つめていた。トロイア戦争を終えて、故郷のイタケーへ帰る途中、自然神の投げかける数々の罠を巧みな「詭計」によって免れていくオデュッセウスの姿に、自然の猛威に抵抗する人間理性の端緒を見出しながら、二人の哲学者は、それを〈ヨーロッパ的啓蒙〉の運命の象徴として捉え直そうとするのである。

しかし、二人が見出した「啓蒙理性」には逆説が孕まれていた。アドルノ＝ホルクハイマーは、外部の自然を支配するために己の内的自然――内部の自然な感情や欲求――を制御し抑圧せざるを得なかったオデュッセウスにおいて、ついには「自己保存」すべき当の自己そのものが失われていってしまう事態を予感するのだ。つまり、内的自然の抑圧によって確立した理性的で自律的な啓蒙主体とは、その実、守るべき内的自己そのものの手応えを失った〈空虚な自己〉でしかないのではないかという疑念を書きつけるのである。

果たして、EUについて考えるとき、私が想い出すのが、このアドルノ＝ホルクハイマーの言う「啓蒙の自己崩壊」という言葉だった。事実、EUにおいて、域内の「自由」を担保しようとすればするほど、移民とテロの脅威は高まらざるを得ず、通貨統合を果たそうとすればするほど、EU加盟国の民主主義と財政政策は抑圧せざるを得ない。つまり、EUの社会設計（自然支配）が全体的で合理的であればあるほど、そこに生きる人々の生活感情（内的自然）は毀損され、西洋人のアイデンティティーは空虚になっていかざるを得ないということだ。

なるほど、そんなEUの構造的欠陥も、「ヨーロッパ」という文化共同体に対する確信があれば――つまり、他者（他国）の苦しみを自己（自国）の苦しみと感じることのできる強力な同胞愛があれば――乗り越えられたハードルなのかもしれない。しかし、今、まさに掘り崩されつつあるのが、その文化的確信＝同胞愛なのだとしたらどうだろう。ダグラス・マレーの言うように、いよいよ、「西洋の自死」という事態が現実の射程に入ってきたと言うべきだろうか。

ミシェル・ウエルベック『服従』について

『西洋の自死』(The Strange Death of Europe, 2017) のなかで、ダグラス・マレーは、EU=ヨーロッパを「自死」に追い詰めたその主要因を、西洋自身が培ってきた啓蒙合理思想やリベラリズムの「空気」――脱構築主義を含む――と、その「空気」によって推し進められてきた「移民政策」のなかに見出しながら、西洋人の「実存的ニヒリズム」についての現状報告を詳細になしていた。が、おそらくそれ以上に、この「ニヒリズム」を、その内側から描き出していたのが、マレー自身が「西欧が現在直面している問いの深さと広がりをはっきり認識している」(前掲書、町田敦夫訳)と評価する、ミシェル・ウエルベックの小説『服従』(Soumissio, 2015、邦訳同年九月)だろう。

イスラーム過激派による「シャルリー・エブド襲撃事件」が起こったその日(二〇一五年一月七日)に刊行されたという、このいわくつきの小説の背景となっているのは、「移民」に揺れる二〇二二年のフランス大統領選である。作中では、現職大統領のフランソワ・オランド大統領の悲惨な二期目が終わろうとしており、次の大統領選では、移民排斥を訴える国民戦線のマリーヌ・ルペンと、増加する移民によって支持率を上げている穏健派のムスリム政党=イスラーム同胞党のモアメド・ベン・アッベスが、一位と二位を占めている。そして、その後の決戦投票において、極右政権かイスラーム政権かという究極の選択に立たされた中道左派の社会党と、中道右派のUMP(国民運動連合）は、自らの「リベラリズム」に基づいて、排外主義的なファシスト政権よりは穏健派のイスラーム政権の方がましだと考え、ついに、フランスにイスラーム政権が誕生することになる、というのが『服従』の背景である。

しかし、この混乱のなかで、小説の主人公であるフランソワは、まるで西洋そのもののように、世界に対する関心を根本的に失っており、ときに掻き立てられる性的興奮を例外として、無気力と諦念に沈む日々を送っている。パリ第三大学で十九世紀フランス文学を教えつつも、最近では、専門である作家ユイスマンスの論文さえほとんど書いていないという四十代中年男性のフランソワは、政治に対してはノンポリを決め込んで、常に一定の距離を保っている。が、ほかならぬ、その政治的危機（極右政権かイスラーム政権誕生の可能性）によって、ユダヤ人の恋人のミリアムは、一人フランソワを残して、家族とともにイスラエルへと去ってしまうことになる。が、それでも政治に対する明確な意思を持つことのできないフランソワは、もはや帰る場所さえない自分を見つめながら、ただ、「僕の精神は不確かで暗いゾーンに迷い込み、ひとりぼっちで死にそう」だと考えるしかないのである。

この小説において、ウエルベックが巧みなのは、ヨーロッパが、そして、その中心にあるフランスが自死していくそのさなかで、精神の荒廃を生きる主人公を、近代啓蒙思想を烈しく憎悪し、デカダン派から後にカトリックに回帰した作家ユイスマンスの研究者としている点である。そして、その絶望的な救済への欲求の高まりとともに、作者は、小説の主人公に、ユイスマンスが辿った

「宗教への回帰」の道行きを辿り直させるだろう。だが、結局のところ、ノートル＝ダム礼拝堂の黒マリアの前に座っても、ユイスマンスが回心を果たしたと言われる修道院を訪ねても、フランソワはユイスマンスの必然に自らの必然を重ね合わせることができないのだった。現代フランス人にとって、ユイスマンスが救済を求めたキリスト教はあまりに遠いのである。

しかし、物語の終盤、そんな乾いた絶望の頂点で、フランソワに一つの転機が訪れる。

フランソワは、イスラーム政権誕生の後に、以前に年金付きで退職させられた大学から、イスラームに改宗しさえすれば、以前よりも好待遇で教職に戻れるだけでなく、人生の様々な面で「目的」と「絶対的な幸福」を見出し得ると説かれるのだ。それを説くのは、自身、カトリックに対する信仰から「アイデンティティー運動」（フランスの極右団体）に近づきながら、その不可能性に直面して、イスラームに改宗したニーチェ主義者のルディシェ教授だった。この中世文学の専門家でパリ＝ソルボンヌ・イスラーム大学の新学長は、次のように言う。

「キリスト教がなければ、ヨーロッパの諸国家は魂のない抜け殻に過ぎないでしょう。ゾンビです。しかし、問題は、キリスト教は生き返ることができるのか、ということです。わたしはそれを信じました。何年かの間は。それから、疑いが強くなり、次第にトインビーの思想に影響されるようになっていきました。つまり、文明は暗殺されるのではなく、自殺するのだ、という思想です。〔中略〕人類の文明の頂点にあったこのヨーロッパは、この何十年かで完全に自殺してしまったのです。〔中略〕ヨーロッパ全土にアナーキズムとニヒリズムが起こり、それは暴力を喚起しあらゆる道徳的な法を否定しました。それ〔ヨーロッパが繁栄を極めた十九世紀末〕から、何年か後、第一次大戦という正当化できない狂気によって何もかもが終わりました。フロイトは間違えていなかった、トーマス・マンもまた。」

（ミシェル・ウエルベック『服従』河出文庫、大塚桃訳、〔　〕内引用者）

そして、ルディシェ教授から「人間の絶対的な幸福が〔神への〕服従にあるということ」、「それがすべてを反転させる思想」であること、そして、その人間における「服従」の事実をあるがままに受け入れた宗教こそがイスラームであることを説かれたフランソワは、自らそれを納得し、イスラームに改宗し、人生に新たな希望を見出し始めることになるのだった。

ヨーロッパのニヒリズム

一九世紀以来、ヨーロッパ近代は繰り返し自らの「ニヒリズム」を問い返してきた。ドストエフスキー、ニーチェ、チェーホフ、エリオット、ハイデガー、サルトル、そして、アドルノとホルクハイマー。ウエルベックの『服従』もまたその系譜に棹さしている——実際、ウエルベックの小説は、チェーホフの『退屈』やサルトルの『嘔吐』に驚くほど似ているだろう——。

が、ウエルベックの『服従』において決定的に特異なのは、そのニヒリズムの超克を――作者が、それを一つの戯画として描いているのだとしても――現に今、ヨーロッパを侵食しつつある「移民」の宗教であるイスラームにおいて描き出しているという点である。つまり、それほどまでに二十一世紀のヨーロッパは「内的自然」を失ってしまったのだということなのだろうか。

十九世紀末の「近代の超克」は、たとえばウィリアム・モリスやユイスマンスがそうであったように「中世回帰」の希望と共に果たされていた。また、二十世紀初頭においては、バタイユやアルトーがそうであったように「古代回帰」の情熱によって支えられていた。そして、第一次世界大戦後は、ルカーチやサルトルがそうであったように、それは「マルクス主義」への期待によって担われていたのだった。が、二十一世紀初頭のヨーロッパは、もはや自らを吊り支えるに足る「過去」の物語も、「未来」の物語も完全に見失ってしまっているように見える。

いや、しかし、この自己喪失こそが「啓蒙」の運命ではなかったか。交換不可能な家族、土地、伝統への愛着、「ナショナルなもの」への衝迫といった「内的自然」を抑圧し、ヒト・モノ・サービスなどの「外的自然」の自由な交換を「完全にコントロールできる」と思い上がった成れの果ての姿が、今、現に「自死」を迎えつつあるEUの姿にほかならない。

しかし、それなら、欧米の〈啓蒙思想=リベラリズム〉に右へ倣えで学んできた日本もまた、「内的自然」を失いかけているというべきなのかもしれない。事実、ネオリベラリズムの「空気」に満たされたこの国もまた、「移民政策」に舵を切りはじめた。それは、私たち自身が、今、まさに

「ゾンビ」（ルディシェ教授）になりはじめているということを意味している。

〈特別寄稿〉

7　国家主権と国際協調
――フランソワ・アスリノ氏との見解の一致――

衆議院議員　小沢一郎

昨年（二〇一八年）秋、フランス大統領選挙に正式立候補したことがあるフランソワ・アスリノ氏が来日され、夕食を共にしながらさまざまな意見交換をする機会がありました。その中に、強く印象づけられたことが三つありましたので、掻い摘んでここに書き記しておこうと思います。

メディアとの関係

まず、メディアとの関係で非常に不利を被っているというアスリノ氏のお話には、身につまされるものがありました。

アスリノ氏と私は、政治家としての出自と軌跡がずいぶん異なるのですけれども、マスコミにいろいろ叩かれてきたという点で共通しています。ともに強い主張のあるタイプだからかもしれませんが、この共通点を確認した時には、互いに顔を見合わせて苦笑しました。

氏によると、ここ十数年のあいだに、フランスの新聞、テレビなど、主流メディアのほとんどがグローバル資本に買い占められたとのこと。そして、巨富を有するオーナーの下、記事や番組が暗黙のうちにかなり統制されているというのです。上層部に忖度するジャーナリストが優遇され、反骨気質の者は外へはじかれるという現象……。説明を聞いて、安倍政権下の日本の現実との類似を感じました。

ともかく、そんな状況の中、アスリノ氏は、かつてシラク大統領の海外訪問に随行して外国首脳との会談でも大統領に付き添った経験があり、権力中枢のメカニズムに精通している元高級官僚でありながら、欧州連合（EU）やユーロからのフランスの離脱をはっきり主張するようになって以来、EUに好意的な論調が支配的な主流派メディアから煙たがられ、ボイコットに近い扱いを受けているそうです。そのような冷遇にめげず、インターネットでの広報活動を充実させて闘い続けるアスリノさんの姿勢を立派なものだと感じました。

私の場合も、これまでしばしばメディアからの強い攻撃にさらされてきました。特に二〇〇九年からの数年間はひどいものでありました。

二〇〇九年の春、私は野党第一党・民主党の代表を務め、総選挙での政権交代を目前にしていたのですが、そのタイミングで秘書三名をいきなり検察に逮捕され、私自身も家宅捜索で銀行通帳から何からすべてを押収されるという目に遭ったのです。それは私にとっておよそ身に覚えのない容疑だったのですが、二〇一二年の暮れにようやく無罪判決が確定するまで、検察が恣意的に作り上げ、全マスコミがいかにもスキャンダラスに、そしてまことしやかに流布した嘘のストーリーに随分苦しめられました。この国では、検察などの官僚組織だけではなく、メディアも既得権益勢力の一部といえます。

その数年間は、ちょうど民主党政権の発足直前から崩壊直後までの時期に重なっています。私はその間、ほとんど政治活動を展開することができませんでした。民主党政権は未熟さで失敗し、短命に終わりましたから、あの時期に自分が自由に行動できる状況にいなかったことが本当に残念です。

しかし、マスコミに事実でないことを書かれた、悪口を言われたといって、いちいち取り合っていたらキリがありません。世間の噂などに惑わされず、人はそれぞれ自分の志のためにひたすら邁進すべし、というのが私の姿勢です。何がどうであれ、「お天道様が見ている」と信じることにしているのです。あるいは子供の頃、厳しい母から、「男の子は言い訳をしてはいけない」と諭されたのが、この齢になっても心に残っているのかもしれません。

自国と他国の自立を尊重

次に、一つひとつの国民国家の自立を、自国の場合はもちろん、他国に関しても尊重しようとする基本的な志向において、フランソワ・アスリノ氏と私は共感し合うことができたように思います。

先程も触れましたが、アスリノさんは、イギリスがBrexit（ブレグジット）を決めたように、フランスもFrexit（フレグジット）に踏み切ろう、EUから離脱して、国家主権を回復しよう、と訴えています。それが彼と彼の政党「フランス人民共和連合（UPR）」の年来の主張であって、国家が独立していなければ国民主権が生かされない、つまり民主主義が成り立たない、という考え方に基づいているそうです。

アスリノさんは、フランスの自由を奪う檻となってしまったEUを否定しているのであって、ヨーロッパが嫌いなのではなく、ヨーロッパの諸国家のあいだの相互協力には賛成だと言っていました。昔、あのド・ゴール大統領が唱えていたような、ゆるやかな国家連合としてのヨーロッパには肯定的で、マーストリヒト条約が一九九三年に発効して以来、徐々に一つの帝国のように変貌してきた連邦制志向のEUには反対なのだろうと思います。

彼はまた、フランスは白人種中心のヨーロッパにばかりこだわらず、フランスとの間に歴史的・伝統的な絆のある北アフリカや中東をはじめ、世界中との関係を再構築すべきだとも強調していました。そうした普遍主義的で国家重視型の人類観も、ド・ゴール大統領譲りのように感じられます。

さて、アスリノさんが言うには、今日フランスのマクロン大統領が進めている経済改革はことごとく、EU委員会が毎年正式に発行する「経済政策大綱（GOPE）」に書かれているものだそうです。大企業に課す法人税の引き下げ、かなり手厚い労働者保護で知られるフランスの労働条件の規制緩和、最低賃金の抑制、失業保険を受けるための条件の厳格化など、新自由主義的な改革のすべてが、実はEUの指令なのだというわけです。

もしそうだとすると、フランスにおける権力の中心はエリゼ宮（大統領府）にあるのではなく、ブリュッセルのEU委員会に所在することになってしまいます。民主主義の観点、国民主権の観点から見て、フランス人にとって、たしかに深刻な事態なのかも知れません。

翻って、日米関係はどうでしょうか。一九九四年から続いていた日米年次改革要望書（正式名称は「日米規制改革および競争政策イニシアティブに基づく要望書」）は、二〇〇九年の政権交代で生まれた鳩山内閣が廃止しましたが、菅内閣になるとすぐにまた「日米経済調和対話」なるものが始まりました。最近では、我が国の属国性を問題視する立場から、数次にわたる「アーミテージ・レポート」の内容と安倍政権の政策との符合も指摘されています。

我が国は、主として地政学的理由により、米国とはどうしてもうまく付き合っていかなくてはなりません。しかし、うまく付き合っていくということは、国際社会では主従の関係になることではなく、たとえ国力に差があっても、主権国家同士の尊厳において対等の関係を営んでいくことです。これはもちろん、容易なことではありません。究極的には、国民一人ひとりに自立の気概が求められます。少なくとも、我が国のこれからを担うリーダーには、日本の主権を代表する自覚と胆力が不可欠です。

自立国家同士の国際協調における国連の重要性

フランソワ・アスリノ氏と私が意気投合したのは、とりわけ、話が国際協調のあり方に及び、巧まずして二人ともが国連に言及したときでした。

まず、二〇〇三年に米国が主導し、イラクのサダム・フセインが大量破壊兵器を持っているという偽りの情報に基づいて強引に始めたあのイラク戦争について、あのような武力介入は国際秩序にとって最悪の前例だとの見解で一致しました。なぜならあの開戦には、一九九一年の湾岸戦争のときと違って、国際連合の「お墨付き」がなかったからです。あの折、フランスのドミニク・ド・ヴィルパン外相が安全保障理事会でスタンディング・オベーションが起こったほど見事な演説をもって、開戦をはやる米国を諌めたことが思い出されます。

武力介入の正統性をめぐる同じ国際法原則に基づき、アスリノさんと私は、二〇一八年四月に米・英・仏が共同しておこなったシリアへの懲罰的爆撃も否定的に判断したことを確かめ合いました。あの爆撃も、シリア大統領バッシャール・アル゠アサドが化学兵器を使用したというのが口実でしたが、その証拠が公に示されることはありませんでした。また、国連憲章に違反しない形でロシア軍がシリアに駐留している以上、あのようなシリア爆撃が国連安保理で承認される可能性はゼロでした。だからこそ米・英・仏は独自判断で、象徴的意味しか持たないような爆撃をおこなったわけですが、国際法無視の「正義」は独善でしかなく、恣意的なものと言わざるを得ません。

私はかねてより、「自立と共生」という理念を主張してきました。まず自立とは、基本的に自分自身で判断し、自分自身の責任で行動する個人のあり方です。ただし、この個人は、最近流行の「自己責任」という言葉をはき違えて他人との連帯を断ち切るようなバラバラの個人、いわゆる新自由主義的な個人ではありません。そうではなく、他人の自立も尊重しつつ皆と共に生きる、つまり共生する個人です。

そういった個人が国民として共生しているのが自立国家です。自立国家同士が他国の自立を対等のものとして尊重し、互いに主権国家であり、対等なのだという前提で交流しながら平和共存するのが世界全体の共生です。ですから、宗教、風習、精神性など、広い意味での文化が異なる多様な主権国家の自立ということと、国際協調を推進する世界連邦的な共生の考え方はけっして矛盾しません。

この世界ビジョンは、国境を全部取り払って世界中を画一化していくグローバリズムではなく、諸国民が互いの歴史と独自性を認め合いながら交流し、協調していく国際主義、インターナショナリズムです。そしてこれは、私だけでなく、フランソワ・アスリノ氏も共有しているビジョンです。彼もまた、国民国家を基本とし、自立した国同士が互いの文化的アイデンティティや、通貨主権、経済主権を尊重し合いながら協調関係を作っていくのが好ましいと力説し、そしてその意味で、超大国覇権を超える国際連合の再活性化に賛成だと述べていましたから。

初めてお目にかかったフランスの政治家と、基本的な世界ビジョンを共有していることを確認できたのは、私にとってたいへん愉快な経験でした。

夕食会を終えたあとの別れ際、アスリノ氏が私に一つの提案をしてくれました。一年後の秋にフランスのどこかで開催する自分の政党の研修会（千人以上の参加者が泊まりがけで参加するそうです）に、もしあなたの都合がつく場合にはゲスト講演者としてぜひご招待したい、と。今年の研修会のメインゲストは、あの著名な歴史家・人類学者のエマニュエル・トッドだったらしいので、とても光栄なお誘いをいただいたと思っています。その時期が近づいた段階で日程を検討してみることに吝かではありません。

（二〇一九年正月に記す。）

第Ⅲ部

日本とフランスの再生にむけて——日本の政治家との対話

〈対談〉

1 日仏の真の独立を求めて

F・アスリノ
れいわ新選組代表 前参議院議員 山本太郎

EUユーロ体制からの離脱

フランソワ・アスリノ 初めまして。今回、山本太郎さんにお会いしたいと希望したのは、日本における財政出動の重要さと消費増税の廃止の必要性を山本さんがちゃんと掲げておられるからです。EUでは、緊縮財政が推し進められてきたなかで、個人に対する様々な税がどんどん上がっていて、法人税が下げられています。フランスでは、政治に対する全般的な不信感がある中で、明快なオルタナティブを提示している私たち「人民共和連合」の運動を、メディアが完全に黙殺して今まで来ています。

フランスは、EUの中にいることで、さらにはユーロに入っていることによって通貨の切り下げなどを含めた重要な決定がもう八〇％できなくなっている状態です。根本的なものは、EU委員会が決定し、通貨政策は、EUの中央銀行が決定しますので、主権と民主主義を奪還するためにEU・ユーロ体制からの離脱の重要性を説いて現在まで運動を続けてきています。EU条約の縛りの中で、緊縮財政が強いられ、社会インフラがどんどん劣化してきています。また公務員を減らすなど、公共サービスを民営化していく圧力がどんどん強まっています。ですので、日本においても同じような問題に対峙しておられる山本太郎さんから、お話を伺えればと思っています。

及川健二・撮影

山本太郎　なるほど。わざわざ来ていただいて、ありがとうございます。権力側、マスコミ側は、本当のことを言う人を嫌いますからね。しかも根本的な部分に関してまずいということをおっしゃっている方に関しては、なかなか報道には乗れないだろうなということをお察しします。

これは言ってみれば、通貨の独自性みたいなものを取り戻すというところが、アスリノさんの目指している全体の、第一歩になるわけですね。ところで、ユーロから離脱しなくても、イギリスはポンドのままなんですか。ユーロではなく。フランスが通貨の部分だけでの独自性を確保するというのは、難しい話なんですか。

アスリノ　それは条約上無理です。ＥＵから出ないでユーロから出るという条項が欧州条約には存在しないのです。私の場合は、二〇一七年の大統領候補でもありますし、フランスの憲法の五条と八条に、大統領は国際条約を順守すべきという規定がありますので、極力、合法的な形で進めていきたいと考えています。ＥＵから出るためには有名なあのＥＵ条約第五〇条というのがあるんですが、それを発動することになります。そうすることによって結果的にユーロからも離脱することが可能になるのです。ですから、ユーロから出るためにはＥＵから出なければいけない。

それから、通貨問題以上に大事な問題があるので、ユーロから出るだけではなくて、やはりＥＵから出なければいけないと私は考えています。そうすることで、もっと自由な形で世界とつながっていく。今のＥＵというのは二八カ国ありますが、その二八カ国の利害関係、経済状況とか文化的な違いもありますから、全然利害が一致しない二八カ国がいます。それを一つの枠で束ねていくためには、ヨーロッパ委員会、あるいはヨーロッパ中央銀行が上からトップダウン型でいく一つの統合体の下で、外交、政治、安全保障、経済上の決定がなされているわけです。そうしますと、それぞれの国の民主的な手続で選ばれてくる政治家、あるいはその要求が全体の統一性を乱すものとして完全に無視されてしまう。あるいは、それを抑え込む非常に非民主的な体制に向かっている状況がありますので、通貨問題だけではなく、もっと根本的な民主主義と主権の問題が絡んでいますので、ＥＵから離脱しなければならないと考えています。

例えば具体的な感じを理解していただくために、第二次大戦が終わった後で、アメリカがもし東南アジア、東アジア全体を含めた二〇何カ国の統合体をつくろうとしたとしましょう。そして日本、中国、フィリピン、バングラデシュ、さらにはインドネシアなどの多くの国々が、生活水準、政治的な要求、そして文化的な背景が全く違うにもかかわらず、一つのルールで束ねられ、中央政府とも言えるアジア委員会なりアジア中央銀行が指令を出して、それに従わなければいけないとなれば、それぞれの国の中で行われる選挙による民主的な選択が全く意味を持たなくなってしまいます。そういう非常に独裁的な体制になっていきつつあるのが今のＥＵですので、そこから離脱することは、どうしても欠かせない要件なのです。

主権と民主主義の奪還

山本　権限があまり与えられてない地方政府のような状態になってしまっていて、そこから主権を取り戻すという状態なわけですね、今は。

アスリノ　山本さんは既に御承知だと思いますが、ＥＵは今このまま行けば瓦解する方向に向かっていますが、現状は、多国籍企業や国際的な金融界にとって有利な市場として存在しているのです。そのための経済政策、例えば労働法を変更して解雇しやすくするとか、そういう方向に向かった政治を上から押しつけるシステムになっています。ですからそれに対して、もうこれでは我慢できないという反発の動きがいろんなところで起こっているのです。今ポピュリズム云々と言われていますが、このような動きの現実は、そういう否定的なものではなくて、本当にもうかけがえのない自分の生活を守らなければいけない、そういう状況の中にいる人たちが立ち上がって動いているのです。

ですから人民の主権と民主主義の回復が根本にあります。国際的な金融システム、それからエスタブリッシュメントの大きな力に対して反抗しようという動きが今ＥＵにあります。それと私の活動はかなりリンクしたものだと考えています。

山本　解雇要件を緩和するとかというお話、ほかにもインフラをどんどん企業側に売っていくような新自由主義的な方向性は、日本はもう随分前から、おそらくサッチャリズムなどと言われるようなころからずっと連綿と続いていて、今もそれが加速している状況なのですが、フランスではどうなんですか。

アスリノ　それはフランスにおいてもやはり同じ状況で、一九八〇年代から加速度的に進んでいます。ただ、ヨーロッパにおいても、アングロサクソンの国とフランスや南ヨーロッパのラテン系の国はやはり文化的、歴史的、宗教的な違いがあります。ラテン系の国は、エマニュエル・トッドの人類学的な分析で言われる平等主義が基底にある社会なのです。それに対して、自由主義あるいはネオリベラリズムというのは、平等の価値に拘らないアングロサクソン型の地域では早くからしっかりと機能する形になっていました。フランスはその新自由主義を輸入する形で現在に至っています。

またフランスの中には、いわゆる大きな政府が国全体の中核を支えていくという伝統があります。イギリスであれば島国ですので、海によって一つの統一体としてある地理的な条件がちゃんとそろっている、日本もそうですが。しかしフランスの場合は陸続きで、国境が揺れ動きますので、しっかりした政府が中核をつくっていて、それで国の形を守っていかなくてはいけないという事情があります。そのこととフランスの長い歴史の中で非常に中央集権的な形が長く続いてきたということは無関係ではないのです。そして平等主義的な公共サービスが大事だという理念と現実がずっとあったんですね。フランス革命以降の伝統もその方向に築かれてきたのですが、それがいま崩されつつあります。その崩壊はEU・ユーロ体制がもたらす構造的な帰結だと理解できるのです。しかしフランスのメディアはそのことにできるだけ触れないようにしています。中国のことわざにありますが、あれを見てと月を指したときに月を見るか指先を見るかの違いで、やはり私は月を見ることの重要性を皆さんに理解してもらうために、様々な分析をネットで提供しながら、今までやってきているのです。

独自通貨と財政出動

山本　その通貨の独自性などを取り戻して、より財政出動がしやすくなった場合、いま一番必要な支出は、フランスではどういうものですか。

アスリノ　フランスだけではなくヨーロッパ諸国は、一九九五年以来四半世紀に渡って緊縮財政を進めてきたと言えます。日本も同様だと思いますが、そのようなフランスで経済のメカニズムについて説明しようとするとき、私がよく使うのは、エンジンが四つある大きな旅客機の例えです。パリ―東京とか東京―ロサンゼルスという長距離便を例にとって、四つのエンジンが大事だと説明します。まず大事なのは、各個人の消費ですね。消費をいかに高めていくかというのは、当然必要な手です。そのためには、所得が上がらなければうまくいかない。もう一つは、企業が投資するかどうか、またどこに投資するかが問題です。ＥＵ・ユーロ体制の中にあるフランスでは、投資がどんどん賃金の安いところに逃げていきます。ですから、投資の問題が二つ目。三つ目は輸出ですね。これはやはりユーロがドイツに非常に有利に機能していますから、輸出がどんどん滞ってきています。それから四つ目が、公共事業、財政出動ですね。ところが、公共サービスの民営化にばかり血道を上げており、全く逆のことを行なっているのです。この四つのエンジンが機能して、初めて健全な経済活動が得られるのですが、フランスはこの四つのエンジンの、まず一つ目が止まり、次に二つ目が止まり、さらには三つ目が止まり、今や四つ目も四半世紀来止まっている状態なのです。これでは没落しつつあるとしても、当然のことです。だから、まず手をつけるべきは、財政出動であり、住宅、病院、幼稚園、警察等の公共サービスの充実のために公共投資を行うべきです。

輸出力の問題に関して補足するとすれば、ユーロからの離脱が重要です。基本的にはユーロの水準はフランスの産業効率に比して高過ぎます。ユーロの設計の基盤となったのは、ドイツの金融制度だったのですが、ユーロの水準はドイツ・マルクとギリシャ・ドラクマのほぼ平均ぐらいに設定されました。そのため、ユーロは、フランスにとってはフランを一〇—一五％切り上げた通貨となり、高過ぎるのです。ところがドイツにとっては、マルクを切り下げた水準の通貨になりました。その結果、フランスの輸出力はドイツに対してどんどん下がっていきました。貿易収支が赤字に転落していき、財政出動もできなくなってきたのです。EUの縛りにより、財政赤字を縮小しなければならない状況にいるために、必要な財政出動もできないのです。

ですからこの四つのエンジンを再起動させるためには、やはりEUから出なければならない、ユーロから出なければならないという状況にあるのです。今の状態は一九二九年の大恐慌後に出したケインズのいろんな知恵が、全く継承されていない状況です。

山本 全くおっしゃるとおりで、要はGDPの拡大が絶対的に必要だと、四つのエンジンに。日本も、輸出を除く三つのエンジンがほぼ止まっているような状況にあるので、同感する部分が非常に多いです。

アスリノ 日本は円という独自の通貨がありますから輸出はできますが、フランスはそれすらできなくなって、四つのエンジンが止まっているのです。しかもそのような状況の中で、フランスやヨーロッパで現在何が言われているかというと、例えばブレグジットの国民投票が行われたときのことを思い出してみますと、IMFやオバマ大統領がイギリスに行って、離脱を決めればもうイギリスの経済は翌日から壊滅状態になるというネガティブキャンペーンが行われたわけです。しかし実際にはその後、イギリスの失業率は一九六〇年代以来最低の水準、四％になっています。そしてグーグルやフェイスブックがヨーロッパの本社機能をイギリスに移転することになりました。それからポンドが一〇％下がったことによって輸出が増えています。海外からの企業の投資も増えています。ですから、「ブレグジットは恐ろしい」というイメージとして植えつけようとしてきたネガティブ・キャンペーンとは、全く逆のことがいま起こっているのです。

トランプの現象についても同じことが言えて、私自身はトランプの動向のある部分については必ずしも賛成ではありません。ただ、彼がＴＡＦＴＡなどの協定を見直そうとしていること、それから中国からの輸入に対して関税をかけると言ったときに、メインストリームのメディアは、経済戦争の様相を呈してはアメリカの経済は破壊されてしまうと言っていたわけです。でも実際には全く逆のことが起こっていて、今では、アメリカの成長率が四・六％で、一九六九年以来もっとも高い成長率であり、しかも安定したものであるということを、ＩＭＦですら認めるようになっています。

フランスの場合は、メディア全体が資本家に買い占められています。そして公共放送も、政府がこの何十年間ＥＵ推進の方針でやってきましたので、官民両方の主要メディアがＥＵ批判派を封殺している状況です。山本さんがおっしゃるように、本当のことを言うことが重要であり、このようなメディアに騙されてはいけないのです。ケインズの教訓をしっかり受け止めて、良識ある対応をする必要があると思います。

国内産業の再生の重要性

山本　おっしゃっていることはよく解ります。要は国内産業に力を取り戻す、内需という部分を重視することによって、力を取り戻すことにつながってきているという部分ですよね。

アスリノ　おっしゃるとおりで、やはり国内産業を守る何らかの防波堤をつくっていくことが絶対に大事だと考えています。

私は一九八一年から一年半、東京に住んでいました。二十三歳のときにフランス大使館の経済担当官として住んでいたのですが、そのとき日本は経済成長の真っただ中で、非常に活発な状況だったと覚えています。私にとってはすばらしい、懐かしい国だったんですが、今回の来日では、非常に違った状況になってきている印象を受けます。活気がなくなった感じがします。おそらく人口の高齢化もそこに加わっているかもしれませんが、何か物事が、既にどこか別のところで動いていて、ここでは動いてないということを、今回数日間ですが、東京を歩いて感じています。

フランスでも同じことが起こっています。一九七〇年ごろは、まだフランスは経済の成長率が高かった時代ですけれども、一九八〇年代に入り、どんどん低下していったわけですね。マーストリヒト条約が通ったあたりから、フランスはいわゆる経済活性化のレベルで言えば「列の一番後ろにいる」というような表現もされたわけです。現在は、かつてフランスにあった活気は既に失われてしまっているというのが正直なところです。

福島原発の現状

アスリノ　私の方から質問させていただきたいのは、まず福島のことです。フランスも日本も原発への依存度の高い国ですので、今の状況は一体どうなっているのか、お考えをお聞かせください。概ね既にアンダーコントロールだと言う人がいる一方で、放射能の非常に危険な状態がさらに続いていると言われてもいます。

二つ目は、ますます強大になってきた中国の存在の問題、そして北朝鮮との関係の問題です。アメリカが必ずしも日本を尊重するような形で今回の北朝鮮問題に対処しているようには、外から見ていると思えないのですが、果たして現実はどうでしょうか。その場合に日本はアメリカ一辺倒ではなくて、もっと別の国とも多様なつながりを持っていくことを模索する必要があるのではないかと感じるのですが、その辺はどうお考えでしょうか。

山本　最初の福島の話ですが、いまだに原子力緊急事態宣言というのは撤回されていません。これは事故後すぐに発令されたものですけれども、要は今も緊急事態だということです。

収束作業ですけれども、これはいつ収束するかということは、国は大体三〇年ぐらいと言っていますが、事故を起こしていない原発でさえも廃炉にするまでは三〇年かかります。残念ながら、福島の事故はおそらく世界で最も過酷な核惨事、三つまで行ってしまったスリー・メルトダウンを起こしましたから、これを収束するのにはおそらく数百年単位の時間がかかる。画期的な収束方法はまだ一切見つかっていない状態で、水をかけ続けて冷やす状況が現在です。

アスリノ　いま福島の処理について、例えばチェルノブイリで行われたような、上に石の棺桶をかぶせるようなことはなされたのでしょうか。

山本　それはなされていません。上だけカバーしても、どうしようもない状態です。地下水が何トンも流れてくるところをなんとか迂回させていますが、燃料と地下水が当たることによって汚染水が増えていく状態です。それでも最初は、そのまま海に垂れ流しでしたが、それをタンクにためるようになってきました。放射性物質の除去も、随分取れているということを東電はずっと言っていました。トリチウムしか残っていないので、もう海に流していいという話し合いをしているところで、またうそがばれました。タンクの汚染水のうち、トリチウム以外の放射性物質を取り除いたはずのタンクの処理済み水の八割から、排出基準を超えるヨウ素やストロンチウムなどの放射性物質が含まれていたことも明らかになりましたので、アンダーコントロールなどという状態ではありません。だから上だけカバーしてもしょうがなくて、問題としては地下水が一番メインかもしれないです。上からの放出は事故直後の膨大な数値ではもうないと。

アスリノ　それは非常に重大な状態だと思いますが、政府なり当局の責任として、住民に対して、また日本の市民に対してどういう情報提供がなされているのでしょうか。

山本　大丈夫だというインフォメーションが主です。もともと原発が爆発した後に最大級で三〇キロという避難の円が設けられたのですけど、そこからどんどん狭めていく作業を事故後ずっと続けています。例えばチェルノブイリでは、私も行ったんですけど、三〇キロといっても円ではなく、いびつな形をした三〇キロで、その円の中に入ってないところも、廃村になった村などがたくさん存在しているのですが、日本の場合はまだ一つも廃村にもなっていない状況で、どんどんその円が縮められて、人を帰していく作業が進められています。

アスリノ　その場合に、放射能値はちゃんと測定しているのでしょうか。

山本　人々を帰すときには形式的にしています。事故前に言われていたことと事故後とでは、もう基準を変えて許容値が上げられてしまって、「大丈夫だ」という伝え方になっているんですね。だから、やっていることはむちゃくちゃなんですよ。

追加で年間一ミリの被ばく、これは一ミリ以下に下げていこうねというもともとの考え方があったんですけど、それを年間二〇ミリぐらいであれば帰っても大丈夫だという感覚ですね。人間は空気中に生きてるわけではなく、地面に生きてるんで、土壌を計らずに空間線量だけ問題にしています。本当は空間線量と土壌と両方の数値を見た上で判断しなければいけないんですけど、空間線量だけで、低いから大丈夫だということを言い続けているのが日本政府です。

アスリノ　そのような情報の操作に対して、市民運動なり世論の動きとして、それを破ろうとするような動きはないんでしょうか。もちろん、山本さんがそれをやってらっしゃるということは承知しています。

山本　圧倒的にこの正常化バイアス、正常性バイアスが、マスコミから垂れ流され続けてきた、この事故から今日までの間に。だから多くの方々はもう問題ないだろうと考えているんですね。それを、こういうことだからまずいんだということを言ったとしても、やっと理解してもらえるぐらいですね。

市民運動も対立させられていますね。本当は東電や国を責めなければいけないことが、いま帰ってはまずいだろうという人と、俺たちはここに住むんだという人たちとの間での対立にさせられてる状況です。

国際関係

アスリノ　それから北朝鮮や国際関係についての質問ですが、北朝鮮とアメリカの動きを見てますと、もう少し国際関係を多角的に、例えばロシアとつながるとかいうことが必要な気もするんですが、その辺はいかがなんでしょうか。

山本　日本独自でアジア諸国と深くきずなを結ぶということは、これまでの日本の政治の中ではタブーとされてます。残念ながら実質日本がアメリカの植民地としてずっとこれまで来ているという前提があるのですね。

日本とアメリカの間に安保とセットになっている地位協定があって、アメリカ軍が望めば日本のどこであっても米軍基地をつくることができるという内容も入ってます。

アスリノ　私の記憶が間違ってなければ、プーチン大統領と安倍首相は今まで二二回ぐらい会っています。最近の動向では、北方領土の問題でちらっと何か動きがあったようなことを聞いてますが、それについて山本さんの認識はどうでしょうか。

山本　おっしゃるとおり日本とロシアの間には領土問題があります。これを返してもらう段取りでは話し合いをしてたと思いますが、やはりこの地位協定による懸念が払拭されなければ、ロシア側はこの領土問題に対しては前に進められない。だから、ロシア領ですけど、お金出してもっと開発してくれよという方向に変わっていると思います。

日本と北朝鮮・中国

アスリノ　加えて二つの質問を出させていただきたいんですが、一つは北朝鮮についての問題で、安倍首相と金正恩委員長が会う予定はあるんでしょうか。日本の外交戦略として、もちろん拉致された人を取り戻すことは非常に大事だということはわかりますが、それを超えて何か新しい方向を模索するということはあるんでしょうか。

山本　そもそも日本には拉致問題があり、同時に核問題に関して被爆国として、アメリカとの間の接着剤として北朝鮮に融和的に間を取り持つような外交戦略をとるべきだったんですけれども、残念ながらアメリカの後ろからやいのやいのと言う形になったから、今のような蚊帳の外に置かれることになったと思います。

でも、この先おそらく経済的な部分で支援は必要になってくる。アメリカ的にも日本に出させようという思惑があるから、安倍さんが望むと望まざるとにかかわらず、これはセットされるものだと思っています。

アスリノ そうしますとアメリカが方針を出して、具体的なお金を出すのは日本だということになるわけでしょうか。

山本 本来、朝鮮戦争を考えるならばアメリカ側の負担も大きくないといけないはずなんですが、おそらく日本側がその分も肩がわりするぐらいの、全く出さないとは言いませんけども、アメリカのかなり大きな額を日本側が負担することになっていくだろうと予測します。植民地の務めですね。恥ずかしいです、変えたいです。

アスリノ 二つ目で最後の質問になりますけども、安倍首相の靖国問題で、いま大体沈静化しているような感じはしますけれども、中国と日本の関係は、今はどうなっているのか、あるいは今後どうなっていくのか、お考えをお聞かせいただきたい。

山本 日本の貿易相手としては、絶対なくてはならないのが中国ですね。中国にしてみても、おそらくアメリカに次いで日本が二番目ということにおいて、お互いに絶対的に必要な関係性ではあるんですけど、その間にアメリカが割って入ってくるようなことが、これから起こる可能性があると思うんです。おそらく火種はどこからかといったら、南シナあたりからでしょう。スプラトリー（南沙諸島）をアメリカが警備することに関して、日本側も一緒にという。はっきり言って日本側から南シナなんてすごく離れた場所ですから、私が総理だったらそこには一切タッチしないということですね。実力部隊を出して監視活動とかにも一切出させないですけど、でもおそらく共同でやっていくことによって、何かねじれが出てくる可能性があるでしょうね。

とにかく建国三百年ぐらいの国で、九〇％戦争している国ですから、下手をすれば日本と中国がもめることを先々望んでいる可能性もあるなと思います。アメリカ政府というより、アメリカの中枢を占める軍需産業から、そういう可能性はなきにしもあらずだと思ってます。

アスリノ　本当に今回はお時間をとっていただいてありがとうございました。歯に衣を着せぬお答えをいただきまして、心から感謝しております。

山本　とんでもございません。本当にお疲れのところこうやってお時間をとっていただいて、逆に主権を取り戻すためのＥＵからの離脱、こちらも主権を取り戻すためにアメリカからの離脱をともにしなければいけないですけれども、お互い頑張って、そして力を合わせていい世の中にしていきたいなと思います。

アスリノ　山本さんのおっしゃること、全く大賛成です。フランスの場合には殊にＮＡＴＯがあります。ＮＡＴＯというのは軍事大国としてのソビエトが存在したときに存在意義があったわけですが、今はそれがなくなっているにもかかわらず、それがさらに拡大してきています。そのことによって、フランスはEUの外の地域との敵対関係、軍事的に介入することを迫られています。ですので、そこからの離脱は非常に大事だと考えております。頑張ってください。

山本　ありがとうございます。メルシィ・ボク。

アスリノ　とても面白かったね。（日本語で）

山本　こちらこそ。

（二〇一八年十月十日収録）

〈対談〉

2 ケインズを忘れたフランスと日本

F・アスリノ
国民民主党 参議院議員 大塚耕平

大塚耕平 今日はようこそおいでいただきました。日本に一年半いらっしゃったということは、プロフィールで拝見しました。

フランソワ・アスリノ 日本には何度か来たことがあるのですが、今回二二年ぶりに来たわけですけども、非常に幸せだなと思っています。日本については、八〇年代に一年半住んだこともあって、大好きな国の一つです。こうやってまた来られたことはうれしい限りです。例えば京都の大徳寺に今回も行って、非常にすばらしい文化の街、洗練された日本を再確認しました。ですから、変化しない日本というものをまた感じ取ることができて、非常にうれしかったです。

ケインズを忘れたフランスと日本

アスリノ　ただ、同時に大きな変化も感じました。それは八〇年代には、この日本は非常に活気のある力を持った国だと感じていましたが、今回来て驚いたのは、ちょっと言い方は問題があるかもしれませんが、活気が失われた国というように感じました。例えば、昔は子供たちがたくさんいろんなところで遊んでいたんですが、今回はあまり見かけることができませんでしたし、物価がここ三〇年ぐらいの間にほとんど変わってないような感じがしました。これはフランスの物価がどんどん上がってきたことと比較しますと、以前は、日本の物価はフランスに比べて非常に高かった。そういう意味で経済的には暮らしにくかったですが、今はフランスよりも安くなっていることに驚きました。ですので、日本は非常に変わったという印象を強く受けます。

同時にフランスも実は非常に大きく変化していまして、その基本的な背景には、やはりEUとユーロが影響しています。EU、ユーロが結果として強制するものとして、緊縮財政があります。公共投資が圧縮され税収が下がってきています。そうすると、借金が増えていく。つまり借金を減らすために緊縮財政を行っているにもかかわらず、逆の効果が起こっている。その悪循環が繰り返されていて、フランスもほとんどデフレ状況になっていると言っても過言ではありません。これは一九三〇年代にケインズが非常に強く主張していた、財政出動によってデフレ状況を離脱するという経験からも全く逆行する現実が展開しているのです。

　フランスでは成長率がほとんどゼロに近くなっていますが、そこには金、物、人の自由な動きが認められていることによって、個人消費が完全に伸び悩んでいることがあります。それから企業の投資ですが、例えばフランス企業であればフランスに投資するのではなく、もっと安い賃金のところに投資していき、産業の空洞化が拡大しています。そして失業率が非常に高くなる現象が、この二〇年来起こっています。失業率は一〇%ぐらいに達していますし、若い人に関してはさらに高い数字が出ています。

及川健二・撮影

　しかもこの二〇年来明瞭に出てきたもう一つの現象として、移民労働者の急増があります。これは、人の移動を非常に自由にする制度を強制するＥＵの構造的な帰結です。以前、ヨーロッパの場合は五〇年代、六〇年代、それから七〇年代ぐらいの初めまでは、労働力が足りなかったので移民を入れる政策をとっていましたが、今は失業率がこれだけ高くなっているにもかかわらず、経済移民が入ってくる状況が、ＥＵのせいで出現しています。これは、大企業の経営者たちにとっては非常にいい状況です。安い賃金で働ける人たちをたくさん受け入れることが法的に認められているのですから。このことによってフランスも大きく変化してきたのです。

大塚　今お伺いした認識は、日本についても、フランスについても、かなり共有できる部分があります。

日本の退潮、中韓の上潮

大塚　まず日本について少しコメントさせていただきますと、アスリノさんが日本に最初にいらっしゃったころは、一九七九年にエズラ・ヴォーゲルというアメリカの学者が『ジャパン・アズ・ナンバーワン』という本を書いて、ベストセラーになっていた時代です。そのころアジアでは、中国や韓国が三〇年後にこんな状態になっているとは、誰も予想していませんでした。

アスリノ　そのときは日本のＧＤＰが、世界全体で言えば一七％ぐらいでしたよね。

大塚　そのとおり。私は一九八三年から日本銀行に勤務していましたけれども、その一九八〇年代から九〇年代前半にかけては、ロンドンやパリ、ニューヨークを歩いていると、アジア人と見れば、しかも背広を着ているアジア人と見ればすぐ「日本人か」と聞かれて、非常に皆さんによくしていただいた。

ところが今は、ＥＵの貿易に占める日本の割合は二～三％まで低下しています。三年前にドイツに行ったときに大変驚いたのは、何人もの人に声をかけられると「おまえは中国人か」と言われて、「違う」と言うと次は「コリアか」と言われて、「じゃあどこだ」と言われる。もちろん「日本人だ」と言うと皆さんによくしていただくけれども、日本はこの三〇年間のこういう変化に対して今後どう対応していくのかという、非常に重要な局面にいま立たされています。

もちろんフランスも、この三〇年間に大きな変化をされたと思います。一九八〇年代にアジアの中央銀行員として働いていた感覚からすると、例えばドイツがマルクの通貨覇権を放棄するなどということは、想像もできなかったことです。マーストリヒト条約が結ばれて、その延長線上に、例えばドイツがどういうことを考えていたかというのはフランスとしてもいろいろ関心がある点だと思いますが、そういう大きな変化の中で、フランスも今いろんな問題に直面していると思います。

イギリスとEUの温度差

大塚　私は一昨年イギリスでEU離脱の国民投票が終わった後に、年末にイギリスのEU離脱省を訪ねて、イギリスの考え方、それからブリュッセルに行って、EU本部の考え方をかなり深く聞いてきました。

アスリノ　そのときはデイヴィッド・デイヴィス(1)さんですか。

大塚　そうです。そのときにイギリス側はかなり楽観的なこと、つまりブレグジットをしてもイギリスにそう影響はないということを言っていた一方、ユーロスターでたった三時間のブリュッセルに行くと、「イギリスのそういう考えは許せない。NATOやEUはブリュッセルの言わば『地場産業』であり、それに反旗を翻すことは許せない」と言っていました。「地場産業」という表現にも驚きました。

日本も大きな変化に直面していますが、ヨーロッパもこのようにグローバリズムを追求して、EUを維持拡大し、新たに登場した中国や、これまでの覇権国家であるアメリカと向き合うのか、それともイギリスのような判断をするのか。この点について、大統領候補であられたアスリノさんはどんなふうにお考えですか。

アスリノ　どうもありがとうございます。その御質問にお答えするに当たって、非常に率直にお答えしたいと思います。思っていることをしっかりとお話ししないと、お会いする意味も少し減ってしまいますので、率直にお答えします。

第二次大戦後のアメリカの世界戦略

アスリノ　戦後、世界はアメリカとソビエトによって二つに分けられて、支配の体系がつくられました。例えば日本ではポツダム宣言が強制され、アメリカ軍が進駐し、今でもそれは続いており、アメリカの衛星国の一つという位置づけになりました。アジアの場合は、日本と台湾でしたが、ヨーロッパの場合は東欧と西欧にそれが分けられたわけです。そのことによってその後の歴史の基本的な構図が決まってきたわけです。その流れの中で出てきたのがECであり、さらにはEUになるわけですが、実はこのEC、EUの考え方の基本的な起源をさかのぼっていきますと、およそ一九〇〇―一九二〇年ぐらいに既に存在したものだと言えます。

そこから引き継いで展開してくるわけですが、戦後、マーシャル・プランでヨーロッパを再興しようとしましたが、そのプランも最終的にはEUのように、ヨーロッパを一つの大きな統合体にすることによってそれぞれの国が個別に発言できないような縛りを掛けるためのものでした。ですので、アメリカが背後から操りやすい、支配しやすい構造体をかなり早くから意識的に構築しようとしてきたのです。

例えばジャン・モネ(2)やロベール・シューマン(3)といったヨーロッパ統合へ向けて五〇年代、六〇年代に動いた中心的な人たちは、アメリカの指導と資金のもとに、非常に意識的な計画に沿った役割を演じた人物だったのです。具体的な証拠は歴史的な史料としてしっかり残っていますので、このことは明確に申し上げておきたいと思います。

ヨーロッパでは、そういうふうにアメリカによる戦後のヨーロッパ支配の文脈の中でEC、EUがつくられてきたのです。

実はアジアにおいても同じことをアメリカはやりたいと考えていたのですが、しかしソビエトや中国がいましたし、ベトナムがいましたので、アジアにおける大きな共同体をつくることができる条件はなかった。そのことによって、日本と台湾だけがまずアメリカの衛星国として、アメリカの陣営に組み込まれて現在に至っていると思います。

そのような戦後の歴史の中で、一時期アメリカの支配の流れにフランスが抵抗しました。それはまさにシャルル・ド・ゴールの功績だったのですが、ド・ゴールは、第二次大戦のときにロンドンに亡命し、そして戻ってきたことによって、戦後のフランスの政治的な中枢を支える柱になったわけです。しばらくして政界を離れますが、アルジェリア戦争を終結させるためにまた戻ってきます。そのアルジェリア戦争で戻ってきた後に、彼自身が大統領に選ばれて第五共和制をつくるわけですが、そのときにド・ゴールがひたすら心を砕いたことは、アメリカがつくりつつあった統合体に向けた動きに、できるだけ引きずり込まれないようにしようということでした。例えばNATOから離脱しましたし、当時のECに関しても、「加盟はしているが出席はしない」という欠席戦略をド・ゴールはやり続けました。一貫してヨーロッパ連邦の構築に反対していたのです。その間にメディアは、そのような動きを非常に手厳しく批判し続けていたわけです。ですからド・ゴール対メディアという対立の中で、あの時代は過ぎていきました。ところがド・ゴールが政治から引退した後に来た大統領は、すべからくこのアメリカの戦略の中でつくられていくヨーロッパ構想を支えていく側について、自分たちの政治活動を続けてきたわけです。

メディアの偏りの問題は、今日でも続いているものです。昨年、私は大統領選候補として出馬しましたが、出馬するためには最低五百人の選挙で選ばれた人、例えば村長、町長、それから議員……。

大塚　公職についている推薦人ですね。

アスリノ　はい、五百人の推薦人が必要なんですが、私は五八七人からの署名をもらいました。結果的には、この大統領選には一一人の候補者が出たわけですが、法的には一一人の候補者全てに平等に対応しなければならないにもかかわらず、メディアの動きは非常に偏ったものでした。当時マクロン候補には大体二八％の時間が与えられたにもかかわらず、私には一％しか費やされませんでした。選挙戦期間中も、そのような偏ったメディアの動きがありました。結果は、その二八％のメディアの露出度を得たマクロン候補が大統領に選ばれたわけですけれども、なぜメディアがそう動いたかというと、メディアを支配しているのが金融界、財界であり、彼らがマクロン候補をサポートしたからなのです。

ユーロを巡るドイツとアメリカの駆け引き

アスリノ　先ほど大塚さんは、なぜドイツがマルクを手放す決断をしたのかということをおっしゃっていましたが、その際にアメリカとの間で鬩ぎ合いがあったことを指摘したいと思います。具体的にはイギリスの『デイリー・テレグラフ』紙で公表された資料がありますが、それによると一九六五年六月十一日にアメリカ国務省で会議が開かれ、当時欧州経済共同体の副委員長だったロベール・マルジョラン(4)に統一通貨の立ち上げを密かに準備するようにと要求していたのです。それはまさに、ソビエトが崩壊する段階において、東ドイツと西ドイツの再統一を認める条件としてアメリカがドイツに突きつけた条件だったのです。つまり、統一通貨ユーロへの参加だったのです。ですからヨーロッパの統合は、ヨーロッパを一つにしていくという戦略のもとに、アメリカが戦後一貫して様々な形でヨーロッパ諸国にアメとムチを駆使して進めてきたものだったのです。

アメリカとすれば、ヨーロッパを一つの通貨に統合すれば、一つ一つの国が独自の通貨政策を実行できなくすることで、自分たちの経済的な自由を維持することができなくなります。そうやって形成された大きな市場を、アメリカの企業がうまく利用し、コントロールすることができるということを、アメリカは非常に長期的なビジョンの中で作り上げてきたのです。

大塚　この問題に深入りすると半日かかるので、一言だけコメントして次のアスリノさんの関心に移りたいんですが、今ご指摘いただいたことは大変勉強になりました。その上で、ドイツの通貨戦略について一言申し上げたいことがあります。それはフランスが今後ヨーロッパの中でどういうポジションをとっていくか、世界の中でどういうふうに、例えば日本とも連携していくか、こういうことと関係する話です。

すばらしい政治的、あるいは官僚的キャリアをお持ちの方なので、「釈迦に説法」という表現がフランス語にあるかどうかわからないけれど、釈迦に説法ですが、外交というのは双方が自分たちにとってメリットがあると思うときしか合意しません。つまり今アスリノさんがおっしゃったようなアメリカの戦略がわかった上で、ドイツはEMS（ヨーロッパ・マネタリー・システム）、一九八〇年代まであったEMSに参加してバスケット通貨を採用することや、マルクを放棄してユーロに参加することは、ドイツの経済の実力からしたらかなりの通貨安の利益を享受できると考えたからだと、私たちは受け止めています。

したがってEUの中では、フランスはもちろん対アメリカ、対中国のみならず、EUの中の国々ともいろんな利害関係があるでしょうから、非常にかじ取りが難しいとお察しします。そういう中でアスリノさんは、次も大統領選挙にチャレンジされるのですか。

アスリノ　実は来年ヨーロッパ議会選挙がありますので、私が立ち上げた人民共和連合のリストのトップの候補者として出馬するつもりです。さらに二〇二二年には、次の大統領選にも出馬する決意でいます。次回の大統領選挙は、昨年の二〇一七年のそれとはかなり違う状況になると考えています。

ユーロに対するドイツの危機感

アスリノ　ユーロについてさらに指摘させていただきたいのですが、ドイツがユーロを受け入れるに当たって要求したもう一つの条件のことです。もしユーロが単なる単一通貨であるとすれば、それを管理するためには、ヨーロッパ中央銀行だけで済むはずなのですけれども、ドイツがそのときに譲らなかった点があります。それは、それぞれの国の中央銀行を存続させ、いつ何どき問題状況が出現したとしても、もとの国別の通貨に戻れる構造を残すというものでした。現在、ヨーロッパ中央銀行は、十九の国の中央銀行の上に置かれた機関に過ぎず、そこが扱っているのはユーロ圏全体の八%ぐらいのお金であって、それ以外はそれぞれの国の中央銀行が発行する形になっています。ですので、いつ破裂しても、ドイツがもとに戻って、マルクをまた使用できる構造性をしっかり残して始まったのです。

今よく単一通貨という言い方をされますが、実はそういう意味では単一通貨ではないのです。現実には、それぞれの国の中央銀行が独自の通貨を発行していながら、ユーロという共通の名称が与えられ、レートが一対一に固定されているので、単一通貨と呼ばれ、単一通貨として機能していると思われている。実際そのように機能している部分はもちろんありますが、実はそういうふうに思われているに過ぎず、構造的には全く違うのです。いつ破裂しても、ドイツにとって大丈夫な構造になっているので、ドイツはユーロを受け入れたのです。

それからユーロの通貨水準は、大塚さんのご指摘の通りドイツ・マルクとギリシャ・ドラクマのちょうど中間の、平均値みたいな水準に決められていますので、産業効率の高いドイツにとっては切り下げの意味があり、二六〇〇億ユーロの貿易黒字を享受しています。対して、フランス、イタリア、ギリシャ、スペインなどの南ヨーロッパの国々にとっては、切り上げを意味しますので、これらの国の産業を破壊しつつあるのです。

このようにユーロはドイツに莫大な利益をもたらしていますが、同時にドイツは重大な問題も抱えています。南ヨーロッパの国々がドイツに対して抱える貿易赤字は、イタリアやスペインの中央銀行の債務となっているために、もしそれらの国々の中央銀行が破綻した場合、ドイツもそれに巻き込まれてしまうという恐怖を、ドイツのエリートたちが抱くようになってきています。ドイツの中央銀行が扱っているお金の量は、以前は二五〇〇億ユーロ規模だったのですが、現在では、それに加えてイタリアとスペインの中央銀行への債権である九〇〇〇億ユーロが追加されています。この南から来ているお金というのは、南の中央銀行が保証しているものですから、その南の経済がどんどんおかしくなってきていますので、この保証が揺らいできているのをドイツの専門家たちはよく理解しています。このままではだめだということで、いろんな動きが出ているのが現状です。ですので、いつとは言えませんが、ユーロが破裂するのは時間の問題だと考えています。

大塚　Your explanation is very suggestive to me. Thank you very much.
それでは、今回の訪日の目的も含めて、さらにご質問があればお答えをいたします。

「人民共和連合」とフレグジット

アスリノ　誠にありがとうございます。それでは、私のフランスにおける政治活動について説明させていただきたいと思います。フランスには、いま私が二〇〇七年に立ち上げました政党「人民共和連合」を中心にして、EU、ユーロから離脱する重要性が理解され、非常に大きな動きが出ていることをお話ししたいのです。メディアによるボイコットにもかかわらず、人民共和連合はネット上では、フランスの政党の中でもっとも閲覧数の多い政党になっています。党員も三万二〇〇〇人になっていますが、これはフランスの政党の中では四番目の政党です。それから党のホームページを通して、ネットで様々な分析や情報を提供していますが、そこへのアクセス数は通常一〇万人ぐらい、場合によっては一五万人ぐらいになっています。ですからフランスでもEU離脱「フレグジット」を目指す動きが、具体的に既に存在することをお話ししたかったのです。

もう一つは、今度は大塚さんにちょっとお聞きしたいのですが、日本の状況は外から見ていますと非常にわかりづらいところがありますので、その点についてお伺いしたいのです。殊に、国民民主党は新しくできた党だということを理解しているのですが、その新しくできた文脈の中で、今後大塚さんはどういうストラテジーを経済的な側面、それから政治的な側面において展開しようとされているのかお伺いしたいと思います。具体的には、例えばアメリカとの関係において今後日本はどうあるべきか、そういうことも含めてですが。

それから経済については、デフレ状態が二〇年続いています。このデフレを脱却するのには、一体どうすればいいのか。消費を活性化してデフレを脱却するということは、どういう形で行い得るのか。それから財政出動をどういう形で行い得るのかをお聞きできれば大変ありがたいと思います。

さらには外交についてですが、ヨーロッパではEUはおそらく近いうちに破裂するだろうと私は考えています。そうしたときにいろんな国との関係を、ヨーロッパの国々がそれぞれ新しくつくっていく時代がやってきます。そうしたときに、日本はフランスとの関係をどう築いていけるか。それから日本にとっては、もともとアメリカとの関係以外のところに関係性を開いていく、ロシアとか中国とか、韓国とか、その中にフランスも加わるような形で、互恵的な関係、連携を深めていくことはあり得ないでしょうか。そういうことについて教えていただきたいと思います。

大塚　ありがとうございます。いまご質問になった内容は、私も日本の新しい党の初代党首として、一番関心のある論点ばかりです。

いま日本の自由民主党という長く与党である政党は、自由主義、社会主義、いろいろなものがまじった政党で、その政策的方向性について実は非常に不明確だというのが実態です。したがって自由民主党という政党を一番明確に定義できる言葉があるとすれば、それは「対米追従政党」だということです。その自民党に対して、我が国で初めて二〇〇九年に本格的な政権交代が起き、そのときに政権をとったのが民主党です。その民主党がいま大きく二つに割れてしまいましたが、一つは社会主義的方向に向かっています。私たち国民民主党を最も定義しやすい言葉で表現すると、「現実主義の政党」だということです。それを前提に政治的、経済的、外交的な我々の方向性などについて、いまご質問のあった点について簡単にお答えします。

まず最初の政治的、これは外交とも関係がありますが、政治的には、やはりアメリカは重要な同盟国だと思っていますが、アメリカと対等な関係を目指していかなくてはならないと思っています。

インターナショナリズムとグローバリズム

大塚　そのことは二番目の、経済の問題とも大きく関係してきています。日本では自民党の政治家、ひょっとする総理大臣も含めて多くの人が、また、他の野党も、インターナショナリズムとグローバリズムの違いを正確に理解していません。学者ですら、インターナショナリズムを日本語で「国際主義」と訳してみたり、同じようにグローバリズムを「国際主義」と訳すことがあります。実はグローバリズムとは国家という概念がなくなるということであり、そういう方向に二十世紀の最終局面から今日に向かって動いていた、その流れに対してどう向き合うのかが大きなポイントです。

グローバリズムの大きなトレンドを完全に消滅させることはできないけれども、私たちは経済政策的にもう少しインターナショナリズム的な、つまり国家対国家、国家という概念をより重んじた経済政策をやっていかなくてはならないと思っています。したがって、例えばこの低迷した経済を改善していくためには、外需に依存することはあまり現実的ではなく、個人消費をいかに高めていくか。消費はGDPの六割を占めているわけですので。そうすると、やはり勤労者や普通の国民の所得水準を上げていく、あるいは実質可処分所得を上げていく、さまざまな政策をやっていこうと思っています。

それから財政支出もある程度やらなくてはならないと思っていますが、グローバリズムの流れの中では、今の自民党の財政支出の先にあるのは、実は建設事業にまで多国籍企業が入るという大きな流れです。これでは、経済政策の所期の効果は半減します。

いま最初に政治というか、基本的なアメリカとの関係を申し上げました。二番目に経済のことを申し上げました。経済は、誤解を恐れずに言えば、トマ・ピケティ的な主張はある程度正しいと思っています。

最後に外交的な観点で言うと、やはり世界的なベストセラーを書く学者にはそれなりの価値があるわけで、ハンティントンやエマニュエル・トッドの言っていることは、ある程度当たっていると思います。したがって今後我が国が外交的にどうしていくかについて、最初に申し上げたアメリカとの関係をできるだけ対等にしていくことをベースにしながら、やはり日本は、日本としての独自の立場に立った主張と外交をヨーロッパともしていかなくてはならないと思っています。

いま大ざっぱなことをお話ししましたが、この文脈から想像していただくと、皆さんと連携していく、あるいは議論していく余地は幾らでもあると思います。

アスリノ　どうもありがとうございます。いま大塚さんの話を伺っていると、私がいろんなところで集会を開いて話をしますが、その話をしている私の姿を大塚さんに見る思いです。

おっしゃることには、全く大賛成です。ご指摘のように、インターナショナリズムとグローバリズムを混同していることは、現在非常に大きな問題であると思います。一昨日、京都大学のシンポジウム(5)でも話したことなのですが、歴史的にちょっと振り返ってみますと、一九四七年には国際的な国同士の貿易をつかさどる機構を作ろうという動きがありました。これはITO（インターナショナル・トレード・オーガニゼーション）という貿易関係を促進させながらも、各国の主権を守るために、メディアや公共サービス部門に外国資本が支配的な干渉を行使しないことを原則としたものだったのですが、ほとんどの国が賛成しました。それをアメリカは拒否しました。そのことによってその機構は実現されなかったのですが、それを拒否したアメリカがその後、日本を含むOECD諸国に押し付けてきたのがGATTであり、一九九一年のソビエト崩壊後はWTOだった訳ですね。つまり国が独立した形で、お互いが自由に、平等に関係を持った貿易ではなくて、つまりインターナショナルではなくてグローバルな形の、国際金融市場に支配された貿易関係が、アメリカの主導のもとに実現されていきました。その背後にはもちろん金融界と多国籍企業の利害が絡んでいたわけです。それぞれの国の存在が基本となる構造から、国の消滅をもたらす方向へ歴史的に動いて来たわけです。地球規模でのクーデタとも言えるこの変更は、アメリカ自身にとっても非常にネガティブな影響をもたらしました。そこで出てきたのが、トランプという人物が大統領に選ばれるような歴史的な状況であったと言えます。イギリスのブレグジットもそうです。

ですので、そういう意味では、大塚党首の分析にあるように、今までの国をしっかりと支える形の貿易、外交を目指すことは、実は私たちが人民共和連合としてやろうとしていることと非常によく連携できるものだと思います。

本当にほとんど全てに賛成いたします。ですから大塚さんと連携をするに当たって、全く問題ないと考えます。

最後に、一つちょっと付け加えたいことなのですが、一九八一年に私が日本に住んでいた時に、街を歩いていると日の丸がたくさんありました。ところが今はあまりない。この変化はフランスでも全く同じで、フランスの三色旗がもうほとんどなくなって、ヨーロッパのEUの旗になっています。こういうことの意味に関しても、やはり大塚さんと連携できるのではないかと確信しています。

どうもありがとうございました。

（二〇一八年十月十五日収録）

注

（1）初代の欧州連合離脱大臣デイヴィッド・デイヴィスは、二〇一八年七月八日にチェッカーズ合意案に反対して辞任している。後任のドミニク・ラーヴも同年十一月十五日に辞任し、次いでステファン・バークレーが就任した。

（2）Jean Monnet（1888-1979）、フランスの実業家、政治家。欧州統合に深く関わり、統合の父の一人と言われる。

（3）Robert Schumann（1886-1963）、フランスの首相、外相を経験し、初代欧州議会議長を務め、ジャン・モネとともに欧州統合の父の一人と言われる。

（4）ロベール・マルジョラン（1911-1986）、フランスの経済学者、政治家。

（5）京都大学国際シンポジウム「グローバル資本主義を超えてII――『EU体制の限界』と『緊縮日本の没落』」二〇一八年十月十三日。

〈対談〉

3　EUを背後で操るアメリカ

F・アスリノ
立憲民主党 衆議院議員　菅　直人

菅直人　今日はわざわざ訪問していただいてありがとうございます。私は二〇一〇年から約一年半、日本の総理を務めました。そのときの一番大きな事件は、東日本大震災と福島原発事故がその間の最も大きな出来事でした。私はその事故に直面して以降は、やはり日本においても原発はやめるべきだと考えて、総理をやめてからの政治的な活動は、ほとんど原発をなくすことに時間を割いています。

フランスにも何度かお邪魔しましたが、二カ月ほど前には、フランスのラ・アーグ再処理施設や、原発をいくつか見てきました。また、総理になる前の年は、私は財務大臣をやっておりまして、当時はギリシャ危機という問題がありました。当時フランスの財務大臣はクリスティーヌ・ラガルドさん、今のIMFの議長ですが、そういう皆さんともギリシャ問題について議論したことがあります。

今日おいでいただいたことは大変うれしいと思いますが、政治的なスタンスとして、アスリノさんの考えておられるスタンスと私の考えているスタンスが、共通点があるかどうか、必ずしも私にははっきりしません。いまお聞きしていると、かつてのド・ゴール大統領の意見にもちょっと共通するものがあるのかなと聞いておりました。

薬害エイズ問題と原発

フランソワ・アスリノ　今日は、二〇一〇年から日本の総理大臣をされた菅さんにこうやってお時間を割いていただけることに感謝申し上げます。さらにはド・ゴール大統領を想起するというご指摘は、私にとって大変嬉しいことです。しかも、今日お伺いするに当たって非常に光栄だと思っていましたのは、一九九五〜一九九六年のときの薬害エイズ問題に当たって、非常にすばらしい働きをされたと聞いておりまし

及川健二・撮影

たことです。ぜひそのことについてお話を伺えればと思います。

薬害エイズのときには、聞いている話では、日本の場合はアメリカから来た血液製剤によって起こった薬害であったと聞いておりますので、これは非常にゆゆしきことだと思っています。アメリカの動き方、アメリカの世界に対する対応の問題の、非常に一つの典型のようなものと考えられます。

菅　正確にはアメリカの薬というよりも、その前にアメリカで買ってきた血液、アメリカで売られた血液を日本の製薬メーカーが買って、それでつくった非加熱の血液製剤から日本の薬害エイズは起きたのです。もちろんアメリカから買った製剤でも起きた部分はありますけれど、多くはアメリカから買ってきた血液を使って日本のメーカーがつくったもので起きたということで、アメリカから輸入した薬だけで起きたということではありません。

アスリノ　福島の事故について、お伺いしたいことがあります。世界で最も原発の発電に負っている比率が高い二つの国、まずフランス、それから日本で起こった問題に対して、やはり非常に深い意味合いを読み取る必要があると思います。福島の事故があったことによって、フランスも原発の比率が高いので、世論が非常に活発な形でこの問題を議論したという事情がありました。あのとき聞いている限りでは、事故が起こった直後に全ての原発を止めて対応しようとされました。そのときにでも、電力の不足は確認されなかったと。一体なぜ、こういうことが可能だったのでしょうか。

菅　まず、当時五四基の原発が日本には存在していて、事故が起きたときにその七割程度は稼働していました。それが、事故が起きたとき直接止まったものと、検査のために止めろと言って止まったものと両方ありますが、一旦は全ての原発が止まりました。そのときに電力の不足が起きなかったのは、二つ、大きな理由があります。一つは、「電力の消費をできるだけ抑えるように」ということを政府も言い、あるいはメディアも言って、直後に電力消費が一〇%程度下がったことが一つあります。それ以外は、いろんな会社、企業などが自前の発電所、小さい発電所、火力発電所を持っている。普通は使わないのですけども、それを緊急時ということで、いろんな企業が持っている自家発電の装置を動かした。この二つによって、ぎりぎり大きな停電が起きなくても対応できたということです。

福島原発事故の教訓

菅　当時のことは総理を退任した後で本にしたのですけれども、これは日本語で、残念ながらフランス語には訳されていないんですが、もし英語かドイツ語でよければプレゼントしたいと思います。これは同じ内容のもので、日本語からの翻訳です。

アスリノ　それでは英語版をありがたくいただきたいと思います。

孔子が言ったと聞いている言葉があります。それは「最も愚かなことは、自分の過ちを正さない愚かさである」というのがありますが、福島の事故が起こる前に日本が何をやっておくべきだったかということについての理解と、それから事故中どういうことが行われるべきだったか、それからその後に事故を受けて何がなされるべきだったかについて、お考えを伺えると非常にありがたいです。

菅　まず福島原発事故それ自体は、やはり大きな地震、そしてそれに伴う津波が直接的な原因です。つまり、まず地震で外部からの電源がダウンし、その外部の電源がダウンしたときのための緊急用の電源、ディーゼルによる電源が準備されていたのですが、一時それが動いて冷却は続いたのですが、それが地震の後の一時間ほどたって起きた津波によって緊急用の発電機もダウンし、それで全ての電源がなくなった。それによって原発の冷却ができなくなって、三基の原発がメルトダウンを起こしたということです。

日本は、ご存じのように非常に地震の多い国です。それに加えて、実はあの福島原発事故のあった地域は、かつてもかなり大きな津波が来た歴史があります。そういった危険性を建設段階で、いわば十分に考慮しないで、そして比較的低いところに原発を設置した、そのことが地震と津波によっての電源喪失につながった、これが直接的な原因です。

実はあのときの事故によって、最悪の場合にはこの範囲、これは福島原発から二五〇キロの範囲、東京も含まれます。五千万人、日本の人口の約四割がここに住んでいます。この範囲が、長期にわたって避難しなければいけなくなる、そういう瀬戸際でした。つまり日本はもしこうなっていれば、戦争で負けたときと同様、あるいはそれ以上の壊滅的な状況になっていたと思われます。

私は、実はこの福島原発事故が起きるまでは、我が国も原子力の技術はかなり高い水準でしたので、例えばチェルノブイリとか、そういう事故は日本では起こさないで済むだろうと。そう考えて、原発についてはそれを進める方向で、事故が起きるまではそういう姿勢でいました。しかしこの福島原発事故に直面して、考え方を一八〇度変えました。つまり、国が滅びるような大きなリスクがある原発については、それがなくても電力供給が可能であればやめるべきだと、そういう考え方に変わりました。現在世界は、太陽光や風力、いわゆるリニューアブル・エナジーで近い将来全ての電力を賄えることがはっきりしてきましたので、いま私の属する党は、原発をゼロにする法案を国会に提出しています。

アスリノ　福島の事故についての最後の質問にさせていただきたいのですが、今フランスあたりでいろいろ聞いたり調べたりしていますと、何人もの専門家の人たちが、今も福島においては放射性物質に汚染された地下水がたくさん出てきていて、それが日本の大地と太平洋を非常に長期にわたって汚染し続けることになっているという話を聞きます。これは、どの程度信憑性を持つことなのでしょうか。

菅　現在の政府は、放射能で汚染された水を、フィルターを通して放射性物質を取って循環させる、さらに余ったものは現在タンクに蓄えるという形で、基本的には海に出ないようにいろいろな対策を打っていると、少なくともそういうふうに安倍総理は言っています。しかし、実際にはまだまだ汚染されたものが雨水などと一緒になって海に流れ込んで、それが外海にある程度出ているということは紛れもない事実です。

ユーロの構造問題

アスリノ　当時の財務大臣であったクリスティーヌ・ラガルドさんにお会いになったということでしたので、フランスの政治についてお話ししたいと思います。

現在ヨーロッパで機能しているユーロは、構造的歪みを増大させています。もちろんご存じだと思いますけれども、これはよく単一通貨という言い方をされますが、実は決して単一な通貨ではなくて、大体ユーロの発行されているものの九〇%以上はそれぞれの国で発行しています。中央銀行が賄っているものは八%ぐらいしかないのですけれども、もし本当に単一通貨であるとすれば、ヨーロッパ中央銀行が一つあればそれで足りるのですが、具体的にはそれぞれの国の中央銀行は残されています。これはドイツがマルクを手放してユーロに移るときに、将来的な保証の一つとして、構造的にそれぞれの中央銀行を残すことによって、ユーロが崩壊した場合にはまた、それぞれの国の通貨に戻ることができるという構造をしっかりと残した形でユーロを立ち上げたことに由来します。しかもユーロ諸国の産業効率が非常にばらつきがあるために、これをこのまま放っておけば貿易収支の偏りが深刻化し、中央銀行同士の資金の移動にもばらつきが拡大し、このままではもたない状態に来ています。

よくドイツがユーロ圏の中でひとり勝ちをしていると言われますが、これは事実ですけども、ユーロの水準がかつてのドイツ・マルクの水準に比べてかなり低い水準ですので、こうなるのですね。ユーロのお陰でドイツはかつてのマルクを切り下げた状況で経済を動かすことができています。それに対してギリシャやイタリア、スペイン、さらにはフランスにとっては、このもともとのフランやドラクマの水準よりも、はるかに高い水準で機能しています。ユーロによって通貨の切り上げを行ったことになりました。そして即座に貿易収支が赤字に転化する国と、黒字に転化する国が現れました。黒字に転化したのがドイツで、赤字の方に行ったのはスペイン、フランスなどの南の国だったわけです。

現状は、それぞれの中央銀行の間の資金の移動が、極めて偏った形で進行してきていますので、ユーロがはじけたときを想定してファンド、投資機関はユーロの構造性をよくわかっていますので、ユーロの将来の不安に対処し始めています。ユーロが破裂した時、お金を今ドイツのブンデスバンクに預けておくと、ブンデスバンクが担うべき新マルクがユーロに対して切り上げられることになります。それに対してドラクマは五〇％ぐらい下がることになります。ですから、ドイツの銀行にお金を預けておくと、ユーロが破裂したときに非常な利益を確保できることになりますので、今ブンデスバンクには大体一二〇兆円ぐらいのお金が南の国から行っています。逆に南の方からは、それだけのお金が逃げている状態なのです。

ところがドイツに移動されたお金は、ユーロがはじけた段階では不良債権化します。ですからドイツが一二〇兆円ぐらいの不良債権をあっという間に抱え込むということを危惧するドイツの専門家は、そのような危機への対処を政治的に要求し始めている段階なのです。

EUユーロ・システム対アメリカ

菅　第二次世界大戦の後にアメリカを中心とした体制ができて、その一つがNATOであったわけですが、そういった中でフランスが比較的アメリカに対して独自の政策を、それこそ先ほど申し上げたド・ゴール大統領がとってこられたことは、私もよく理解しています。それに加えて今お話のEU、さらにはユーロという問題は、私の理解では、やはりヨーロッパがある意味でアメリカとの対峙の中で、ヨーロッパ共和国とでもいうんでしょうか、連邦とでもいうんでしょうか、完全に主権は一つにしないけれども一つのルールを共通にして、ある意味アメリカにいわば対抗というか、伍して大きな存在になっていこうという理想を持ってEUが生まれたのだと思っています。

その中でさらに通貨統合、ユーロの統合を多くのヨーロッパの国が参加をされて進んだことについて、これは我々から見ると、そういうヨーロッパ統合が政治的だけではなくて、経済的にも統合していく大きなステップであるのだろうと理解しておりました。

先ほども申し上げましたように、私は総理になる前の二〇一〇年ごろ財務大臣をやっておりまして、そのときにギリシャ危機が起きたことがありました。そのときにもそういった、何というのか、ギリシャが信用崩壊するとユーロが信用を失うということで、多くのヨーロッパ、もちろんアメリカや日本も加えてですが、ギリシャに対してある意味厳しい財政再建の提案をすると同時に支援をしたことはよく覚えております。

そんな中で、ユーロの問題の前に、御承知のようにイギリスがEUからの脱退を決め、今その脱退の条件をめぐって非常に大きな混乱が起きている。我が国もイギリスに、例えば大きな自動車工場をトヨタが持っていますので、この脱退によって、場合によってはイギリスにある自動車工場を閉鎖することになるかもしれないとも伝えられています。

今アスリノさんがおっしゃったように、ユーロ自体も非常に難しい状況にあるということは、今のお話で理解できます。ただ、日本の、あるいは私の立場から見ていると、例えばフランスがユーロから離脱していくとなると、イギリスの離脱、ユーロのある種の崩壊、そうなったときに次の新しい経済秩序、あるいは新しい政治秩序というものがどういう形になっていくのか、もしそうなる可能性があるとすれば、我々としても心配をしなければなりません。やや大胆な言い方をしますと、やはりヨーロッパが一つの国として成り立つ、そういうヨーロッパ合衆国になっていくのか、あるいはかつての十九世紀のようにそれぞれの国が主権を持って、通貨を持って、それぞれの国がまた一つの主権国家としてある種ばらばらになっていくのかというのは、世界の大きな流れが、どちらの方向に向かうのか、我々も非常に注目しています。特に今トランプ大統領という、アメリカにおいても従来の大統領とは非常に異なる発想をする大統領が誕生していて、そういった意味からも、皆さんがいま言われたようなことがヨーロッパで進むとすれば、非常にアメリカも含めて世界の大きな、場合によっては混乱の一つの要素になるのかなと心配もしております。

EUを背後で操るアメリカ

アスリノ　大変多くのご指摘、ありがとうございます。そのことについて、恐縮ながら幾つか私の考えを、新たなアングルでお示ししたいと思います。

最初におっしゃったことですが、欧州連合はアメリカという大きな存在に対して対抗できる、そういうものとしてつくられてきたのだとおっしゃいましたが、実は具体的には必ずしもそうではないと言えます。割合メディアのレベルではそういう形に報道され、そのようなイメージがいろんな形で共有されているのは確かですけれども、ただ、実際に見ますと、実はEUへ至るヨーロッパ統合の歴史は、戦後のアメリカの戦略の中でつくられてきたことは否定できないことなのです。

例えば、マーシャル・プランも、ヨーロッパの復興を支えるためのプランだったわけですが、その先に何が描かれていたかというと、ヨーロッパのそれぞれの国をできるだけ統合することによってアメリカが支配しやすい、アメリカの企業が市場として利益を得、また、アメリカがいろんな形で影響力を行使しやすい状況をつくっていくということだったのです。

その後二〇〇〇年代には、二〇〇五年にブッシュ大統領がヨーロッパを訪問して東欧地域にあった一〇カ国を回って、ある一つの約束をします。つまり、EUに入るにはまずNATOに入ってからだということを言いました。ですので、EUとNATOがやはりつながっていて、アメリカの非常に強い影響力が及ぶネットワークとしてNATOが使われ、それと重なる形でEUもつくられてきたということがあります。

NATOの関係で指摘できることですが、現在EUの中に入っている東側と西側の国では、既に明らかに利害の不一致があります。例えばバルト三国は、ロシアの脅威から守ってくれる大きな傘を必要としています。それに対して伝統的にも歴史的にもフランスには、ロシアと仲よくつながっているときにはうまくいっていて、うまくいかないときはまずかったという歴史があります。これは地政学の観点から見て当然出てくるもので、ヨーロッパの東と西では利害の不一致が非常にはっきり出ます。

これは、もし仮にアジアでEU並みの大きな超国家機構があった場合、バングラデシュやミャンマーあたりの国がインドに対抗するという要求を当然出してくると思います。その場合に日本はインドと良好な関係にあることが望ましいという地政学的な要件がありますので、アジアの場合にも、その超国家機構の内側での利害関係が極めて一致し難いものになる、というのに近いのです。そういう状態が、いま具体的にEUの中で起こっているわけです。

それに例えば経済のレベルで言いますと、例えばルノーが日産と合併をしました。これは何が目的かといいますと、ヨーロッパのもう一つの自動車会社であるフォルクスワーゲンと対抗するためだったわけです。ですからアメリカと対抗するためにヨーロッパが一つになろうということと、実際に動いている現実とは全く逆で、ヨーロッパの中の対立が激化していることを物語っているのです。ルノーが日産を買ったのは、フォルクスワーゲンと対抗するためだったのです。ですからEUが外に対して有効な大きな枠として機能するという現実は、実際にはないのです。

ギリシャ危機についてお話ししますと、ギリシャ危機のときには、実はドイツはギリシャがユーロから離脱することを認めようとしていました。ところが、それを認めさせるわけにいかなかったのはアメリカで、アメリカの財務責任者のティモシー・ガイトナーがポーランドに飛んで行って、そこでドイツの責任者と会談し、ドイツがギリシャをユーロから追い出すようなことはさせないと釘を刺しました。ですからアメリカがユーロを守りたいのであり、ドイツは必ずしもそういうスタンスではないというのが現実の一コマとしてありました。

ブレグジットの効果

アスリノ　それからブレグジットについてですけれども、孔子が言った言葉で「人が言うことと実際の現実とは、かなり違うものだ」というのがあります。確かにブレグジットによってイギリスの経済は壊滅的な状況になるとメディアは報道していましたが、しかし現実にはイギリスの通貨が、ブレグジットを決めたことによって一〇%ぐらい切り下げられました。その結果、当然輸出力は高まっているわけです。ですから、イギリスにある工場でつくったものはその分安く売れるわけですので、多くの企業がむしろ逆に、イギリスにヨーロッパの本社を移しています。例えばグーグルやフェイスブック、それから幾つもあります。ですので、トヨタがこの一〇%安く製造できるようになった環境を逃すことは、それほど賢明なことではないように思います。

それからブレグジットというのは、ある世界から孤立してしまうというイメージがよくメディアで喧伝されますが、例えばイギリスのEUとの交易は、世界との関係で行われている交易の中の一五%にすぎないわけですね。イギリスにとっては一五%の輸出先でしかないのがEUですので、一〇%下がったことによって得られる輸出力の上昇が、ほかの国とむしろ有利な形での貿易関係をつくり出すことができる訳です。EUに入ってない国は、ヨーロッパでも幾つかあります。例えばスイスやノルウェーなどがありますが、スイスなどは〝入ってないから孤立している〟ということは全くなくて、世界とのいろんな形でのつながりを展開しています。スイスからフランスへ多くのものが輸入されていますし、フランスからはスイスへワインなどをしっかり輸出している状況があります。

それからEUの今後の方向としては、確かにEUがもっと統合を深めていくということはあり得ますが、ただ、そのときには、今度はド・ゴール大統領の言葉を引用させていただきたいと思いますが、「ゆで卵でオムレツはつくれない」のです。ヨーロッパ自体は既にそれぞれの国民国家として長い歴史を持っていますので、その長い歴史を持ってそれぞれ違う個性を持った国を、一つの枠の中で縛っていくのは無理があるということが、今の現実として言えるのです。

最後に申し上げたいことは、先ほどのトランプ大統領の出現やブレグジットについてですが、私はむしろブレグジットやトランプ大統領の出現は、ある意味で新しい局面を生み出す、その意味をしっかりとらえていかなければいけない現象だと思っています。ですので、それに対抗して、それをできるだけ無視するような方向には、未来は存在しないという感じを持っています。例えば、デフレに悩むいろんな国があります。ヨーロッパもそうですし、日本もそうですし、それはやはりOECD型の認識の縛りが世界規模で機能している状況に対する多くの人民の反抗、あるいはそれに対する異議申し立てが、トランプ大統領を生み出し、ブレグジットを生み出したと感じています。ですので、むしろその現象のいい部分をそれぞれの国に合う形でしっかり汲み取りながら、未来を見据えていくことが大事だと考えています。

本当に今日はありがとうございました。

菅　いや、こちらこそ、そういう最後におっしゃったようないろんな視点をフランスの方から直接聞くのは今回初めてだったものですから、私も大変参考になりました。どうもありがとうございました。メルシィ。

（二〇一八年十月十五日収録）

〈対談〉4 増大する移民とユーロ禍

立憲民主党 衆議院議員 海江田万里
F・アスリノ

海江田万里 いま私は日本とフランスの友好議員連盟の幹事長をやってまして、その関係で先だって、日仏の議員交流でフランスに行ってきたところです。国民議会の議長ですとか、それから「共和国前進」の方が仏日友好議員連盟の会長をやっておられますので、その関係でノルマンディにも行ってきました。

フランソワ・アスリノ その国民議会の議長は、フランソワ・ドリュジィ氏ですか。今は確か環境大臣に就任したと思います。

海江田 今の会長はアラン・トゥレ氏です。フランス議会には非常に複雑な動きがありますでしょう。政府の大臣がやめたりして。

アスリノ マクロン大統領が就任して以来、七人の大臣の辞任が続く記録的な話ですね。

日本の変化

アスリノ　今日は本当にお時間をいただきまして、ありがとうございます。実は、私は昨日まで京都に行っておりまして、四〇年近く前に訪ねた大徳寺で、半日、日本の文化のすばらしさを満喫する時間を過ごしてきました。

変わらぬ日本の魅力に改めて感動したわけですが、同時に大きく変わった日本というのを、今回非常に痛切に感じました。実は八一年に私が経験した一年半の日本というのは非常にダイナミックで、子供たちの活気に満ちた声をいろんなところで聞けた、そういう日本の思い出があります。それが今回来てみますと、大きく変わっているのに驚きました。

私は日本に今回来る前に、フランス領のニューカレドニアに行ってまいりました。二週間ぐらいの滞在で現地の人と話をしてきたわけですが、そのときに感じたことがあります。ニューカレドニアは、私が若い時代に官僚としていろんな調査を行った関係で、割合内側の状況が理解できる立場にあるのですが、そのときに見た情景としては、日本の本当に多くの若いカップルがハネムーンの場所としていらしていた記憶があります。ところが今回行ってみて、日本人の姿は本当に少なくなっており、アジアからやってくるのは中国人だというので、大きな変化をニューカレドニアにおいても感じました。ニューカレドニアに行ったのは、独立の可否をかけて来月十一日に住民投票が行われますので、その関係で行ってきました。

移民とユーロ

アスリノ　フランスも大きく変わりました。まず失業が非常に高い水準で持続してしまっていますし、成長率が非常に鈍ってきてもいます。それからやはり無視できないのは、移民の数が非常に多くなってきていることがあります。もちろん一九六〇年代には労働者不足という形で、労働者としての移民を受け入れる政策が行われていたわけですけれども、いま大量にやってきている移民は経済移民でして、フランスの失業率が一〇％という状況の中で、必要としている外国人労働者でない移民が、経済的な利益を求めてやってきている状況になっています。そんな中、フランスでは、ＥＵとユーロに対する疑問を、多くの人たちが共有するようになってきました。とりわけイギリスのＥＵ離脱の決定が、やはりフランスにおける

及川健二・撮影

ＥＵに対する懐疑、それからユーロに対する疑問を裏打ちするものとして、ＥＵ批判の運動が広がっている状況です。

今ユーロの状況は臨界点に来ている、あるいは危機的な状況にあって、市場関係者を非常に戦々恐々とさせる形になっていますが、これは海江田さんが経済産業大臣でいらしたこともありますのでよくご存じだと思いますが、こういう状況の中でギリシャ危機が再び起こりました。そしてギリシャ危機が鎮静化されたとメディアではよく言いますが、現実は全く逆で、根本的な問題はさらに深刻化している状況があります。その一つに、例えばターゲット２（Trans-european Automated Real-time Gross Settlement Express Transfer System 2）という、いわゆるユーロ加盟国のそれぞれの中央銀行間での資金移動を示す資料がありますが、それを見ると非常にばらつきが出てきている形になっています。それからイタリアの新政権がＥＵ、ユーロに対して非常に批判的なスタンスで政権を取ったということがありますので、今後目が離せない状況になっています。

海江田　フランス訪問の後、イタリア、ミラノに行ってきまして、イタリアの経済について、一応話は聞いてきました。イタリアの金融危機はまだ危機を内包していると思っています。

アスリノ　歴史的には、やはり複数の国が一緒に抱える形の通貨は長続きしたためしがないということがありまして、ユーロもその一例だと言わざるを得ません。

デフレと少子化

アスリノ　海江田さんにこうやってお時間を割いていただきましたので、幾つか日本の状況、あるいは日本からの観点についてお話を伺えればと思います。

まず一つは日本の政策上の問題ですけれども、外から見ていると非常にわかりにくい部分があります。具体的には日本のデフレが二〇年続いている状況から、一体どのような脱却のための分析、努力がなされているのか、また何が必要だと考えられているのかを教えていただきたいのです。

それからもう一つは地政学的なレベルの問題になりますが、日本はアメリカと関係が非常に密接なわけですが、それが今後どういう形であるべきかが一つ。さらには、日本から見たときに、EU、ユーロ体制の中にあるフランスが今どうなっているか、どういう形で認識されているか教えていただけると非常にありがたいのですが。

海江田　まず最初に、日本のデフレが二〇年続いて、しかもなかなかそれから脱却できないその原因は、やはり日本の人口が減っていること——その結果、日本の人口構成は高齢者が非常に多くなっているということで、高齢者が多くなって人口が減っていけば、日本の国内の個人消費が落ちるのは当然のことです。人口減少、高齢化が、このデフレの背景にあると思います。

私たちは、やはり子供を産んで育てやすい環境を政治的に整える必要があるのではないだろうかと思っています。具体的に言いますと、これはなかなか外国の方にはわかっていただけないのですが、日本はやはり正規雇用という、会社員、正社員で、大体終身雇用で四〇～五〇年勤める方たちがまだまだ多いんですけれど、それでもそうでない非正規といって、働き方が非常に不安定な人たちが四〇％いるんですね。この人たちは当然賃金も低いですし、それから働き方が不安定ですから、なかなか結婚もできない、子育てもできない状況になっているので、安定的な雇用を確保することが大切だと思っています。それから政策的には、子育ての支援をすることが大切だと思っています。

目先のことで言えば、デフレですから、物価を上げるために金利を低くするとか、そのような金融政策がありますけれども、やはり根本的にはさっき言ったように、若い人たちがちゃんと子供を産んで育てるような環境をつくること、一番大きな政策的課題だと思います。

アメリカとヨーロッパ

海江田　二番目のアメリカとの関係ですけれど、日本とアメリカは同盟関係で、日本が同盟関係を結んでいるのは唯一アメリカとだけです。準同盟がオーストラリアとの関係、これは安全保障の問題も含めてですけれども。日本とアメリカは今後も同盟関係を維持して行くべきだと考えていますが、いつまでもアメリカのいいなりの関係は良くありません。

私はやはり、ヨーロッパがアメリカに対してある程度距離を置いて、独自性を持っていることは大変重要なことだと思っています。これは先ほどのアスリノ党首の考え方と違いますけれども、アメリカと対抗する意味でヨーロッパが一つの大きな市場になるということは、意味があるのではないだろうかという理解をしています。

それからあと、いま北朝鮮の核の問題が大きく動いているときですから、私は東アジアの国々と、直ちに同盟関係というわけにはいかないと思いますけれども、やはり一定の関係を強めていくべきではないだろうかと思っています。

それからフランスに対する評価ですが、やはりフランスとドイツが中心になって、これはまさにさきの第二次世界大戦の反省から、フランスとドイツが協力して、そしてそこからEUが出てきたという長い歴史ですね、これを私は評価をしています。EUを引っ張っているフランスというイメージと役割が、私は大切だと思っています。

ただ、一方で、私もフランスに行ってEUの官僚たち、例えばこれはベルギーのブリュッセルの官僚たちに対する反発が非常に強いことがあるのはよくわかっています。ですからEUという枠組みを残しながら、どうやってそのような官僚の干渉にストップをかけていくかが大切なのではないだろうか。

それからあと、ドイツとの関係ですね。今日のニュースだと、ドイツのメルケル首相の政党が地方選挙で負けたというニュースもありました。その意味ではドイツもこれからいろんな動きが始まっていくのではないだろうかと思っていますが、私の個人的な考えを言えば、やはりヨーロッパのEUという枠組みは大切で、だけどその中でどれだけそれぞれの国が独自性を発揮できるかが大事なのではないかなと思います。

EUは、先ほどからお話に出てきた通貨の統合については、いろんな議論があるだろうと思いますが。

アメリカの戦略によって構築されたEU体制

アスリノ 今までお話しされた幾つかのことについて、私の方からもう少し率直にお話ししていいでしょうか。その多くは、フランスでお会いになった国会議員や官僚たちから聞かれた話とはちょっと違う意見になります。

まずお話ししたいことは、EUの建設というのは確かに二回の大戦をヨーロッパの内側で起こしたことへの反省はありますが、実は歴史的に見たとき、もっと大きな要因として、アメリカが戦後のヨーロッパをどう管理していくか、支配していくかというストラテジーの中でつくられたものだということを強調したいと思います。これは、最近公開されている、一九五〇年代、六〇年代、七〇年代の資料で確認できる事実なのですが、ヨーロッパの住民が気づかないように、ヨーロッパの統合を推し進めてきたのです。

例えば一九四七年に始まったマーシャル・プランも、結局一つのヨーロッパの大きな統合体をつくって、各国のバラバラな反応を一つの枠の中に閉じ込めていくことによって、アメリカが支配しやすい、管理しやすい方向へ持っていきたいということで動いたのです。例えば一九六五年六月十一日に当時ECの副委員長ロベール・マルジョラン(1)は、アメリカ国務省において、一つの大きな要求を突きつけられたのです。それは、将来的には一つの通貨にヨーロッパが従っていくようにという正式な要請だったのです。

それから歴史的に見ても、地政学的に見てもヨーロッパは非常に多様性を持っていまして、東と西では利害関係がかなり不一致な状況にあります。例えば東ヨーロッパの諸国、バルト三国であったり、チェコだったり、ポーランド、ハンガリーだったりしますが、ロシアへの恐怖感が非常に強いですから、ロシアとの対立、あるいはロシアに対して対抗できるような枠を望んでいます。それに対しフランスは、ヨーロッパの両極がロシアとフランスですので、むしろロシアと友好関係を築くことによって中央ヨーロッパ勢力とのバランスをとるということが、歴史的に求められてきました。実はEUは、そのバランスを覆す構造体になっています。

孫子の『兵法三十六計』の一つに、鎖でみんなをつないでいくと、一つ一つの動きが不自由になるのでむしろ支配しやすいというものがありますが、それがまさにEUだと言えるのです。先ほど申しましたように、ヨーロッパの内側には非常に多様な文化があり、それぞれの国の国益は対立するものなのです。それを一つにすることによって、外からの管理者、外からの支配者が管理しやすくなるという状況を生み出すための策略の結果がEUなのです。

ヨーロッパ諸国が鎖でつながれて、外からの支配者にとって大変御しやすい状況というのは、例えばアジアではどういうイメージになるかといいますと、毛沢東がまだ共産党体制を築く前に、国民党が優勢な状況で、アメリカがアジアに向かってもう戦争は終わりだ、平和のためにアジア連合を創ろうということになったときを想像してみると解ることだと思います。例えば、日本にとってインドとの友好関係は非常に重要な地政学的な意味合いを持つと思いますが、その連合の枠の中にバングラデシュとかビルマなどが加わった場合、ビルマとバングラデシュはインドの帝国主義に対して非常に恐怖を持っていますので、インドと対立する連合を求めることになります。ちょうどバルト三国がロシアと対立するEUを求めているのと同じことが起こるのです。ですから日本は、地政学的な利益とは全く逆の紛争の中に巻き込まれていくことが起こってしまいます。これは、フランスがEUの中にあることによって、ロシアと対立する今の動きの中にがんじがらめにされているのとよく似ています。

さらには、インドネシアをとってみれば、日本のロシアとの北方領土を巡る対立とは全く関係ないわけですね。それが、もしアジア連合という枠があったとすれば、それに引っ張られてロシアと対立せざるを得ないことになります。

東アジアにもしそういう超国家的な枠ができたとすれば、ロシアとの対立は避けられません。現にEUの場合は、ロシアとの対立プラス中東との対立がいま起こっています。それがどこから来ているかというと、やはりアメリカの中東政策にEUが組み込まれてしまっているところから来ているのです。

ＥＵの機能不全

アスリノ　ＥＵについてもう一度触れておきますが、確かにＥＵの原理あるいは発想は非常にすばらしいと言えると思います。ですので、そのＥＵの枠を残しながら改良していかなければいけないという考えも、当然出てくるわけです。ただ、問題は、今のＥＵを統御している条約では、全会一致によって初めてルールを変えることができるのです。ところがＥＵの中の各国の利害というのは全く一致していませんから、あることが提案されれば必ず反対者が出てきますので、実質的には内側からこの機能の仕方を変えていくのはほとんど不可能です。それゆえにここ何十年もの間議論してきた結果が、今のような機能不全なのです。だから、ＥＵの枠を残しながら変えていくことが不可能であるという現実に直面しているのです。

具体的には、ドイツとイタリアとギリシャという国は、産業効率の違いがありますので、時間がたてばたつほど格差が開いていくことになります。それからもう一つ、今それに追加される大きな問題は移民問題です。これはＥＵが一つの金、物、人の自由な行き来を前提とした制度であることから起こってきたのです。労働者不足を抱えていたドイツであれば、メルケル首相がやったように労働者をみんなのために入れますよということは言えますが、イタリアやギリシャは経済移民を受

け入れられる余裕は全くありませんから、ドイツと全く利害が対立する状況なのです。ですから
EUが一つの大きな共同体として、一つのルールによって鎖で縛られていることで、それぞれの国の利害の対立をさらに先鋭的な形で浮き彫りにしてしまう状況がいま出現しているのです。

グローバリズムの終焉

アスリノ　このような状況でやはり強調したいことは、ブレグジット、さらにはトランプ大統領の出現を、ただ単に否定的な反応、否定的な現象として捉えるだけでは未来を見据えることはできないのではないかということです。結局は、ヨーロッパを一つの大きな市場に鎖でつなぐことによって、利益を得ている方は国際的な金融業界であり、多国籍企業、いわゆるエスタブリッシュメントですので、それに対して、人民が異議申し立てを始めていることの意味を、今こそ問うべきだろうと思います。その方向にこそ、将来を見据えるための視角が出てくるのではないかと思っています。

そのときに、国連の存在を忘れないことが極めて重要です。これは第一次大戦、第二次大戦が始まったときには存在しなかった国際的な枠組みですので、それぞれの国が独立し、主権を持ち、自由に、お互いに、平等に関係を築いていけるための要としての国連の意味は、非常に大きくなってきていると思います。

海江田　なるほど。そういう意見があるということを直接アスリノさんから伺ったことは、私も勉強になりました。ただ、直ちに今アスリノ党首の考え方に同意することはできませんが、そういう意見があったことを今日聞きましたので、私もこれからフランスあるいはＥＵを見る上で、一つの参考にさせていただきたいと思います。ありがとうございました。

（二〇一八年十月十五日収録）

注

（1）Robert Marjolin（1911-1986）、フランスの経済学者、政治家。戦後、ジャン・モネの片腕として欧州経済共同体の形成に深く関与。

5　フランソワ＝アスリノ日本同行記

日仏共同テレビ局 France10 日本支局長・政治哲学者　及川健二

私がフランソワ＝アスリノ「人民共和連合」党首が気になったのは、二〇一七年のフランス国民議会議員選挙のときのことだった。私は参議院選挙がないときは、五―七月に Paris に滞在することにしている。二〇一七年・国民議会議員選挙では五七七選挙区のうち、あまたある政党の中で一番候補を擁立したのが「人民共和連合」だった。Paris 街頭に一番多く張られていたポスターも「人民共和連合」の候補だった。

そして、二〇一八年六月『Frexit』を主張するフランソワ＝アスリノ党首に、出来たばかりの新しい事務所で一時間半にわたってインタビューした。日本で勤務していただけあって、会うなり、「こんにちは」といって、お辞儀をした。長時間のインタビューになったのは、意気投合したからだ。知己の山本太郎・参院議員や経済学者の松尾匡・立命館大学教授の影響を受けていて、私は反緊縮・反増税の立場だった。それは、アスリノさんも一緒だった。別れ際にフランス語で「今年（二〇一八年）の秋に日本に行くので、また、日本で会いましょう」と言われて、別れた。

山本太郎「自由党」代表、田中康夫・元長野県知事と意気投合

アスリノ党首・来日に備え、「人民共和連合」日本支部のメンバーが飯田橋の焼き鳥屋に九月十七日に集まることになり、私も誘われた。会議のように堅苦しい雰囲気ではなく、酒を飲みながら、アスリノ党首・来日のために何をするか話し合った。メンバーから日本の政治家と会談をセッティングしたいという話が出た。私は国会会期中は毎日、永田町に通い、全野党の党首・幹事長の会見に出たり、インタビューしている経験から、政治家に知己が多い。そこで、私がセッティングするということでまとまった。

公明党は党員の一人がつてがあるというので、自民党・立憲民主党・国民民主党・社民党・日本共産党・自由党との交渉を私が担うことになった。日本記者クラブと日本外国特派員協会での会見も申し入れることが決まった。

一番のネックはアスリノ党首が京都に行くため、与えられた日程は三日。国会議員は超多忙だから、正直、何人の議員に会えるか分からなかった。とりあえず日程を考え、共産党と社民党は除外することにした。

日本記者クラブと日本外国特派員協会は、アスリノ党首がまだフランスの小党の党首に過ぎないことから会見は断られた。

アスリノ党首と再会したのは十月九日。歓迎会でのことだった。実をいうと歓迎会もなかなか場所が決まらないので、私が担当することになった。グルメガイドを何冊も出している知己の田中康夫・元長野県知事に頼み、田中さんのチョイスで赤坂の『中村食堂』ですることにした。料理は美味な上、質の高い日本酒もワインも飲めて、アスリノ党首はたいそう、満足げだった。荻野文隆氏が来られないというので、私が知人のフランス人に頼んで通訳を頼み、田中康夫さんとアスリノ党首の話は弾んだ。

そして、十月十日に山本太郎「自由党」代表と参議院議員会館で一時間会談となった。山本さんとも秘書とも懇意にしていた上、アスリノ党首に関する資料を送ったところ、山本さんが興味を持たれたようだった。会談で印象的なのは、アスリノ党首が自党をメディアが扱う時間がいかに少ないかデータを基に説明したところ、山本代表は「やはり正論をいう党は扱われないということで日仏が共通しているということですかね」と応えたことだった。アスリノ党首は東日本大震災のその後の状況を聞いて、未だに復興とほど遠い状況を山本代表が説明すると、ため息をつかれていた。山本代表はその日、早稲田大学で開かれたアスリノ党首がメインのシンポジウムにも秘書を行かせるほど関心を持たれた。シンポジウムには、田中康夫さんや堀茂樹・慶大名誉教授も参加された。

その日は、ENAに二年間、留学経験のある片山さつき参院議員との会談も設定されていたのだが、幸か不幸か、彼女が内閣改造で大臣になってしまったため、会談は流れた。

大塚耕平・菅直人・海江田万里氏と会談

次に議員と会談したのが十月十五日。幸いなことに大塚耕平「国民民主党」代表代行が一〇時、菅直人・元首相が一三時、海江田万里「日仏友好議連」事務局長が一五時を指定してきたので、一日で、三人との会談が実現した。大塚代表代行に面会申し入れをしたときは、大塚代表代行は海外に出張中だったのだが、こちらが送ったアスリノ党首の資料に目を通して、たいへんに関心を持たれ、会談が実現した。大塚代表代行は五二六頁から成る学術書『「賢い愚か者」の未来』(早稲田大学出版)を出しているように、政治家であると同時にアカデミシャンなのだ。だから、アスリノ党首と実りある話が出来ると思ったのだろう。

会談場所は国民民主党八階の応接間。八階にある同党プレスルームで我々は待ち合わせたのだが、そこから見える風景にもアスリノ党首は関心を持たれた。というのは、左手に最高裁が見え、右手に国会図書館、さらにその奥に国会議事堂が見える。日比谷公園の緑が生い茂っているところもみえ、その先に、丸の内・東京駅付近の高層マンションが並ぶ。日本の中枢を知る上では、ここは格好の場所なのだ。

我々が先に応接間に入ると大塚代表代行が入ってきて、懇意にしている私を「He is my brother.」と冗談で紹介した。アスリノ党首は本気にしてしまい、あとで、兄弟なのかと尋ねられたものだった。外交・経済など難解なテーマについて二人は話し合い、一時間で会談を終えた。

会談後、アスリノ党首が「寿司が食べたい」というので、私がスマホで調べて、永田町から赤坂見附まで歩いて寿司屋に入り、昼食を楽しんだ。そして、昼食後、また歩いて永田町に戻った。

一三時からの菅直人・元首相との会談は、私と二〇年以上の付き合いで菅直人内閣で報道担当の内閣参与を務めた下村健一さんに間に入ってもらい実現した。衆議院第一議員会館の事務所での会談だった。荻野文隆氏が菅直人・元首相が入る前に、薬害エイズ被害者に菅直人・厚生大臣が謝罪する写真があったので、薬害エイズ解決を菅氏がいかにリーダーシップを発揮して解決したか説明した。菅さんが入ってくると、アスリノ党首は薬害エイズで発揮したリーダーシップを称えることから会談は始まった。その場で荻野氏が説明したことをすぐに理解し、自分の言葉でかみ砕いて説明するとは、さすがに頭脳明晰だと思った。会談は薬害エイズから東日本大震災の話に移って被災地の現状や当時の様子を話して終わった。ちょうど一時間。

海江田万里「立憲民主党」最高顧問との会談まで一時間あったので、衆議院議員第一議員会館地下一階のタリーズでコーヒーを飲み、過ごした。

海江田さんと近しくなったのは、秘書がフランスが優勝した九八年フランスワールドカップの頃にパリに留学していたので、フランスつながりで親しくなっていたのだ。

海江田さんは「日仏友好議連」事務局長で議連を代表しておられる。二〇一八年は日仏修好一六〇周年なので、今後の日仏関係について語り合った。

議員との懇談が終わったので外に出たとき、アスリノ党首から「メランションやマリーヌ＝ルペンが来日してもこれだけの大物に会えるのか？」と尋ねられたので、「アスリノさんだから特別に実現したのですよ」と説明した私は予定があるので先においとました。

アスリノ党首、「人民共和連合」日本支部長、そして荻野文隆氏の三人はその夜、小沢一郎「自由党」代表と会食をした。小沢代表との会食は氏のブレーンで私と荻野氏の共通の知人でフランス文学がご専攻の堀茂樹・慶大名誉教授に依頼して、実現してもらった。タイトなスケジュールなのに、実りある外遊となった。

小沢一郎氏と山本太郎氏のアスリノ観

アスリノ党首と会った人たちは何を思ったか。十月三十日の自由党・定例会見で、小沢一郎&山本太郎・両代表に感想を求めた。

小沢氏は「自由党みたいな小っちゃな政党の党首か。」と笑いを誘った上で、「ものすごく意見が合ったね、お互いに。率直に、僕のことだから率直にズケズケ言って、向こうも「そうだ、そうだ」と言って、お互いに共鳴したとこが多いんだけども、それはそれとして、やはりEUに対する懐疑的な考え方ちゅうのが、今しばらく、欧州各国で広がりつつあるということを感じたな。

それは、難民の問題だけではなくして、単一の共同体ということで果たしていいのか、というような考え方が、かなり急速にあちこちで芽生えつつあるように思える。イギリスはＥＵを脱退する交渉を最後のとこでやってるし、それを彼は主張しておったし、その背景にあるアメリカの思惑を批判しとったな。

僕はヨーロッパのことだから、ＥＵという共同体の背景に、アメリカの思惑がそんなに強く働いているかどうかちゅうことは、よく分からないけれどもね。そこまで分かんなかったけども、彼はそう言っとった。

それでまあ日米関係についての話、欧州、米国、欧米関係の話なんかについても、気が合ったような感じがする。反米主義者ということではないし、私自身も反米主義者じゃないんだけども、やはりきちんと物言える欧州になりたい。物言えるフランスでなければいけないという感じの主張だったね。

大いに酒を飲みながらだから、余計話が弾んで、楽しかったよ。」

と語った。

山本代表は、

「私もお会いさせていただきました。お酒は飲んでませんでしたけれども、ＥＵからの国家主権を取り戻すと。通貨政策とか、自由を取り戻すという話に始まって、とにかく財政出動が必要だと。今、格差が開いているという部分も非常に日本と似通った部分があって、話としては財政政策であったりとか、主権の問題という部分では非常にマッチした部分があるなという感想でした。」と述べた。

本年は欧州議会議員選挙の年。世論調査を見る限り、どこか一つの政党に支持率が集まるというのでなく、共和国前進・国民連合(旧・国民戦線)・たちあがれフランス・欧州エコロジー＝緑の党・共和党・服従しないフランスが一歩抜けて支持者をとりあっている。まさに群雄割拠、多党乱立だ。アスリノ党は残念ながらずっと支持率は一％程度。いまのところ、議席をとれる見込みはない。ただ、他党はアスリノ党首の政策を参考にしていて、影響力はある。「Frexit」を主張するアスリノ「人民共和連合」が支持されるのは、もう少し先なのだと思える。

第Ⅳ部

フランスとドイツは消滅するか？

〈対談〉1 EUユーロ・システム崩壊後のフランスの未来図

F・アスリノ
歴史人口学 エマニュエル・トッド
司会 オレリアン・エントヴェン

オレリアン・エントヴェン みなさん、フランスのEUとユーロそしてNATOからの離脱を目指す政党である「人民共和連合」の年次シンポジウムにご参加いただき誠にありがとうございます。エマニュエル・トッド氏とフランソワ・アスリノ氏の今日の討論のテーマは、「果たしてフランスは消滅するのか」です。大変興味深い展開になると予想されますが、トッド氏は、ご存知の方も多いかと思いますが、『最後の転落』(1)、『世界の多様性』(2)など地球規模での家族構造とイデオロギーの分析を始めとした著作で知られる歴史家・人類学者です。

そして、フランソワ・アスリノ氏は、二〇〇七年の「人民共和連合」創設時からの党首であり、フランスのEUからの離脱フレグジットの実現のために、今日まで尽力されてきました。

それでは、早速、討論に入りたいと思います。アスリノさん、フランスは果たして消滅するとお考えでしょうか。

フランソワ・アスリノ 有難うございます。まずは、今日の司会を引き受けてくれたオレリアン・エントヴェン(3)さんを紹介したいと思います。

彼は、一七歳ではありますが、「人民共和連合」の支持者であり、既にYouTubeで四万六〇〇〇人の登録者を持つなど、非常に活動的な若者です。今日のシンポジウムには一一〇〇人近い参加者に集まっていただき、多数のメディアにもお出でいただいたことは、誠に有難いことです。「人民共和連合」の活動を初めて取材に来ていただいたLCI, TF1, そしてAFP, RT France, BFM TV, Libération, La Nouvelle République du Centre,[4] さらにはこの場にはいませんが、RTL, Ouest France, Sud Radio, Sud Ouest, Valeurs Actuelles, L'Obs[5] などからの取材を昨日受けました。残るは、CNNを待つばかりというところでしょうか。(笑)

そして残念ながら今日も、公共放送のテレビ局がひとつとして取材に来ていないことは、フランスのメディア状況を端的に物語る現象です。公正な情報を社会に提供するという公共放送としての義務を果たすことができる日が、近い将来やってくることを期待するばかりです。[6] また政治的に見ても、これだけの参加者を集めてシンポジウムを開くことができる政党が、私たち「人民共和連合」と「不服従のフランス」[7] 以外には存在しなくなったことは、フランスの状況の深刻さを物語るものです。社会の現実に目を閉ざし続けている公共メディアの姿勢には、極めて重大な問題があると言わざるを得ません。

フランスが主権を失い、消滅する現実

アスリノ さて今日は、フランス各地、そしてレユニオン島、マルチニック島などのフランス海外県、さらにはカナダ、スイス、アメリカなど外国からの多数の参加者を迎えています。そしてこれだけのメディアが参加してくれたことは、フランス社会に新たな何かが確実に起りつつあることを示すものです。その何かに目を閉ざし続けるわけにはいかないことを、メディアも理解し始めた

のです。圧倒的多数のフランス人が政治に背を向けている今日[8]、何故、私たちの運動が唯一、これだけの人々を集めることができるのでしょうか。確かに「不服従のフランス」も、多くの支持者を集めていますが、最近見られた彼らの内部の混乱を見るとき、フランスの現状に対峙するための複雑さと困難さを垣間見る思いです。旧来の政党は、いずれも壊滅的な状態にあり、多くの政党が借金に喘いでほとんど財政破綻の有様です。とりわけ社会党は惨憺たる状態です[9]。しかし私たちの運動は、みなさん支持者の支援のお陰で、他党のようにカタールの財閥やプーチン大統領、もしくはフランスの財閥からの資金を当てにする必要がないのです[10]。私たちの運動が確実に拡大し続けているのは、まさにフランス人民の生存本能が覚醒し始めたことの現れだと、私は考えています。（拍手）

さて今日討議する「フランスは消滅するのだろうか」というテーマは、一九六〇―一九七〇年代には想像すらできなかった問題です。当時のフランスは、ド・ゴールの尽力で世界に大きな影響力を持つ国になっていましたし、ド・ゴール自身のカリスマ的な存在感は、ケネディーとの会談の時など、強く印象付けられるものでした。それが今では、逞しいトランプ大統領を前にして、マクロン大統領は手を引かれるがままに、なすすべを知らないといった有様です。ですので、この問題は、四〇年前はもちろん、二〇年前ですら想像できなかったものです。

フランスは戦争状態にある

それは、多くのフランス人がまだ気がついていない、大変深刻な構造と関連して生み出されてきた事態なのです。ミッテラン大統領[11]は、亡くなる数週間前に、『ヌーヴェル・オプセルヴァトゥール』誌[12]の記者ジョルジュ・マルシュ・ベナムー[13]のインタビューの中で、次のような極めて重要な告白をしています。それは「今やフランスは戦争状態にあり、フランス人はそのことを知らない」というものでした。

まさにフランスは、その戦争の犠牲になっているということが、私たちの運動を通して次第に多くの人々に理解され始めたのです。実にそれは、二一世紀の戦争であり、目に見えない戦争なのです。死者は出ないけれども、死に追いやるまで徹底して遂行される戦争なのです。

では、具体的にはどんな戦争なのか。ほかでもない、社会のフォンダメンタルそのものへの攻撃なのです。経済に関していうならば、一体誰が、これほどの雇用がフランスから失われることになろうと考えたでしょうか。エルヴェ・ルブラとエマニュエル・トッドの共著『フランスの神秘』[14]を読んでみてください。そこには、この四〇年間で産業の空洞化がフランスをいかに深刻に襲ったかが見事に分析されています。資本の自由な移動を認め、あらゆる制限を禁止するという法制度の改定により、工場が外国に逃げ出したのです。例えば政党「不服従のフランス」[15]が、ベルナール・アルノーが工場を国外に移転するということを批判していますが、これはアルノーに限ったことではなく、あらゆる資本家たちが欲していたことだったのです。ただかつては、それが許されていなかった。それが、一九八六年の単一欧州議定書によって資本の自由な移動が認められ、一九九三年のマーストリヒト条約によってその内実が加速されたのです。

フランス・エリートの自虐的な姿勢

この我々の産業を空洞化するための攻撃によって開始された戦争は、ＥＵ条約に結実するのですが、それはさらに農業や言語・文化に対する戦争でもあるのです。最近、マクロン大統領はフランス語圏を守る最良の方法は、英語を話すことだと主張しましたが、そこに見られるのは、取り憑かれたかのようなフランス文化に対する自虐的な感覚です。フランス人がフランスに対する信頼と愛着を失いつつあるという現象をそこに見ることができるのです。中国の兵法の二五計には「偸梁換柱」というのがありますが、これは、外見はそのままにして、内部の構造を変質させるという戦略のことを言います。現在、フランスは、外見上、ド・ゴールの作った第五共和制であり、大統領や首相が統治していると考えられています。残念なことに、多くのフランス人は、この外見で満足しています。つまりマクロン大統領が今でも、ド・ゴール大統領と同じだけの権力を持っていると思い込んでいるのです。それというのも、あらゆる植民地支配で採用された戦略に誑かされているからなのです。つまり、住民を怯えさせないために、外見上、状況が以前と同じであるかのように取り繕う戦略なのです。これは植民地支配の常道なのですが、イギリスがインドで行ったのも、まさにこれだったのです。ベンガル地方のプラッシーの戦い[16]やインド南部でのフランスに対する勝利によって、イギリスがインド全土を支配しましたが、地元の支配者がそのまま統治しているかのような形を残したのです。マイソール王国のマハラジャが、毎年ある時期に、住民たちの前に支配者としての姿を以前と変わらぬいで立ちで見せるのもその一つです。今日のフランスは全く同じ状態にあるのです。

主権の喪失

確かに以前のように大統領も首相もいることはいますが、その権力は別のところに委譲されたのです。私たちが二〇〇七年から分析してきた通り、実際の権力は、ブリュッセルの欧州委員会、フランクフルトの欧州中央銀行、ワシントンのNATOに委譲されたのです。このシステムが押し付けられたヨーロッパの多くの国では、現在これに対する反抗の運動が拡大しています。イタリアでは、「五つ星」と「同盟」からなる反ヨーロッパの連立政権が成立して、七〇％近い支持率を誇っています。それが現在、そのような民主的な支持を得ているイタリア政府が作成した予算案が、欧州委員会のモスコヴィシー[17]、ユンケル[18]などのイタリア人でもなければ、選挙で選ばれたわけでもないＥＵ官僚によって修正を迫られるという事態が発生しています。民主的に選ばれた政府の予算案に、選挙で選ばれてもいないＥＵ官僚が修正を迫ることを許すこの体制は、まさに独裁体制と呼ばれて然るべきものなのです。（拍手）

当時のBBCは今日のインターネット

このようにフランスが消滅しつつある現状において、討論のテーマに関して問われなければならないことは、まさしくシャルル・ペギーが唱えたフランスの神秘[19]、ド・ゴールが信じたフランスの不滅の力を今でも信じることができるかどうかという点に尽きます。思い出してください、一九四〇年暮れのフランスは、闇のどん底の状態にありました。その六月十八日に、ド・ゴールが、ロンドンからナチス・ドイツに対するレジスタンスを訴えてＢＢＣでフランス人に呼びかけた年です。当時のＢＢＣは今日のインターネットのようなものだったのです。ただその時、彼のところに参集したフランス人は、数人のユダヤ人と詩人[20]、サン島[21]の漁師だけだったのです。エリートたちは目聡くナチス・ドイツとの協力関係を結んだのです。フランスの左派政権であった人民戦線政府は、対独政権であるペタン政権の成立を全面的に支持しました。このどん底にあったフランスの対独協力政権を承認しなかったのは、チャーチルのイギリスだけで、その他全ての国は、この状況を承認したことを忘れないでください。このとき、ナチス・ドイツと戦争状態にあったのは、唯一イギリスだけだったのです。ド・ゴールは、この年のクリスマスに、チャーチルが戦時中提供してくれたセント・ジェームズ・パークに隣接するカートン・ガーデンズでレセプション[22]を催しました。その折、やってきたイギリスの貴族たちの中のひとりの婦人が、心もとない様子でド・ゴールに次のような言葉を掛けたのです。

「将軍、フランスの様子はいかがですか。」

ド・ゴールの返事は、次のようなものでした。

「ご心配には及びません。フランスは、しっかりと立ち直り、我々全員の生涯を見届け、見とってくれるはずです。」

（拍手）この討論で問われることは、フランスに対して楽天主義でありうるか、悲観主義であるかということに尽きるとも言えます。クロヴィス[23]のキリスト教への改宗から一五〇〇年、ユーグ・カペー[24]のサンリスでのフランス王選挙、ノワイアンでの戴冠から一〇〇〇年、この間、フランスは様々な試練を乗り越えてきました。フランスの貴族たちは、フランス王国が東フランク王国へ従属されることを拒否して、ユーグ・カペーをフランク王国の王としてカペー朝の成立を承認したのです。楽天主義は、フランスは永遠であり、様々な試練を乗り越えてきたように現在の試練にも打ち勝っていけるのだと考えます。それに対して、悲観主義は、西欧文明は凋落の一途をたどっているのであり、抵抗しようのない宿命があるのだと考えます。先日、「ロシア・トゥデイ」[25]のテレビ番組で、フランスは死に絶えつつあると言ったミッシェル・オンフレ[26]は、悲観主義の一人だと言えるでしょう。今日、このシンポジウムに参加しているみなさんは、楽天主義であり、フランス存続のためにここに集まったのだと思います。（拍手）

エントヴェン　確かに、フランスは今や凋落へ向けて突き進んでいるけれども、一五〇〇年に及ぶ歴史を振り返る時、危機的状態に陥るたびに、再生を遂げてきたことをアスリノ氏は論じた訳です。そこで、トッド氏に先ほどと同じ質問を投げ掛けたいと思います。アスリノ氏の主張をお聴きになった訳ですが、フランスは果たして消滅してしまうのでしょうか。もし消滅する危機に直面しているとしたら、フランスの人民は再びフランス再生のために立ち上がることができるのでしょうか。どうお考えですか。

NATOからの離脱には賛成できない

エマニュエル・トッド　そうですね、私は歴史家であり、政治家ではありませんので、そのような質問に答えるのは、そう単純ではないと言わざるを得ません。とはいえ、今日、このように皆さんの前でお話しできることを大変嬉しく思います。何を隠そう、お陰で、ずっと私に突き付けられていた宿題を果たすことができる訳ですから。実は、ずっと前から「人民共和連合」の多くの支持者から、「トッドさん、あなたのユーロやEUに対する姿勢は、フランソワ・アスリノのそれと同じではありませんか。にもかかわらず、アスリノさんについて言及することが全くないのは何故なのですか。」という叱責のメールを再三にわたって受け取っていたからです。

フランス社会のタブー

その頃の私のアスリノさんについての認識は、「人民共和連合」をタブー化するフランス社会に漂っていた雰囲気に包まれたものでしたので、アスリノ支持者からのメールは正直言って神経を逆なでするものでした。今回このようにアスリノさんと討論することによって、このタブーが少しでも消滅することを願っています。実は最近になって、わたしの近親者を介してアスリノさんと会食する機会があり、彼が大変気さくで愉快な人物であることを知りました。それから、私も定年退職の身になり新たな試みにも開かれた姿勢で臨めるようになったのか、この際、アスリノ氏との討論をやるのも新たな経験として面白いのではないかと思うようになったのです。今日は、彼と私の共通点について語るとともに、隔たりとなる点についてもしっかりと語っていきたいと思います。

実は、私が極めて強い関心を持っているのは、皆さんそのものなのです。人民共和連合の支持者のこんなにも熱い雰囲気、しかも極めて多様性に富んだ人々であることに惹かれているのです。人民共和連合に集まる極めて幅広い多様な人々である皆さんが一体どのような人々なのか、実は多様に過ぎて未だに把握できないでいます。おそらく、この多様性そのものが、皆さんの特徴だと言えるかも知れません。以上が、私が今日ここにやってきた経緯ですが、この好機を大変楽しみにして来ました。

さて、「フランスは消滅するのだろうか」、という問い掛けについてですが、この問題は、私にとってはここ二、三年になってようやく視野に入ってきたものであり、十年前や二十年前には、全く感知することができなかったものです。何故なら、ことに最近、産業の空洞化の速度と規模が深刻なものになってきたからです。それに伴って、高等教育を受けたフランスの若者たちが外国へ職を求めて移住する頭脳流出が実に看過できない状況になって来ました。もちろん、フランスの言語や文化そして歴史が消えてしまうようなフランス社会の完璧な消滅ということはあり得ないことは明らかです。しかし、フランスという社会の性格が大きく変化していくだろうということが問題なのです。まず、比較として思いつくのは、イタリアの歴史の例です。ルネッサンスを実現したイタリアは、ヨーロッパのリーダーシップを握っていました。それが宗教改革の時代に、反宗教改革の運動によって大衆が識字化から取り残されている間に、プロテスタントの北ヨーロッパは、大衆の識字化を実現し、飛躍的なテイクオフを遂げたのです。もちろん、イタリアの都市国家は引き続き存続し、一九世紀には国家統一も実現した訳です。第二次世界大戦後には、再び工業化によるテイクオフに成功しましたが、もうルネッサンス期のイタリアではないのです。

エリートたちの裏切り

今日、フランスに突き付けられている根本的な問題は、産業が空洞化しつつあるばかりか、フランスの舵取りをしているエリートたちがフランスを裏切っているということです。エリートたちが、国民国家としての機能を支える構造体を最終的に解体するのに余念がないと思えることが、フランスにとってもっとも重大な歴史的問題だと感じています。もちろん、フランスの美しい国土と多様な文化、トゥレーヌ地方、ブルターニュ地方、ミディ地方などの風光明媚な景色が変わることはないでしょうし、フランス語もずっと話されていくでしょう。しかし問題は、フランスが、ドイツに支配された地政学空間の裏庭になるのではないかという点です。イタリアがそうなったように、ヨーロッパにおける従属的な国になってしまうのではないかということです。

EU・ユーロ体制からの離脱

私としては、明快な回答を出すことはできませんが、アスリノさんの興味深い問い掛けである「我々は戦争状態にある」という問題提起に沿って考えてみたいと思います。EUが非常に権威主義的に機能し、民主的ではないという分析には、全く同感です。従って、EU・ユーロ体制から離脱しなければならないという考えにも、同じく賛成です。アスリノさんがEUとユーロからの離脱の必要性を説明するのを聞いていると、欧州条約の細かな条項について芸術的とも言える詳細な知識を持っていることに、全くもって感服しています。ですので、根本的なところでは、アスリノさんの主張に完全に賛成します。しかし、フランスが戦争状態にあり、しかも中規模の国であるということから考慮しなければならないのは、その離脱を援助してくれる国が必要であるということです。この意味で、EU・ユーロ体制とNATOからの離脱という「人民共和連合」の目的のうちNATOからの離脱に関しては賛成できないのです。NATOからの離脱を目指すということで、アングロ・アメリカ世界と対立することは控えるべきだと思うのです。フランスが中規模の国である故に、全く賛成できません。率直に言いますが、戦争状態であればこそ、ブリュッセルとフランクフルトに牛耳られているEUシステムの中のフランスの現実を直視し、ドイツの支配から逃れることが先決事項だと言えるのです。ドイツ・システムによってフランスとそのエリートたちの首根っこが摑まれていることこそが、フランスが直面している現実であり、対処しなければならない優先課題なのです。このような認識は、決して反ドイツでもゲルマン嫌いでもないのです。ドイツの実力と真価を認めればこそ、生まれる認識なのです。自身が支配しているユーロ圏内の貿易黒字で、ドイツがGDPの八%[27]を弾き出しているという事実こそが、フランスの独立を考えるとき、解決すべき優先的な課題なのです[28]。

大統領は中間管理職

この状況についてのメランション[29]たちの認識は、極めて生ぬるいもので、議論する価値すらない。フランスが、ユーロ体制の中では支配されている国だという認識が欠落しているのです。ドイツがいかにフランスを支配しているかを理解するための想像力がないのです。ドイツの巧妙な戦術は、フランスを特権的に優遇することで、フランスを支配しているのです。先日の「ル・モンド」紙には、イタリアに比べて財政赤字が酷いにもかかわらず、フランスが優遇されていることをどのように理解していいのかに苦しんでいるという記事がありましたが、それが、フランスを支配すればヨーロッパを支配できるというドイツの賢い戦略なのです。フランスを、ほどほどに優遇することで同盟者として黙らせれば、ヨーロッパを支配できるというものです。先ほど、アスリノさんが、マクロン大統領を偽大統領と評していましたが、全く同感です。私がよく使う表現は、マクロンは自分が大統領だと無邪気にも思い込んでいる、というものです。彼は、自分が大統領だと思っています。確かに法律上は、首相を介して憲法一六条により議会の解散権を持ち、直接選挙で選ばれた強力な大統領権限を持っていますから、そうも見えます。しかし、フランスはユーロによって通貨主権を失いましたので、フランスにとって意味のある経済政策を実行できない状態にあるのです。経済政策において主権を行使するためには、通貨主権を回復させることが絶対的条件となるのです。

悪い解決策とさらに悪い解決策の間

反アメリカの姿勢を取ってはいけないなどと言うつもりはありませんし、そのような姿勢をとる人々がいるのも理解できます。イギリスやアメリカは、新自由主義とグローバルな金融化の発祥の地であり、批判されてしかるべきだと思います。そのことに敵愾心を持つ人々がいても、不思議ではありません。しかし私個人は、家族の歴史的な経緯により、そのような姿勢は取れないのです。何故ならば、フランスが加熱し混乱してくるとアメリカに避難するというのが我が家の歴史だったからです。とにかく、往々にして現実に迫られる選択は、善なる策と悪なる策との間にあるのではなく、悪い解決策とさらに悪い解決策の間で選ばざるを得ないものです。ですので、フランスが戦争状態にあり、現実の地政学的状況のなかでドイツという国に支配されている以上、そこから離脱するためには、外に同盟を組める国が必要となるのです。

通貨の切り替えに伴う通貨の安定、銀行システムの安定を保証するためには、外に支えとなってくれる友好国を必要とするのです。それはアメリカ以外にはあり得ないのです。幸いなことに、アメリカは、現在、変化しつつあり、ドイツの経済的な脅威に目覚めてきているので、絶好のチャンスでもあるのです。ユーロから離脱するに当たって、急激過ぎる切り下げを阻止するためにも、アメリカの協力が必要なのです。私がこの点を強調するのは、決して攻撃的に論争しようという意図からではなく、忘れないうちに指摘しておかなければという思いからです。「人民共和連合」の目標は、EU、ユーロそしてNATOからの離脱でしたよね……。

エントヴェン　重要なのは、EU・ユーロ体制からの離脱ですが、NATOからの離脱も付随してきます。

一九四二年当時の似非平和

トッド　ドイツがフランスとそのエリートたちに行使している支配力を考えるとき、しかも表には見えにくいさらに深層の部分での影響力を考慮するとき、アメリカと対立するというさらなる難題を追加する必要は避ける必要があります。アメリカとは、支えとなってくれる国として協力関係を築かなければならないのです。皆さんはそう考えないでしょうが、私だったら、難問をさらに背負い込まないためにもNATOからの離脱は、引っ込めますね。アスリノさんが指摘したように、我々は経済戦争の真っ只中で、各国のエゴイズムがぶつかり合う非常に過酷な戦争状態にあるのです。今日の状況は、ある意味では、一九四二年当時の似非平和状態(30)が維持されていた状況に酷似していると言えるのです。考えてもみてください、現在、EU委員会のモスコヴィシーや経済大臣のル・メールらが、EUを批判していますが、今日のEUとは、それを金融力によって支配しているドイツに他ならないのです。そんな中で、アングロ・サクソン世界では、主権を巡っての民主的な運動が熱く展開しているのです。ブレグジットはその完璧な例だと言えます。皆さんは、フランスのEUからの離脱であるフレグジットを目指しているということですから、イギリスへの好意的な姿勢がある訳ですね。それは私には、大変喜ばしいことだと思えます。アメリカも同様に主権の問題を軸にした大幅な方向転換を敢行しつつあります。もちろん、トランプ大統領を大好きになってくれとは言いません、私自身にも、それはちょっと無理な注文なのですが、このアングロ・サクソン世界の主要国が主権を巡っての方向転換を実行しつつあるということは明らかですし、これは大変重要なことなのです。そのような政治的な方向転換を行いつつあるアメリカと対立するような事態は避けなければならないのです。

私の主張はこのくらいにしますが、ひょっとして現状についての議論を混乱させることになったかも知れませんが……。

フランスとアングロ・サクソン世界

エントヴェン ここで、ド・ゴール将軍のヨーロッパについての言葉を思い出したいと思います。「ヨーロッパ、ヨーロッパと声高に唱えても、どこにも行き着かない、何も意味しない」という言葉です。ところでトッドさんの分析は、NATOからの離脱を掲げることで、アングロ・サクソン世界との対立姿勢を強調することは、フレクジット後のフランスにとって必ずしも好ましい状況を生み出すものではないというものです。アスリノさんはアングロ・サクソン世界と対立するということの意味をどういうふうに考えていますか。NATOからの離脱が、フランスの主権と民主主義の回復という課題の実現の障壁になるのではないのでしょうか。

アスリノ　トッドさんの分析は、非常に興味深く聞きました。ご存知のように、私は、トッドさんが何度も訪れている日本から戻ったばかりです。日本では、一五人の日本人が集まり二時間も議論すれば、全員が意見の一致を見ることができるのです。ところが、フランス人一五人が議論した場合は、三〇分もすれば、あらゆる点で意見が一致しないということになってしまいます。(笑)ですので、ここまでの議論を日本式に整理したいと思います。

トッド　しかも彼の日本訪問を準備したのは、私の友人だったのです。

NATO離脱は反アメリカではない

アスリノ　非常に嬉しいことに、トッド氏のような偉大な知識人が、我々の基本方針であるEU・ユーロ体制からの離脱の重要性を支持していることが確認できました。同時に、指摘したいのは、NATO離脱という方針が、決して反アメリカでも、反ドイツでもないということです。

去る七月、私はレバノンを訪問しましたが、会談したファランヘ党、ヒズボラのアルマヤディン・テレビ、スンニ派大ムフティ、ドルーズ派(31)などの右から左の政治家たちすべてが一致して語っていたのは、フランスがシリアで国益に反した誤った行動をとっているというものです。通常、彼らが意見の一致を見るということは極めて稀なのですが、このフランスのシリア介入に関しては、一致した意見を語っています。このフランスの国益に反する介入は、ドイツのメルケル首相によって強いられたのではなく、NATOに加盟していることに由来するのです。

さらに想起していただきたいのは、トッドさんを始め皆さんがご存知のことですが、アングロ・サクソン世界と呼ぶとき、アメリカ人とイギリス人とを混同してはいけないということです。つまりイギリスは、アングロ系であり、アメリカは、アングロ・サクソン系だということです。アメリカは確かに一六二〇年のメイ・フラワー号に始まるイギリスからの移民よって当初築かれました。一七世紀初頭、イギリスから植民地に渡ったのは、囚人を含めた望ましからぬ人々に加えて新たなエルサレムの建設を夢見た分離派の清教徒たちでした。つまり社会の望まれざる人々と神秘主義的な宗教者たちが海を渡り、アメリカ社会の基礎を作ったのです。（笑）

そして、一九世紀後半から二〇世紀初頭にかけて、ドイツからの大量の移民がアメリカに渡ったのです。ドナルド・ラムスフェルド、ヘンリー・キッシンジャー、ボーイング、マレーネ・ディートリッヒなどは全員、ドイツ系の人たちです。北ダコタ州の州都の名前がビスマルクであるのも偶然ではないのです。合衆国中部のミネソタ州、南北ダコタ州、ウイスコンシン州などでは、圧倒的多数のドイツ系の人々の存在を確認できます。つまりアメリカについて考えるとき、二つの起源を想定することが大切なのです。つまりイギリスとドイツ起源のアングロ・サクソンだということです。

民主主義や公的空間での自由の尊重の感性は、イギリスから来ています。ドイツからは、厳格な合理化と体系化の心性を受け継いでいるのです。ドイツの産業界に見られる厳密な規範、マーケティング、チェックリストなどへの固執が、アメリカ人の気質に書き込まれているのです。

歴史的事実に照らして考えてみてください。一九四三年のテヘラン会談、一九四四年のヤルタ会談、一九四五年ポツダム会談を通して、アメリカとソビエトが戦後のヨーロッパの分割支配を決めました。両国は、ヨーロッパの地政学的な支配を民事と軍事の両方の側面によって実行したのです。西欧の支配の民事・政治的な顔はヨーロッパ統合であり、東欧のそれは経済相互援助会議、コメコンだったのです。NATOは、西側の軍事的な顔であり、ソビエト側のそれはワルシャワ条約機構でした。EUとアメリカを別物と考える背後には、一つの策略が隠されているのです。EUとNATOは一つのメダルの表裏にすぎないのです。アメリカがトルコをEUに加盟させようと努力を惜しまないのも、EUとNATOの境界を一致させる戦略からなのです。フィンランドやオーストリアなど、まだNATOに加盟していない国々へのアメリカの執拗な圧力もそこから理解できるのです。アメリカの戦略的意志は明確です。

米独基軸への批判

フランスでは一九五〇―一九六〇年代、ド・ゴール派も共産党もそろって米独基軸のヨーロッパの構築を批判していたのを思い出してください。実は、この構造は、一九三〇―一九四〇年代の米独関係を再現したものだったことも理解する必要があります。アンソニー・サットン[32]らの研究にもあるように、アドルフ・ヒットラーは、単に内発的な運動によって登場したのではなかったことを理解する必要があります。彼は、アメリカの金融・産業エリートたちの大幅な後押しを受けて登場したのです。一九三〇年代に、ヘンリー・フォードがナチスの最高勲章である鷲の紋章をゲーリングから受け取ったのもその一例にすぎません。ナチス・ドイツの崩壊の後、アメリカはナチスの主要な責任者たちをニュールンベルク裁判で裁きながらも、ペーパークリップ作戦などでナチスに協力した多くの上級官僚や科学者たちをアメリカに連行し再教育し利用しています。アメリカのロケット開発に貢献したベルハルト・フォン・ブラウンなどは、有名ですが、彼は、ナチスのV1V2ロケットの開発者であったのですが、サターン5型ロケットの生みの親にもなったのです。あまり知られていないことでは、最初の欧州共同体の責任者となったヴァルター・ハルシュタインは、ヒットラーに任命されてナチスによるドイツとイタリアを軸にした新ヨーロッパ構想の責任者だったのです。彼は、ノルマンジー作戦の折、フランスのシェルブールで捕虜となり、アメリカで再教育を受けた後、アデナウアー政権での外務大臣となった人物です。一九五七年三月二五日には、ローマ条約にアデナウアーとともに署名した戦後ドイツ政治の要の一人となったのです。欧州委員会の最初の委員長ともなったこのハルシュタインについては、今年初めにドイツで出版された『ヴァルター・ハルシュタイン、ヨーロッパの先駆者』(34)にナチスの党員番号3102212と記された彼の党員証のコピーが載っていますので、確認してみてください。

つまり、ワシントンからヨーロッパを見るとき、まず視野に入る国は、ドイツなのです。ドイツとの関係は極めて緊密なものがあり、二〇〇四年にはゲアハルト・シュレーダー首相がワシントンへ行って二一世紀米独条約に署名しました。この条約はメルケル首相によって引き継がれており、その独米関係の前では、独仏関係は重要ではないのです。独仏連携の重要性を信じているのは、フランスのエリートたちだけであり、あたかも私がキム・カールダシアンと結婚していると信じるようなものであって、まったく現実のものではないのです。(笑)

トランプ米大統領出現の背景

アスリノ　トッドさんの分析で、評価すべき点は、ドナルド・トランプ大統領出現についての分析です。私とすれば、欧米メディアがトランプに対して、これだけ毎日批判を続けるのを見ると、やはり何か評価すべきものがあると彼に対する好感を持たずにはいられません。彼の個人的な言動には、私たちの価値とは相容れないいろいろな問題はありますが、それにもかかわらず、彼の出現の背景には、アメリカ人民のエリートたちへの反抗の運動があることが感じ取れます。現在、グローバル・エリートたちは、間もなく行われる中間選挙の行方に戦々恐々としていますが、トランプ政権の経済政策の成果は特筆すべきものがあり、昨年にはトランプの保護主義に批判的だったＩＭＦの分析ですら、先日四・八％という例外的な高成長率を公表していますから、結果はトランプに有利なものになるはずです。そのＩＭＦのクリスチン・ラガルド氏は、イギリスのＥＵ離脱を掛けた国民投票に当たって、もし離脱が決まれば、数週間のうちにイギリス経済の崩壊が始まり、イギリスの企業はこぞって国外に逃げていくと警告したことを思い出してください。また、あの珍妙なマクロンは、イギリスの惨状を逃れて大量のビジネスマンがドーバー海峡を渡ってフランスにやってくるはずだと言っていたのです。ところが、『ファイナンシャル・タイムズ』がこの夏に行った調査によると、二〇―三〇万人規模でロンドンのシティーの活動が縮小されると予想していたにもかかわらず、実際には、二千人もしくは数百人程度の減少しか見られないだろうというのです。実際は、ブレグジットの決定以降、イギリス・ポンドは一〇％の切り下げが行われたことによって、輸出が増加し、輸入が抑制され、雇用が堅調になり、失業率は一九六〇年代以後最低の水準の四％

に低下し続けています。マクロン大統領のフランスの失業率は一〇%であり、期限付きの研修を含めると一八%にもなるのですから、イギリスに忠告などを与えられる資格などないはずです。通貨切り下げのお陰で、イギリスでは、グーグルを始めとした大企業の投資が増えるとともに、EU離脱の見通しの中で、東欧からの移民が激減したことによって賃金の上昇が確認されています。イギリスはアメリカ同様に良好な経済状況にあるのです。

結論として明確に言えることは、アメリカは私たちの敵ではないということです。仮に、アメリカが、トランプ大統領によって第二次世界大戦当時のアメリカの伝統的な姿勢に回帰するならば、私たちも態度を変える用意があります。トランプ大統領は、NATOについては、すでにエリートたちの意向に反する決定を行っています。ロシアのプーチン大統領に手を差し伸べたり、ヨーロッパ諸国がもっと軍事費を拠出しなければ、NATOを廃止するかも知れないという姿勢も見せています。一九六四年にド・ゴール大統領は、アラン・ペールフィット(35)に「共産圏が消滅すればNATOは必要なくなるはずだ、何故ならば、ブロックの論理から国際的な軍事協力の論理へと変換することになるからだ(36)」と言っていました。

EUはアメリカが作った

エントヴェン　アスリノさんによれば、NATOへの加盟によって、世界との協力関係に入るのではなく、むしろ対立の論理の中に組み込まれるというのです。そうするとお二人の主張には、かなりの隔たりがあることになりますが、トッドさんはアスリノさんの意見を聞いて考えが変わったということはありませんか。何か反論はありますか。

EU離脱とフランスの主権

トッド　我々は友人ですので、思うことを自由に主張するのでいいのではないですか。

意見が変わったかどうかということですが、全くそんなことはありません。むしろ、彼の主張の問題点がさらに明らかになったと思います。（笑）

まず、シリアへのフランスの介入が、ドイツのメルケルに強いられたものではなく、NATOに加盟していることによりアメリカとイギリスによって導かれたものであるというアスリノさんの認識は全く正しい。このことについての判断として、私自身、「フランス・キュルチュール」の番組で、ロシアの外交官の知的レベルがフランスの外交官に比べて、非常に高いと公言したことによって、即刻、外務省関係のつながりが絶たれました。それまでベトナムのフランス大使館を通して予定されていた私の講演が突如キャンセルされたのです。ですので、私もアスリノ氏には賛成です。ただ問題は、戦争状態にあるという観点からいうと、シリアで何が起ころうと、実はフランスにとっては二次的な問題であり、重要な地域ではないということです。おそらくフランスは、レバノンより遠距離にあるところへの地政学的な視野を持ち合わせていないのです。逆に、フランスにとって真に核心的なのは、フランスの産業力と科学技術力をいかに保持するかということなのです。この問題はまさにここヨーロッパにおいて問われるのであり、ドイツとの関係において突きつけられているのです。自由貿易によって、フランスの新幹線技術を持つアルストン[37]をドイツに売り渡すという事態を招いたように、フランスの企業技術が次々とドイツとアメリカの企業によって買い占められています。ですので、現時点でフランスにとって地政学的優先課題は、フランスの主権であり、EUとユーロからの離脱であって、シリアとは全く関係ないのです。その意味で、現在アメリカで進行中の変容をしっかりと理解することが重要なのです。

今この討論を聞いていると、誰が歴史家で、誰が政治家なのか分からなくなってきます。先ほど、アスリノ氏は、アメリカとドイツの歴史のネガティヴな側面を連ねることで、一大歴史絵巻を描いて見せましたが、確かに、EUは、当初、アメリカによって作り出されたものであったことは間違いありません。（拍手）

アスリノ　陰謀論だと言われそうですね。（笑）

トッド　これは全く事実なのです。イギリスとアメリカでは、公式の見解なのですから。私が読む資料の九五％は英語の資料ですので、ある意味、私はフランスに住みながらフランスの外で活動していると言えるかもしれません。フランスについての本を何冊も書いてきましたし、フランスを愛してもいますが、研究者としての薫陶を受けたのはイギリスでしたので、陰謀論者と言われても痛くも痒くもないですね。ある種の域外性を生きているようなものです。

ドイツの脅威

ともかくアメリカとイギリスはつい最近まで、EUのことを、自分たちの縄張りだと考えていたのですが、ここへ来てその姿勢が変化したことを理解する必要があるのです。東欧諸国に加えてバルト三国を加盟させてEUが拡大したのも、アメリカとイギリスの影響でした。ドイツの再統一については、イギリスのサッチャーは反対しましたが、アメリカが押し切ったのです。ですので、つい最近までは、EUはアメリカ・イギリスと切り離しては考えられなかったのです。しかし現在のアメリカの地政学的な認識は、トランプ大統領を含めて、今までの戦略の過ちを認識するようになりました。ドイツがここまで脅威になるとは考えていなかったのです。アメリカもフランスもドイツを過小評価していたのです。ドイツは非常に優れた適応能力を持った国であり、フランスとイギリスの反対にもかかわらず、アメリカが再統一させたのです。アメリカは、ドイツがこのわずかな期間にヨーロッパの東部を従え、貿易黒字をここまで拡大するばかりか、最先端技術でも飛躍的な存在感を示し、EUのコントロールを手にすることで、アメリカの脅威になるとは考えもしなかったのです。アメリカの地政学的な議論では、中国の脅威に対する保護貿易の必要性が語られていますが、そのエリートたちは今や東に勢力圏を拡大させたドイツこそが真の脅威だという認識に変わって来ています。確かに、アメリカがヨーロッパを作ったのであり、ドイツの再統一もアメリカの決定によるものでしたが、ここへ来て大きな認識の転換が起こっているのです。大西洋貿易条約が実現しなかったのは、アメリカが望まなかったからで、ドイツの方は、アメリカの産業にとどめを刺そうと待ち望んでいたのです。アメリカにとっては、このようなヨーロッパとドイツを突き崩すことが核心的に問われて来ているのです。フランスにとって重要なのは、トランプ政権の後も継続するこの状況を理解し、利用することなのです。現在進行形のこの状況を注意深く観察する必要があるのです。地政学上の決定で重要なのは、厳しい合理化などに特徴付けられるアメリカがどんなに嫌いでも、フランスの核心的な問題の解決に手を貸してくれる国として利用することです。フランスにとって最優先で求められている課題は、ユーロから離脱することによってドイツに縛られた関係から解放されることです。アメリカが鼻持ちならない存在だと思えても、自分の鼻を摘まみながらでも利用しなければならないのです。アメリカの方は、フランスを特別どうしようなどとは考えていません。トランプはアメリカが、かつての超大国としての力を失ったことをしっかりと理解しているので、フランスのことなど気にしていないのです。アメリカが懸念するのは、世界戦略の中で、日本の手を借り、中国をコントロールしなければならないということであり、フランスなど重要な国ではないのです。彼らにとって重要なのは、ドイツです。主権の回復を求め保護主義的な方向に舵を切り、ドイツを脅威と認識したアメリカはフランスの助けになるのです。ところがドイツは、フランスへの余りの愛でフランスを窒息させようとしているのです。いくつもある課題に優先順位をつけることが大切なのです。「人民共和連合」の目標であるNATOからの離脱は、小さい字で書き込むのでいいのではないでしょうか。（笑・拍手）

エントヴェン　小さい文字で離脱と書くとしても、離脱であることに変わりはありませんか、と誰かが言いそうですね。（笑）

トッド　アメリカ大使館に向けて、これは冗談なのだと伝えるのがいいですね。（笑）

フランスが友好関係をもつべき国

エントヴェン　アスリノさんの意見はいかがでしょうか。NATOの中に居続けることは、フランスの存在そのものを弱小化させることであり、ひいてはフランスの没落に繋がるとすれば、NATO脱退も優先課題なのではないかと思うのですが、いかがですか。

アスリノ　まずは、日本的なやり方でこの議論を整理してみたいと思います。冷静に考えてみれば、私とトッドさんの主張には、大変多くの共通点があることが判ります。EUとユーロからの離脱は絶対的に必要であるという認識は明白です。さらには、アメリカの現在進行形の変容についても同様の理解をもっています。その点は、トッドさんが指摘する以前から、私自身も指摘していたことでもあります。

トッド　そうですね、確かにアメリカの変遷について語っていますね。

グローバル化の終焉

アスリノ　確かに、トランプ政権の陣容は、その変遷を示すものになっています。ただ、アメリカそのものとなるとちょっと注意する必要があります。先ほど言いましたが、フランスのシリア介入についてレバノンの政治家たちは例外なく、愚かな行為であると糾弾していました。ただあれは、フランス政府の決定であって、フランスの人民の決断ではなかったのです。政府とその国の多くの人々との間には、往々にして大きな隔たりがあります。五〇年後、一〇〇年後の歴史家は、トランプ政権の出現やブレグジットは、おそらくグローバル化の終焉の兆候だったとして語ることになるでしょう。しばしば経済状況の繰り返されるサイクルが語られますが、おそらく政治的なサイクルという現象も想定することができるのです。

二週間前に私が日本を訪れたとき、旧政権の主要政治家や、現政府の大臣に非常に好意的に迎えられましたが、その日本では、私が住んでいた三〇年前の繁栄はすでに過去のものとなっていることに驚かされました。その代わりに、多くの人々が、グローバル化がもたらした現状に対して反抗運動を起こしつつあることを知りました。かつて繁栄していた日本と貧しかった中国との関係は、強大になった中国を前にして、今や逆転したのです。エマニュエル・トッドが予言するように、もしアメリカで起動し始めた変化が、人々がトランプ政権を支持し続け、継続されることで、ドイツとの距離をとることになったとしたら、確かに、アメリカとの連携は大変意味のあるものになると言えるでしょう。

トッド氏の予言については、私が学生だった一九七六年に『最後の転落』を読んだ時の衝撃を今でも覚えています。ただ地政学的には、世界各地に幾つもの友好国を持つことが大切なのです。ド・ゴールは一九六三年初頭の仏独合意であるエリゼ条約で仏独連携を強固にしようと考えたのですが、その六月にはドイツ連邦議会が、ドイツがアメリカの指導のもとに置かれるという決定をしたことで、それは有形無実になりました。翌年一九六四年にド・ゴールがアラン・ペールフィットに共同市場からの離脱を示唆した時、次のような表現で語ったのです。「世界は十分に広大であり、フランスはその世界の中で大いに自らの役割を果たすことができる」と。友好国が必要だということには全く同感です。孤立する必要は全くないのです。友好国というのは、例えば、もう少し民主的な原則に立ち返り、ドイツがEUを思いのままにすることを許さないアメリカが現れたとき、アメリカも友好国となるでしょう。それは不可能ではありません。とはいえ、それはそれほど容易な展開ではないように思います。何故なら、ロシアとの関係を修復しようとするトランプの前には、アメリカ国内に多くの障壁が立ちはだかっているからです。偉大な国家的指導者であるプーチンと理解し合える関係にあるトランプに対して、ロシアに対する伝統的な敵対姿勢を堅持しようとする強力な勢力が、厳然と存在しているのです。今後、どのように展開するかは確かではないのです。

フランスは、ロシアや中国、ＢＲＩＣｓ諸国とも友好関係を築く必要があるのです。フランスとロシアの友好関係は、アンリ一世[38]がキエフ王国のアンヌと結婚した一一世紀まで遡ることができます。その息子が、フィリップ一世を名乗り、一三世紀のフィリップ二世尊厳王、一四世紀のフィリップ四世美男王と続くビザンチン名フィリップをフランス王室に導入するきっかけとなったのです。ド・ゴールは、フランスがロシアと友好関係にある時は、フランスにとって良好な時であり、関係が悪化した時は、好ましくない時期であったと一九六三年に言っていますが、まさに現在がその好ましくない時期なのです。

フランスを世界に開く

私たちの欲しているのは、フランスを閉じるのではなく、世界に開いていくことなのです。アメリカとも対等な関係が成立すれば、大歓迎です。思い出してください、一九七三年には、ニクソン大統領がポンピドー大統領と会うためだけにフィンランドまで赴いているのです。オバマ大統領の離任時、彼が訪れたのは、ドイツのメルケル首相であって、フランスは素通りです。ですので、EUとユーロ、NATOから離脱することで、フランスは主権国家としてのかつての地位を回復することで、アメリカともロシアとも友好関係を築く必要があるのです。

トッド　ロシアについては、私も全く同感です。

アスリノ　ほとんど全ての点において、我々は意見の一致を見ることができますね。

トッド　確かに。EUとユーロからの離脱については、意見が完璧に一致しています。さらに、ロシアについても補足的に一致した意見を共有しています。私も、かねてから、ロシアをロシアそのものとして受け入れなければいけないと言ってきました。プーチン政権は権威主義的な民主主義なのですが、重要なのは、その権威主義的な性格が、現政権の政治色の特徴ではなく、ロシア社会そのものの根底的な性格である権威主義だということを理解する必要があるということです。

先ほど、私の家族構造[39]の分析について言及していただきましたが、重要なのは、それぞれの国や地域には、人類学的・文化的伝統に応じて、自由主義的だったり権威主義的だったり、平等主義的だったり、不平等主義的だったりという異なる根底的な性格が存在することです。ロシアの家族構造は、共同体型で、権威主義と平等主義が根底的な価値としてあり、それが共産主義体制の出現を可能にした条件だったのです。現在は、そのソフトなバージョンが機能しているのですが、やはり権威主義と平等主義がプーチン政権を支持する根底的な価値として働いているのです。この家族構造の分類に則って、自由主義的民主主義を作り出したイギリス、アメリカ、フランスという三つの国を分析するならば、これらの三つの国の共通点は、核家族型であり個人主義的な家族構造にあるのです。フランスについてはパリ盆地を中心とした地域がそれです。

トッド「家族構造」とは何か

エントヴェン　ここの出席者は家族構造の専門家ではないので、家族構造が何であるのか少し説明していただけますか。

トッド　「人民共和連合」で、家族構造の説明をするという歴史的な瞬間ということになりますね。基本となるのは、過去の農民社会のあり方の分析です。一七世紀イギリスの農民社会では、家族サイクルは、父、母、子供達の二世代に限定された家族形態だったのです。絶対核家族と呼ばれるものですが、子供達は、思春期になると、豊かな農家でも全員、家を離れ、外で自分の家庭を築いて生活するというサイクルだったのです。今でいう、核家族だった訳です。フランスのパリ盆地については、平等主義核家族と呼ばれるものだったのですが、同じサイクルが確認できます。ただイギリスとちょっと違う点は、フランス革命のはるか以前から、財産を非常に厳格に平等に分ける相続形態が機能していたことです。ドイツと日本は、直系家族と呼ばれるもので、多くの場合、長男一人による相続と親世代との同居が規範であり、相続からあぶれた子供達は家を離れることになります。だから、パリ盆地の家族構造の価値は、家の中での子供たちの自由と平等、早期の自立と相続の平等だったのです。対して、イングランドのそれは自由であり、平等にはさほど固執しません。ドイツと日本のそれは、権威主義が基本にありまず。長男が相続し、親の権威のもとに親と同居するのですから。そして、相続から外される子供達がいるので、不平等主義が規範として加わります。ロシアの場合は、この同居型からくる権威主義に、平等主義が組み込まれています。理念的には、すべての息子が結婚し、親の権威のもとに同居し、大規模な家族を形成するというものです。両親、子供達とその妻たち、そして孫たちが同居する大家族です。近代化の中で、これらの伝統的な家族構造は崩壊しますが、その代わりに現れたイデオロギーが、これらの家族構造の根底にあった価値が反映されたものだったのです。

イギリスの個人主義が平等主義的ではないことが、私の博士論文の審査官の一人だったアラン・マックファーレン(40)によって発見されたのですが、彼はその起源を、イギリスの核家族構造に見出したのです。私の分析は、この発想をその他の家族構造に一般化させたものなのです。イギリスの家族の中では、子供達が自由ではあるが平等にはこだわらない形で育てられます。フランス革命の基本的な価値である自由と平等は、パリ盆地の家族構造の価値観でした。読み書きができるようになると、人々は自由で平等な人間として行動すると考えたのです。ドイツと日本の近代化の中で、大家族は崩壊しますが、それに代わって出現したのが、権威主義的なイデオロギーです。ドイツの場合、社会民主主義やキリスト教民主主義のようなソフトなものから、脱宗教化の混乱を伴ったナチズムのような極端なものまで現れました。歴史的にみて、自由主義的民主主義の発展にドイツはそれほど寄与してきたとは言えません。ロシアの場合は、大家族が崩壊すると、そこに現れたのは、権威と平等を求めて大家族に変わるものを模索するという現象でした。大家族から解放されたものの、途方にくれた個人が求めた拠り所が、党であり、国家だったのです。スターリン体制の中で、最もこの大家族に類似していたのが、KGBだったと思います。何故ならば、さながらロシアの父親のように、個人の一人一人の面倒をみたからです。

ともかく、国によってこのような体質の違いがあるのですが、地政学的に重要なのは、アメリカ人がどのような体質なのかではなく、ドイツが隣国であるのに対して、アメリカは遥かに遠いところにある国だということです。しかも自由主義的民主主義を生み出したイギリス、アメリカ、フランスの間には文化・風俗的な親近性を見出すことができることです。先ほど、アスリノ氏は、アメリカの厳密なチェックリストや合理化への強い拘りなどを指摘しましたが、そのこと自体は全くその通りだと思いますが、やはり自由主義的な文化を共有しているのです。この自由主義的な文化は、ドイツには全く見られないのです。フランスはドイツに対しては人類学的な対立を抱えており、全く異なる価値を持っています。それ故に、ドイツは大変秩序立った効率の良い社会になっているのであり、フランスは、フィーリングで済ませて、よくもまあ機能しているなという感じの社会になっているのです。

さらに、ヨーロッパ統合に対する敵愾心も、フランスが、アングロ・サクソン世界と共有する価値として挙げることができます。それについては、人類史全体の要約とも言える私の最新の著作(41)の最後の章で、ユーロについて書いておきました。二五年間、私はともかくもユーロと戦ってきました。そして、ヨーロッパの幾つもの地域を破壊することの通貨が、受け入れられ定着する現実を前にして、私は絶望していたのです。反経済的なこの通貨が導入されたことで、かくも多くの人々が苦しんでいるのに、何故その苦しみに気がつかないのか。ユーロは経済的に利用するための手段だと考えると、理解不能なものです。経済的には、完璧な失敗であることは明らかです。しかし、逆に、ユーロは人々を支配し、従わせ、罰するための権威主義の道具だと考えれば、実に納得が行くのです。

ユーロ圏の家族構造に現れる基本的な価値観や宗教を見れば、そこでの支配的な価値が権威主義だということが分かります。イベリア半島の北部、フランスの国境地域、ドイツ、オーストリア、イタリア中部地域の人類学的価値は、自由主義的なものではないのです。パリ盆地やオランダ、スカンジナビアの一部の自由主義は例外的なものだったのです。ヨーロッパ統合を進める言説の最大の嘘は、EUが自由主義的民主主義を構築する極めて優れた試みであるというものです。一九三〇年代のヨーロッパの歴史を思い出してください。ポルトガルにはサラザール[42]、スペインはフランコ[43]、イタリアはムッソリーニ[44]、オーストリアはドルフース[45]、ドイツはヒットラーが存在し、その東側にはソビエトがあったのです。フランスはナチス軍に占領されるまでは、人民戦線政府がフランスの自由主義的民主主義的な共和制を維持していましたが、これは極めて少数派だったのです。理解しなければならないことは、ヨーロッパという地域が、権威主義の繁栄する歴史的土壌であるということです。自由主義的民主主義の地域というのは、フランス革命を生んだパリ盆地やイギリス、スカンジナヴィアの一部、ベルギー、オランダに限られていたのです。つまり、ブリュッセルの欧州連合が、民主主義を破壊する権威主義的なシステムになり、ユーロが住民を懲らしめることになったとしても、それは人類学者にとっては決して不思議なことではないのです。であればこそ、フランスの自由主義的民主主義を守るためには、英米との関係は欠かすことができないのです。この意味で、イギリスがブレグジットによって権威主義的な官僚制からイギリスが発祥の地である自由主義的民主主義の主権を守ろうと決定したことは、全く理にかなっていることなのです。（拍手）

エントヴェン　つまり、フランスを現状から救い出し、立て直すためには、英米との再接近が必要であるということですね。「人民共和連合」の唱えるＮＡＴＯからの離脱は、必ずしも英米と対立しようというものではなく、幾分、距離を取るというものなのですが、あなたの提案は、その距離をとった後で、英米との新たな接近を試みる必要があるということですね。

トッド　ＮＡＴＯから離脱するにしても、同時に英米との接近を積極的に試みるべきです。（拍手）

フランスが取り戻すべき祖国への誇り

エントヴェン　アスリノ氏は、フランスの新たな立て直しの指針として、ＢＲＩＣｓを始めとした新興国との関係を強化するだけではなく、ロシアやアメリカなどとも関係を強めていこうとしていますので、トッドさんの主張は、決して、それとも矛盾するものではないのではないでしょうか。

アスリノ　全くその通りです。私はトッド氏を大変評価していますし、今展開されたトッド氏の分析は、全く正しいと言えるもので、偉大な人類学者トッドの面目躍如たるものを聞く思いがします。

トッド　それまでのは、小さいトッドだったというわけですね。（笑）

アスリノ　人類学的な分析、とりわけ自由主義的民主主義がヨーロッパではむしろ例外的なものであるという分析には全く同感です。思い出していただきたいのは、私たちの運動のスローガンは「民主主義を再生するための人民の連合」であり、「ＮＡＴＯから離脱する」ではないのです。

NATOの問題は、重要な課題の一つではありますが、こればかりに時間を費やすことはできません。ただ一つだけ明確にしておきたいことは、NATOへの加盟が、フランスの産業的な独立、つまり軍需産業の自律性を確保するための障害になるという点です。最近は、NATO内の複数の国にまたがる様々な軍需プログラムが遂行されていますが、これらは、ヨーロッパによる飛行機の開発を行う場合でも、単に部分的な部品の製造に関わるだけで、全体を作り上げるために必要な技術革新には繋がりません。フランスが、独立した主権国として存在し続けるためには、軍需産業のレベルでも自立した産業を持ち続けることは不可欠の要件になります。忘れないでいただきたいのは、二日前にベルギーが、フランスのラファル戦闘機ではなく、アメリカのF35戦闘機の購入を決めましたが、これではEU諸国の協力関係を謳っている意味がありません。さらに、フランスの独立という観点から問題なのは、トッド氏も的確に指摘したように、フランス政府が、TGVを製造していたアルストンを解体し、それをドイツに売り渡すとともに、タービン部門はアメリカ企業に売却していることです。EU内の相互協力が機能していないだけではなく、フランス政府自身がフランスの独立を阻む方向に向けて突き進んでいるということです。かつて、シラク大統領が中国へTGVの売込みに行った時、私も同行しましたが、その折、ユーロ導入を含むEU構築によるヨーロッパ諸国の相互協力を熱く語るシラク大統領に、江沢民首席が次のように皮肉を込めて応えたのを思い出します。「実は、三週間前にドイツのシュレーダー首相をお迎えしたのですが、彼はドイツの技術を北京・上海間の高速鉄道建設に採用するよう強く要請していました。あなた方のEU構築は、加盟国同士の協力を強めるためのものだと理解していたのですが、実情はちょっと違うようですね。」この江沢民首席の指摘に、シラク大統領は返答に窮したという有様でした。ともかく、NATOからの離脱の必要性は、安全保障上の理由だけではなく、フランスの産業の自立独立を確保する意味でも重要なのです。

文化闘争

ところで、トッド氏とのこの議論を通して、かなりの点において共有点を見いだすことができたことは、大変嬉しい限りです。最後に、ここまで触れてこなかった要件として文化の問題があることを指摘したいと思います。フランスでは、ドイツ映画は余り見られない代わりに、アメリカ映画が氾濫しています。「人民共和連合」の提案する政策の一つとしてお話ししたいことは、このようにハリウッド映画に一方的に偏った状況を、もっと多様な文化へ開いていき、普遍的な文化状況を作り出したいということです。例えば、現在、民営テレビとなっているTF1を再び公共放送とし、世界の多様な文化に開かれた教育テレビに転換していくことを考えています。二〇一七年の大統領選挙の時に、フランスを、インド、日本、中国、エジプト、ペルーなど、ヨーロッパ以外の文化に開かれた文化状況を作り出す政策を主張していたのもそのためです。

またドイツの一九世紀にならっていうならば、当時ドイツで唱えられたクルトゥールカンプ（文化闘争）(46)が問われていると言えるのです。フランスの文化を守るための闘いが重要なのです。それはアメリカやドイツを批判するのではなく、フランス文化そのものの再評価を後押しすることが大事だということです。フランスのエリートには、フランス文化への自虐的な姿勢が見られますが、これを改善していく必要があると思っています。EUとユーロからの離脱を目指す私たち「人民共和連合」が、しばしばヨーロッパ嫌悪症だと的外れな批判を受けることがありますが、ＥＵ統合のプロジェクトがフランスを破壊しつつある事実を直視することで、極めて合理的な判断を下しているに過ぎないのです。

機会あるごとに、国民国家を解体してヨーロッパ統合の中に組み込んでいこうとするＥＵの政策が、各国の民主主義を破壊してきたことも大変重大な問題です。例えば、マクロン大統領[47]とフィリップ首相[48]が現在強行しつつある、アルザスの二つの県を統合し、ひとつの地方としてヨーロッパの中に組み込もうとする政策は、二〇一三年に行われた住民投票[49]で確認された民主的な意志を明らかに踏みにじる裏切り行為なのです。

私たちの運動は、ヨーロッパ嫌悪症などでは全くなく、ＥＵとユーロがもたらす破壊行為の合理的で緻密な分析と批判をもとにした国民としての解放を実現しようとする運動なのです。逆にエリートたちがフランス嫌悪症に囚われており、フランスに対する常軌を逸脱した嫌悪に蝕まれているのです。かつてド・ゴール大統領は次のように言いました――「ご存知でしょうか、フランスでは人民だけが真に愛国的であり、ブルジョワたちは違うのです。」この傾向は、一貫してフランスの歴史に見て取れる傾向であり、私たちの運動が「民主主義を回復するための人民の連合」であろうとするは、まさにこのブルジョワの性癖に抵抗するためなのです。そのためには、フランス人民の独立獲得の歴史を模範としながら、いうならば、誇りと愛を私たちの祖国に取り戻そうとする運動なのです。（拍手）

国民国家フランスを取り戻す

トッド　ちょっとＦ－35戦闘機についてのジョークを一つ。この戦闘機は、テクノロジー的にはとんでもないガラクタで、いわば空飛ぶ木靴のようなもので、これを購入して空軍を補強しようとする国からは空軍が消滅することになるでしょう。つまりNATO軍もいずれ消滅するということです。

ところで、いくつかの国がフランスの戦闘機ラファル（「斉射、連射」の意）を購入し始めているのは何故だか知っていますか。戦闘性能の高い戦闘機だからです。（笑、拍手）

エントヴェン　そのジョーク以外に、アスリノさんの発言について何かご意見はありませんか。

トッド　私は、フランスとアングロ・サクソンの文化や言語について、どうこう語る資格は、あまりないのです。息子の一人はイギリス国籍を取りましたし、二人の孫もイギリス国籍を持っています。私の英語の話す力は徐々に落ちてきてはいますが、祖母のひとりもイギリス人でしたから、一般的なフランス人の感覚ではないのです。でも個人的な理解とすれば、コミュニケーション言語としての英語の世界的な優位は確立されたのであり、フランス語は敗北したと考えています。幸いなことに、英語の半分はフランス語でできていますから、悲観することはないと思っています。現に、日本へ行って日本語を前にしたとき、フランス語と英語の違いというのは判然としなくなります。

アスリノ　そうですか。（日本語で）

トッド　また多くのフランス人が英語の運用能力を持つことは、フランスにとっても有用なことだと考えています。今日のグローバル化の中で、闘いに負けないためには、みんなが使用する言語を操れることは意味あることだと思います。例えば、北欧の小さな国々がそれなりに良好な状況にあるのも、プロテスタント文化の勤勉体質だけではなく、大多数がバイリンガルと言えるほどの英語力を獲得していることと無関係ではないと思います。しかも、英語が上手いからといって、スウェーデン人がスウェーデン人でなくなり、デンマーク人がデンマーク人でなくなる訳ではありません。今後、出現する世界では、英語がアングロ・サクソン系の人々の手からすり抜けて行くことになり、世界で最も多くの英語話者が住む国がインドになります。そうなると、アングロ・サクソン系にとっての問題は、唯一ひとつの言語しか話せない人々になってしまうことです。私の感覚はそんなところなので、文化的な事柄について話す資格がないのです。

エントヴェン　文化について資格がないとしても、あなたにはしっかりした頭脳がありますよね。

トッド　そのことを評価していただけるのは大変嬉しいですね。(笑)

アスリノ　彼が言ったのですよ。私は言ってませんよ。(笑)

トッド　文化的なことと言えば、かつてドイツの「デリック警部」というテレビ・ドラマがフランスのテレビで人気がありましたね。でもフランスに氾濫しているのはアメリカ映画であって、確かにドイツを文化的な脅威と感じることはありません。個人的な話ですが、フランスの小説、イギリスの小説、ロシアの小説、日本の小説は好んで読んできましたが、ドイツの小説はあまり親近感を感じません。もちろんドイツが、歴史上、非常に優れた文化を持ち続けてきたことには敬意を持っています。でもドイツ映画が氾濫し、ドイツ的な関心に埋め尽くされた環境で居心地よく過ごせる自信はありません。何と言っても、ユーモアの大切さを痛感するからです。ドイツにユーモアを期待することは、現実的ではないように感じます。

アスリノ　私たちが求めているのは、決してフランスのテレビをドイツ的なものにするということではありません。

トッド　フランス的なユーモアをドイツ的にするということでは……。

アスリノ　それは現在のフランスのエリートたちがドイツに魅せられ、多くを譲歩している現状そのものでしょう。

トッド　それは全くおっしゃる通りです。この状況は、普遍主義の倒錯した現象として理解することができるのです。フランスのエリートたちが、フランスを裏切るというこの現象は、しっかりと分析する必要があるのです。（拍手）

アスリノ　とりわけ脅威となるのは、今日、マクロン大統領が表明しているいくつかの提案なのです。国連の安全保障理事会の常任理事国の資格を、ドイツもしくはEUと共有するという提案は、フランスの国際的な地位を大幅に損なうことになるものです。国連の創設に当たりド・ゴールがサンフランシスコでの国連憲章起草に当たって苦心したフランスにとっての要を台無しにすることになります。さらには、ヴァンサン・ブルソー[50]が一年半前の分析で明らかにしたことなのですが、フランスの核兵器をドイツと共有するという案があるということです。どこまで譲歩したら気がすむのか解らない状態です。さらに、現在のエアバスがドイツ人によって取り仕切られ、TGVがドイツ企業に売られたということを考慮しなければならないのです。

文化闘争ということを言うのは、何もドイツだけを想定してのことではなく、むしろヨーロッパ以外の文明・文化を広く視野に入れてのことなのです。アメリカ映画だけではなく、世界の様々な文化に目を開くことの重要さを意識してのことです。今日この後、開かれる晩餐会での景品にも、インドのボリウッドの三大映画「ジョダー・アクバール」、「デーフダース[51]」などのDVDが含まれています。今まで、ヨーロッパ以外の文化、文明に眼を開くことを常に心がけてきた政党は、「人民共和連合」以外にあるでしょうか。大統領候補でスリ・オーロビンド・ゴーシュ[52]について語った候補は、かつて私以外にいたでしょうか。ともかく、私たちの活動は、二一世紀の世界に相応しい非常に現代的な運動なのです。今日の世界は、善なる国々と悪の国々に分けられるものではなく、互いに連動した多様な関係の中にいるのです。ですので、生物多様性が生物界において不可欠であるように、それぞれの国々の多様性を支えていくことを目指しています。そのためには、国連の役割が今まで以上に重要になってくるのです。

EUによる国民国家の解体

最後になりますが、現在、フランスの国民国家としての統合性が脅かされているという非常に深刻な問題に触れておきたいと思います。今までの国民国家の構造を解体しようとする政策として、加盟国内の伝統地域を分離し、EUの行政区画として直接統合していく手続きが進められています。カタルニャの独立運動がそのいい例ですが、フランスには、コルシカ島の独立運動があります。思い出していただきたいのは、現在、コルシカ島がフランスの一部であることは決して偶然ではなかったという歴史です。元を辿れば、一八世紀初頭にスペイン継承戦争[53]が勃発しましたが、この戦争は、一七一四年にフランスとスペインの合体を禁止する条件で、スペインにブルボン王朝が成立して収拾されました。マルプラケの戦いやドゥナの戦い[54]などで知られたこの戦争で、イギリスは大西洋の制海権を握るとともに、ジブラルタルの領有権を獲得したことによって、地中海の制海権も握れるようになりました。コルシカ島もイギリスの手に落ちそうな状況になったのです。ドーバー海峡付近では、すでにイギリス領の幾つもの島が存在していましたから、イギリスや神聖ローマ帝国によるフランス包囲網は、フランスの存続を脅かすものとなっていたのです。そんな中、ルイ一五世とその外相フロリが、コルシカ島の領有を画策したのでした。当時、ジェノヴァ領であったコルシカ島ですが、そのアジャクシオ港は、フランス軍のトゥーロン港とは目と鼻の先の位置にあります。よく話題に上るコルシカの指導者パスカル・パオリ[55]は、イギリスの影響下にいました。現に彼は、一七六九年のポンテ・ノウの戦い[56]で、フランス軍に敗北した後は、イギリスで生涯を終えています。

フランスの存続が危うくなった事態は、これが初めてではありませんでした。フィリップ二世[57]当時の一二一四年のブーヴィンの戦いの時もそうだったのです。

現在、カタルニャの分離独立運動などのようにEU内ではいくつもの分離運動が見られますが、驚くべきことは、まさにこのコルシカの分離運動が、フランスの大統領と首相自らが後押ししているることです。この現象は、トッドさんの指摘のようにエリートたちのドイツ・モデルの賞賛という文脈の中で起こっている現象なのです。これはナチス占領期にも見られたことで、ブルターニュ地方の分離独立派の動きがその一例でした。その分離派の機関紙がナチスへの協力に深く関わっていただけではなく、第二次大戦後に対独協力で有罪になったモルヴォン・マルシャル[58]によって作られたブルターニュ独立派の旗は、かつてのブルターニュ公国とは関係のない、アメリカ国旗をコピーしたものでした。

共和国としてのフランスの解体をフランスの政府自らが推し進めているという信じ難い事態が出現しているのです。二〇〇五年に行われたヨーロッパ憲法条約を否決した国民投票の結果を踏みにじったばかりか、二〇一三年に行われた住民投票の結果をも無視して、アルザスの二つの県を廃止し、アルザスをEUの一地方として位置付けたのです。フランス共和国の領土の分断をエリートたちが積極的に進めるという国家に対する裏切り行為が進行しつつあることは、全くもって共和国の憲法に違反する言語同断の行為なのです。このような極めて重大な状況を危機感をもって認識している政党が、「人民共和連合」以外に存在せず、昨年の大統領選候補者のうちこのことを指摘したのが私だけだったというところに今日の状況の深刻さがあるのです。

ところで、一週間後の十一月四日には、ニューカレドニアで独立をかけての住民投票[59]が行われようとしていますが、マクロン大統領は、現地で中立の立場を表明しています。このような態度もまた、共和国憲法に示された国土を守る大統領としての義務に反する態度なのです。

エントヴェン　私の記憶に間違いがなければ、大統領は憲法によって共和国の領土を守ることが義務付けられているのですが、現大統領のエマニュエル・マクロンはその義務に悖る行動をとっていると言えます。ですので、アスリノ氏の主張は、分離主義運動がフランスという国の領土の分断をもたらす危険性があるという意味で、大変意義のあるものだと思います。

質疑応答

エントヴェン　さてトッド氏とアスリノ氏の実に興味深い討論が続きましたが、ここからは、会場の皆さんとの質疑応答に移りたいと思います。

質問者　フランスの文化の解体現象について伺いたいのですが、現在は、文化活動の産業化が急速に進んできています。先ほどは、国家や地政学的な問題について話されましたが、ベルナール・スティグラー[60]が指摘しているように、テクノロジーと産業化の規模の拡大が進行する世界において文化が脅威に晒されているという危惧を持つ必要はないのでしょうか。

アスリノ　おっしゃる点は、経済の展開の規模が大きく拡大してきたということだと思いますが、例えば、映画産業でいえば、世界で最も生産力のあるのは、アメリカのハリウッドではなく、インドのボリウッドだという状況が現在生まれてきています。フランスでは、保護主義は悪であるという理解が流布していますが、書籍や映画などの文化的なものに関するかぎり、逆に保護主義が必要であるという認識が存在するように思います。これは、この業界が、政治の中枢に向けて行ったロビー活動が功を奏したということを意味しています。従って、フランス語圏をいかに保護していくかについても、やはり同様の大きな努力が必要だと思っています。

私は、トッド氏の英語についての意見とは、ちょっと違う意見を持っています。二〇〇年後に英語が果たして支配的なままであるかどうかは必ずしも確かではないと思っています。アメリカを見ても、スペイン語話者の数がどんどん増えていますし、カリフォルニアでは近いうちにスペイン語話者が多数派になるという勢いです。ホンジュラスからの移民の行進はその象徴的な現象です。(61) シカゴへ行けば、街では英語とスペイン語の表記が並立されています。フランス語圏についていうならば、フランス語話者の増加は、アフリカを中心にして目覚ましいものがあります。二〇〇〇年に一億九千万人いたフランス語話者が、二〇一八年現在では、二億七千万人、さらに二〇六〇年には七億人になると予想されており、その内の九〇%がアフリカ諸国のフランス語話者ということになるのです。

フランスの文化政策の問題は、このような展望が全く視野に入っていないことです。例えば、ブルキナファッソのワガドゥグーで開催されるアフリカ映画のビエンナーレ(62)に応募される作品の六〇%がフランス語作品なのですが、それらの映画が、フランスで封切られることはまずありません。稀に見ることができたとしても、非常に限られた

場所や深夜帯に組まれるのが実情です。これは極めて重大な問題です。（拍手）

私たちは、フランス語圏の存在を大切に考えていますが、それは正しいフランス語をどうこうというような古めかしい拘りではなく、多様な世界観を守っていこうというものです。言語というのは、それ自体で大変多くの世界観と情報を支える基盤そのものなのです。ドイツ語と比較して見てもそれは明らかです。例えば、フランス語では月のことを女性形で表しますが、二八日間を周期とするこの衛星には、神秘的で女性的な感覚が付与されていますし、対して、太陽は男性形で表され、輝く支配的な存在のイメージが付きまといます。ドイツ語ではこれが逆で、月は男性形、太陽は女性形です。また娘が中性形で表されてもいるのです。言語とは、思想や感じ方の根本的な基礎となるものなのです。英語は、語彙に性別がない単一性の言語ですが、その言語を母語とするアメリカ社会から、性差を消去しようという運動が起こってきたのも決して不思議なことではないのです。ロサンゼルスの空港に、男性トイレと女性トイレ、誰でもトイレそしてその他などがあるのを見ると、やはり言語と風俗の関連性を垣間見ることができます。このような事象には、語彙に性別のない言語を基盤とした社会の現象を見ることができるのです。もちろん、このような現象に対して、頭から否定的になる必要はありません。

トッド　「人民共和連合」でトランスジェンダーの実験をやるといいかも知れませんね。（笑）

アスリノ　フランス語は、ラテン語を基にした言語ですから、そのことによって固有の思想、感じ方を持っているのです。例えば、ライシテ（laïcité）というフランス語の観念は、他の言語で翻訳することが極めて困難です。ドイツ語で、「レリギオンロス」、つまり宗教を持たないという言葉がありますが、これはフランス語ではアテ無宗教と訳されるもので、ライシテとは違います。ライシテは、フランス社会の固有の歴史とも深く関わる形で創りだされてきた概念です。このライシテに似た多くの固有の概念をフランス社会は作り出してきましたので、その固有性を守っていくということには大変重要な意味があるのです。母語というのは、それぞれ固有の考え方と世界観を持っていますので、様々な言語が存在し続けることで、多様な人類文化の構築にそれぞれが貢献することが望ましいと考えています。（拍手）

アフリカ・フランはユーロのようなもの？

ラウン・ファリア（質問者） 私は、「経済戦争学院」École de Guerre Économique de Paris の学生ですので、経済戦争については理解しているつもりです。ですので、お話に賛同しながら拝聴しています。ＥＵとユーロからの離脱、並びに主権の重要性についても理解しています。そこで質問ですが、旧フランス植民地で使用されているアフリカ金融共同体 CFA: Communauté Financière Africaine のフラン(63)についてはどのような認識をお持ちなのでしょうか。ＥＵ域外との新たな関係を構築することを語られていますので、アフリカ諸国との関係をどのようにお考えなのでしょうか。

アスリノ アフリカ金融共同体のフランについては、私たちの姿勢は明快です。フランスがユーロからの離脱を遂げる必要があると主張している以上、その私たちがアフリカ諸国での共通通貨体制の存続を強制したとしたら、矛盾することになるでしょう。当然、そこからの離脱を望むアフリカの国があれば、その方向で後押しをすることになります。共通通貨には、重大な短所と、幾つかの長所の両方がありますので、独自の通貨に切り替えるかどうかは、それぞれの国が判断すべき問題だと考えています。一九六〇―一九七〇年代のまだ安定していなかった経済状況では、共通通貨にも安定性をもたらすという長所はあったのですが、今日の状況では異なる判断がなされても不思議ではありません。

そのアフリカのフランス語圏諸国との関連で補足しますが、私たちが、政権をとった暁には、ＥＵから脱退しますので、現在、ストラスブールにあるヨーロッパ議会の建物が空くことになります。ヨーロッパ議会の方は、ブリュッセルに移動することになりますので、議会関係者はストラスブールとブリュッセルの間を頻繁に行き来しなければならない現在の状況から解放されることになります。そしてそのヨーロッパ議会の広々とした建物には、国際平和への貢献の意志を示すためにも、パリからユネスコ本部を移し、国連のこの平和部門の機能を拡充したいと考えています。かつて八四三年に西フランク王国の禿王シャルルとゲルマン王ルードヴィッヒが、ヴェルダン条約(64)を締結し和平の宣言をしたストラスブールの地に、国際的な平和の象徴である国連機関を設置するのです。また、パリの現在のユニセフの建物には、フランス語圏のアフリカ諸国を中心としたフランコフォニー議会を設置したいと思っています。そうすることで、国連の安全保障理事会とも連携しながら、中東の紛争や南北問題、ＷＴＯによる不平等な貿易関係などについての共通の姿勢を協議するための舞台にできればと考えています。

エアバスはEUとは無関係

質問者　私はエアバス社でエンジニア研修を受けているものです。エアバスとEUとの関係を教えてください。

アスリノ　エアバスとヨーロッパ統合の関係ですが、実は何の関係もないのです。私は既に、国際的協力関係と超国家的統合との違いについて幾度も講演を行ってきましたので、それをご覧になるとお判りいただけると思います。私たちが望んでいるのは、まさに国際的な協力関係であり、エアバスはこの国際的な協力関係の中から誕生したものなのです。例えば、エアバス380は、アメリカのカンサス・コンチータの技術者たちによって考案されたもので、エレクトロニクスや着陸装置、プラタン・ウイットニーによるエンジン部分など三八%はアメリカ製なのです。エアバスには、一五ほどのEU加盟国が関わっていますが、ハンガリー、スロバキア、マルタ、キプロスなど全く関わっていないEU加盟国も一五ほどあります。もともとエアバスは、一九六〇年代にシャルル・ド・ゴールの意志によって作り出されたものですが、それはイギリスのブリティッシュ・スペースとの連携を深めようとするものでした。ただ注目すべきは、同時にド・ゴールはイギリスが共通市場に参加することを拒否していることです。ついでですが、宇宙開発のアリアンヌ計画も、ヨーロッパ統合とはなんの関係もないのです。カナダ、ノルウェー、スイスなどがこの事業に関わっています。

何故、私たちが、国際的な連携を重視し、それとは全く異質な超国家的統合を批判するかというと、飛行機を作るとすれば、優秀な飛行機を作るために関われる国々が積極的に協力し合う形式だからなのです。性能の悪い飛行機を作っても全く意味がありません。それに反して、地理的に近いというだけで二八カ国を超国家的な結合によってイデオロギー的に縛っても、それぞれの国の利害が一致しないために、積極的な協力を生み出すことができないのです。例えば、EU内の労働者の移動の自由は、フランスのような高い失業率を抱えている国にとっては好ましいものではないのです。ですので、国際的な協力関係の中でこそ構築的な未来を見出していくことができるのです。

先日、日本を訪れた時に、ヨーロッパ統合をアメリカや中国などに対抗するものと評価する向きがあるのに気がつきましたが、これは誤った認識なのです。ルノーが日産に投資したのは、フォルクスワーゲンに対抗するためだったのを思い出してください。今日のグローバルに展開した資本主義経済の中では、EUという枠は、極めて現実離れした縛りに過ぎないのです。あなたは、エアバスに勤めているわけですので、一〇社近いフランスの企業がボーイング777・ドリームライナーに関わっている現実を考えてください。そのうちに、これらの企業が、エアバス社同等もしくはそれ以上のフランス企業にならないとも限りません。私たちは、そのような協力関係が可能となる国際的な協力関係を築くことを目指しているのです。

質問者　私はケルンから来ましたので、この討論の全てを理解するのは容易ではありませんでしたが、ドイツ人として気になるのは、NATOの同盟国であることによって、ロシアとの戦争に引きずり込まれていくのではないか、ドイツが戦場になるのではないかということです。このことについてのご意見を伺いたいのです。

冷戦時代の幻想

トッド　お話になったヨーロッパでの戦争の危惧ですが、私にはやはりひとつの幻想に過ぎないと思えます。現在のヨーロッパ諸国がいかに戦争などできる状況にないかを理解する必要があると思います。第一次大戦の勃発を控えて、ヨーロッパがどのような精神状態にあったかを想像できれば、今日の状況がいかに異次元の状態にあるかを理解できるはずです。だから、EU支持者たちの、EUによって保たれて来た平和を、EUを維持することで守らなければならないという議論は、全く現実を見ていない愚かなものだと思います。確かにロシアは現在、ある種の軍事戦略を展開していますが、それはNATOの圧力によって余儀なくされた軍事的対応だと言えるのです。ロシアはこの部門でのテクノロジーを進化させ、第二次大戦当時のT34戦車がそうであったように、それほど莫大な予算を掛けずに効率的に軍事力を盛り返して来ていると言えます。T34という戦車は決して当時でも最先端の戦車ではありませんでしたが、機動性と経済性に優れていたので、量産が可能だった最も効率的な戦車だったのです。現在は、防衛用のミサイルを進化させることで、アメリカが製造した攻撃システムを無効化することができています。ロシアがシリアに侵攻したのも、アメリカに対して恐怖する必要がなくなったからです。対して、アメリカは誇大妄想的な計画に固執し、F35というレーダーに引っかからない、垂直離着陸性能を持ちながらも、機銃性能が極めて劣る戦闘機を作り出したのです。機銃性能に問題のないF35は海兵隊所属のものですが、その理由は簡単で、機銃を装備していないことによるのです。この件については、F16を設計したフランス系アメリカ人のエンジニアが作成した動画があります。

ロシアを攻撃的な軍事大国と捉える見方は、全く現実を見ていないと言えます。現在のロシアは、通常兵器のレベルではワルシャワ条約機構の時代と比較すると明らかに劣勢にあり、そのことがロシアの基本戦略を変化させてきたのです。その結果、もしロシアという国民国家が脅かされるような事態では、核兵器を通常兵器の劣勢を補う防衛的な兵器として位置付けるようになってきたのです。人口動態的にみても、ロシアは縮小しており、スターリン時代の人命を尊重しない人海戦術的な拡張主義は、もうあり得ないのです。人命を尊重し、人的被害を最小限に止めるために、防衛に徹し、攻撃的な冒険などには馴染まなくなっているのです。ドイツは、いくつかの点で問題のある行動を示していますが、この点については、理性的な対応をとっていると思います。軍事についての拘りを捨てたドイツ人たちは、ロシアに対しても理性的だと言えるのです。それに反して、現在、正気を失ったかに見えるのは、スウェーデンです。何故あれほどまでにロシアに対する好戦的な状態に陥ってしまったのかは、不思議と言わざるを得ません。ロシアはスウェーデンのことなど全く気に掛けていません。

ヨーロッパにおける戦争の脅威という認識は、全くの幻想と言わざるを得ないと思います。逆に注視しなければならないのは、アスリノ氏も指摘するようにEUがかつてない過酷な経済戦争の戦場となっていることです。私はかつて、ヨーロッパ連合が、中国、インド、アメリカなどの大勢力に対抗する保護貿易の単位として機能することの利点を想定していましたが、数年前に経済学者のパトリック・アルテュス[65]の論文を読んで気がついたのです。ドイツが新たな状況に適応するために賃金を凍結することによって生産性を上げた戦略が、圧倒的な賃金差がある中国にとってはなんの効果もない代わりに、ユーロ圏内のフランス、イタリアなどの産業にとっては大変な脅威になるということでした。つまりユーロ圏が連合することで、相互に協力する枠であるどころか、極めて熾烈な経済戦争の戦場になったのです。

質問者　私は、ポワトゥ・シャロント地方[66]に住んでいて、音楽文化分野での仕事をしています。ですので、地方都市の住人として、クリストフ・ギリの「辺境のフランス」[67]に指摘される地方の疲弊について伺いたいと思います。地方の小都市の疲弊は眼に余るもので、どこまで落ちていくのか分からないというのが実感です。この状況に対して人々が目覚め、反抗の動きを示すためには、状況がさらに悪化する必要があるのでしょうか。地方レベルでできることはあるのでしょうか。フランスの人々が目覚めて行動を起こすためには、何が必要なのでしょうか。

アスリノ　その問題については、明日、ゲラール・プランとフレデリック・ロベール[68]の二人の村長による地方の実情についての討論が予定されています。この二人は、農業地域の地方自治体の未来について全く異なる二地方の観点から、報告してくれることになっています。地方の市町村の統廃合が進められていますが、これはヨーロッパ委員会からの通達GOPEに従っているだけなのです[69]。市町村への交付金を削減し、統廃合を促進し、EU加盟国に均質的な構造を作り出そうとするものなのです。フランスの市町村の存在は、一〇〇〇年以上の歴史を持つカトリック教区の伝統に由来するもので、フランスの民主主義を支える基礎的な構造なのです。革命以前からすでに存在してフランスの社会生活の基底をなすものだったのです。その歴史を無視して、フランスの市町村を廃止し、ヨーロッパ規模で、ドイツの連邦州やアメリカ東部諸州規模の行政単位に作り変えようという上からの政策なのです。それに対して、注目していただきたいのは、EUに属していないスイスでは逆に、現状よりもさらに小さな行政単位へと移行していることです。市町村の存在は、フランスの国としてのアイデンティティーに関わる問題なのです。何と言っても、フランスは三六五種類のチーズを有している国であり、それを六種類のチーズしか持たないオランダのようにしていこうというのです。ブリュッセルの意向に従うために、ロックフォール・チーズとコンテ・チーズを融合しなければならないというのです。フランスがフランスであってはならないということなのです。

質問者　私は、アメリカ人ですが、一言指摘したいと思います。現在、フランスはドイツに飲み込まれようとしていますが、ドイツははるか昔にアメリカに飲み込まれています。しかも軍事的占領状態にあるということも忘れてはならないと思います。ドイツの指導者たちは、アメリカに赴いてチェックされていますが、フランスのエリートも同じなのです。ただアメリカは、ドイツのリーダーたちにより気を配っていますが、それもドイツをヨーロッパにおける主要なパートナーと考えているからです。私にとっては、アメリカを重要な同盟国とするという考えは、全く持って現実離れしているものと思います。フランス人はアメリカ人に好意を持っていますが、アメリカ人はフランス人に対してはそれほど好意的ではありません。おそらくハリウッドの映画の影響があるのでしょう。例えば、ネオコンの一人のパール氏[70]はフランス人に対する完璧な蔑視を公言していますが、フランスの南の地方に別荘を持っていて、フランスのワインは大好きです。フランスが、それほど重要な国ではないとしても、アメリカがフランスの支配を手放すということは有り得ません。アメリカは、全てを支配しようとしているのです。

もちろん、ヨーロッパ人は戦争を欲しませんが、現在、北ヨーロッパで、冷戦終結以来最大規模の軍事作戦が展開されつつあるという事実は忘れてはいけません。アメリカは、ロシアを標的としたさらなるミサイルの導入を考えています。ヨーロッパのNATO加盟は語りつくせない惨憺たる結果をもたらすものになるでしょう。

弱体化を自覚するアメリカ

トッド　今のご意見は、アメリカにおける多様な意見の存在を証明するものですが、誤解を恐れずに率直に言うならば、極めて時代遅れで現状を考慮しない意見だと思います。つまり、トランプ大統領が誕生したという事実の意味合いを全く見逃していると思います。トランプは、アメリカが世界のコントロールを喪失したという事実に気がついており、その喪失に対してどのように対処すべきかが問われている段階なのです。かつてのイギリスのように、しなやかにその変化に対処できるか否かが問われているのです。確かに、ブッシュ・ジュニアの時代は、ソビエトの崩壊によって、アメリカが唯一の超大国であるという幻想に舞い上がった時期でした。ロシアが理性的な国に落ち着きつつある現在、もしロシアが存在しなかったら、世界はアメリカの核の脅迫の下におかれることになったでしょう。帝国主義的なヒラリー・クリントンとトランプの対戦となったアメリカ大統領選で問われたのは、まさにこのアメリカの現状についての認識だったのです。そこにはトランプを嘘つきと決め付けるメディアが、アメリカの価値を帝国主義的に標榜する民主党候補を賞賛する構図も見られたのです。個人的には、全くトランプに親近感を持ってはいませんが、根本的な認識においては、『詐欺にかかったアメリカ』[71]という本を書いたトランプが、アメリカの現実に光を当てたと理解しています。アメリカの現実とは、白人系の四五―五五歳の層の死亡率が上昇し、収入が減り、社会インフラが劣化し、さらにはF35に見られる軍備の低下が止まらないアメリカであり、世界第一の大国であり続けながらも、弱体化が深刻化するアメリカなのです。とはいえ、アングロ・サクソン社会であるアメリカは、極端に走った後は冷静に戻ることができる側面も併せ持った社会です。この弱体化を混乱なく受け入れていける潜在力も持っているのです。アメリカを悪魔的な支配欲だけに囚われていると理解する見方は、アメリカの多様な体質を見ない全く偏執狂的な理解だと思います。フランスが国としての主権と独立を目指すことは理性的なことですが、その際に問われる課題は、このようなアメリカに対抗することではないのです。弱体化してきたとはいえ世界最強の国と対立することではないと考えます。（拍手）

ロリエンヌ・モリエ　トッドさんは、要求に優先順位をつける必要があり、アメリカとは、外交政策において一致することができないとしても、協調関係を持つことは、EU・ユーロからの離脱を実現するために必要な方法であるという訳ですね。対して、アスリノさんは、NATOから離脱することで、アメリカの外交政策と距離をおく必要があるということです。そうすると、例えば、シリアでの戦争で多くの殺戮がなされている軍事行動を終了させるためには、価値観のレベルで選択が迫られていることになるように思えます。つまり、外交上の価値観が一致しないとしても、まずは離脱を実現して、その後に残る問題に対処しようとするか、もしくは、それらすべての問題に対して、一挙に対処しようとするかです。事態に対して、優先順位をつけて対応しようとするか、その際の優先順位をどのように考えるかということが含まれているのではないでしょうか。

トッド　今のご意見は、大変すばらしい要約になっています。しかも、この要約が重要なのは、必ずしも結論を迫るのではなく、ここにいる各人が自ら考え、各自の回答を見出す必要があるという点ではないでしょうか。

アスリノ　しかもそこで注意しなければならないことは、やはりアメリカが、フランスのＥＵからの離脱を果たして手助けしてくれるのか、逆にそれを阻もうとするかを見極めなければならないということです。この点は、根本的なこととして忘れるわけには行きません。

確かに、モリエさんの要約の重要な点は、ここでの議論で、いくつかの相違点も浮き彫りになったと同時に、多くの点での意見の一致を見ることができたということを整理してくれていることだと思います。いずれにしろ、今日のフランスで行われる議論が、全く表面的な所にとどまっていることを鑑みると、今日の討論で、ＥＵ問題、アメリカとの関係、ドイツとの関係、ロシアとの関係など、どれをとっても根本的な問題について、極めて高次の議論が展開されたことは特筆に値する、と結論として明言することができるでしょう。

トッド　最後に忘れずに補足したいことですが、初めに私は今日の討論に参加し、「人民共和連合」の皆さんとお会いすることを大変楽しみにしていたと言いました。今、アスリノ氏との討論を行い、また皆さんの質疑応答を聞くことができて、理解できたことがあります。それは、皆さんがユーモアを解し、自由を求める人々であるということです。

（人民共和連合シンポジウム　二〇一八年十月二七日）

荻野文隆 訳

訳注

（1）『最後の転落』中野茂訳、石崎晴己監修、藤原書店、二〇一三年。

（2）『世界の多様性』荻野文隆訳、藤原書店、二〇〇八年。

（3）Aurélien Enthoven：哲学者 Raphaël Enthoven と元フランス大統領ニコラ・サルコジの妻カルラ・ブルーニ（歌手）との息子。

（4）RT France を除き、LCI, TF1, AFP, BFM TV, Libération, La Nouvelle République du Centre などのメディアが取材に訪れることは、今までほとんどなかった現象である。ただそこに、公共放送のテレビ局とかつては良識の府と敬された「ル・モンド紙」の姿がないのは、今日のフランスのメディア状況を端的に物語るものである。

（5）確かに「人民共和連合ＵＰＲ」に対する旧メディアのボイコットは二〇〇七年の結党以来徹底して続いている。しかし現在では、「人民共和連合」の公式サイトへのアクセス数は、フランスの政党では第一位であり、YouTube の登録者数も二〇一九年十一月で十一万人を越えている。前回の大統領選挙が行われた二〇一七年以後、加速度的に多くの市民の関心を集めてきており、延べ視聴回数が三二〇〇万回を越えている。また党員数ではフランス第三位の政党であり、ほぼ二万人で第四位、第五位と続く社会党や共産党を大きく引き離している。因みに、一位の共和党は約七万人だが、二位の国民連合（旧国民戦線）は人民共和連合の二万五千人と競っている状態である。

二〇一八年十一月十七日に始まり現在も続いている「黄色いベスト」運動の高まりも、フランソワ・アスリノの活動への注目度を高める状況を醸成していると言える。貧困化と格差拡大が臨界点に達し、ＥＵ・ユーロ体制が根底的な原因であることについての理解が徐々に浸透して来ている。二〇一八年十月二七日に行われた本討論の前日にRTL, Ouest France, Sud Radio, Sud Ouest, Valeurs Actuelles, L'Obsなどのメディアが取材に訪れたことは、フランス社会の中でさすがに何かが動きつつあることの現れと見る事ができる。

(6) 一九五七年のローマ条約以来、ド・ゴールを除き、歴代の政権によって推し進められてきたヨーロッパ統合のプロジェクトだけに、EU批判を徹底的に封じ込めようとする官制メディアによる検閲は、近年も徹底している。また二〇一九年五月二六日に予定されている欧州議会議員選挙へ向けて、公共放送で四月四日に行われる政党討論から「人民共和連合」と「共産党」が排除されているのは、その一例に過ぎない。また世論調査においても、回答用のリストに「人民共和連合」の名が削除されているという事態は、二〇一七年の大統領選挙でも見られたことだが、現在もそれは続いているのである。表現の自由、公正な選挙の原則がこれほど露骨に踏みにじられているフランスの現状だが、実はフランスだけの特異な事情とは言えない状況であることを理解する必要があるだろう。

(7) La France insoumise：元社会党の議員ジャン・リュック・メランションが率いる左派政党。

(8) 二〇一七年六月のフランス総選挙での投票率は、第一次投票では約四八%、決選投票が約四二%であった。

(9) 長年政権党としてフランスの政治を牽引してきた社会党（オリヴィエ・フォール党首）と共和党（ロラン・ヴォキエ党首）は、二〇一七年の大統領選挙の第一回投票で敗退するとともに、総選挙でも議員の数が激減したことの痛手は極めて深刻である。とりわけ社会党は、壊滅的とも言える状態にある。両党ともに、財政的に逼迫したため、党本部の建物を売却するまでに至っている。国民連合（ルペン党首）の財政状況も深刻で、ルペン党首がフィリップ首相との会見の後に、EUとユーロからの離脱は目指さないと明言したことは、何らかの取引がなされたとも考えられるのである。問題は、これらの党が財政的に民間銀行や政府に債務を抱えていることで、政党としての独立性が脅かされていることである。

(10) 「国民戦線」を前身とする現在の「国民連合」

のマリーヌ・ルペン党首が、ロシアから政治資金を得ていたとされることや、サルコジ大統領の選挙資金がフランスの財閥から来ていたことについての訴訟などがある。

(11) François Mitterrand (1916-1996)、社会党系大統領(在任一九八一—一九九五年)。

(12) *Nouvel Observateur*、現在のL'Obsの前身の左派週刊誌。

(13) Georges-Marc Benamou (1957-)、左派の映画作家、ジャーナリスト、ミッテランの遺言とも言える『最後のミッテラン(*Le Dernier Mitterrand* Plon, 2005)』がある。後にサルコジ政権での文化・視聴覚顧担当問を務める(二〇〇七—二〇〇八年)。

(14) *Le Mystère français*, Emmanuel Todd, Hervé Le Bras, Points, 2015.

(15) Bernard Arnault、ルイ・ヴィトンとクリスティアン・ディオールの取締役会長。

(16) 一七四四年から一七六一年にかけて三次にわたるインド南部におけるカーナティック戦争(マドラス対ポンディシェリ)やベンガル地方で一七五七年に起こったプラッシーの戦いによって、インドにおけるフランスに対するイギリスの支配は確立することになった。

(17) Pierre Moscovici (1957-)、元フランス社会党議員、欧州委員会経済金融・税制担当。

(18) Jean Claude Junker (1954-)、欧州委員会委員長、元ルクセンブルク首相。

(19) Charles Péguy (1873-1914)、フランスの詩人・思想家。ドレフュス事件でドレフュス擁護の運動に関わったのち、『半月手帳』を創刊。第一次大戦の勃発に、志願兵として従軍し、まもなく戦死。『我らの青春』磯見辰典訳、中央出版社、一九七七年。『もう一つのドレフュス事件』大野一道訳、新評論、一九八一年。『ジャンヌ・ダルクの愛の秘儀』岳野慶作訳、中央出版社、一九八四年などがある。

(20) その数少ない人々の中に作家のロマン・ガリRomain Gary (1914-1980) もいた。作品に『夜明けの約束』岩津航訳、共和国、二〇一七年。『ペルーの鳥』須藤哲生訳、水声社、二〇一七年などがある。

(21) ブルターニュ半島沖の島。

(22) 戦時中、ド・ゴールがロンドンで「自由フランス」の拠点としたのが、セイント・ジェームズ・

パークに隣接するカールトン・ハウス・テラスの一角のCarlton Gardensだった。

(23) フランク王国クロヴィス一世Clovis（在位四八一―五一一年）は、ブルグンド王国、西ゴート王国と対峙する三国志状態であったガリア地域を五〇七年に平定する。それに先立って、キリスト教アタナシウス派（カトリック）に改宗し、アリウス派であった西ゴートやヴァンダルらその他の勢力との差異化を図っていた。

(24) フランス王Hugues Capet（987-996）は、カペー朝の開祖、サンリスで王に選挙され、ノアヨンで戴冠式を行ったユーグ・カペーは、息子ロベールへの選挙によらない王位の継承に成功し、カペー朝の礎を築いた。これにより王位の直系相続が確立し、ヨーロッパ全域に直系による王位継承が広がっていく切っ掛けとなったのである。

(25) Russia Today：今日のフランスで、最も表現の自由を尊重しているメディアのひとつだと言える。

(26) Michel Onfray（1959-）、おそらくフランスで最も一般市民の認知度の高い哲学者。二〇〇二年の大統領選挙で極右政党「国民戦線」のジャン＝マリ・ルペン党首が決選投票に進出したことにフランスの政治的危機を感じ、高校の哲学教師の職を辞して、仲間たちと全ての人に開かれた無料の「人民大学」をノルマンディーの中心都市カーンに開設。公共ラジオ局「フランス・キュルチュール」は、その哲学講義を毎年放送していた。講義動画のネット配信を通しても多くの人々の支持を得た。しかし、二〇一九年、彼のEU・ユーロ体制とマクロン政権に対する徹底した批判のため、当局によりカーンでの「人民大学」閉鎖を余儀なくされた。「フランス・キュルチュール」もオンフレの講義の放送を停止し、カーン大学も施設の貸し出しを拒んだ。知識人、研究者の言論への締め付けの露骨さは、経済学者ジャック・サピールJacques Sapirの、マクロン政権の経済運営に対する批判を封じ込めるために、フランス学士院の研究者用サイト上の彼のブログが二〇一七年から使用停止になっていることからも伺える。

　ミシェル・オンフレは、二〇一七年一月の「ル・ポアン」誌の『退廃――ユダヤ・キリスト教の生と死 *Décadence : Vie et mort du judéo-christianisme*, Flammarion, 2017』についてのインタビューで次のように語っている。

「ル・ポワン誌：あなたの最新作のタイトルは『退廃』ですが、左派の知識人としては、意表をつくタイトルですね。この「退廃」という概念は、ポール・ブルジェやオズヴァルト・シュペングラーの系譜のように右派のものだったと思うのですが。

オンフレ：第一次大戦前にオズヴァルト・シュペングラーによって執筆された『西洋の没落』は、体系的で固定的な読解を行なっていますが、私の読解は造形的で有機的です。文化とは生き物ですが、確かに「退廃」は通常、右派の概念です。対して、左派は進歩主義ですが、その背後にはキリストの再臨という終末論の幸福な歴史の終焉という概念が秘められているのです。「ローマの終焉」を語る場合でも、左派は「古代晩期」と表現します。私は、進歩主義でも右派でもないので、通常「退廃」を語ってきた人々には与しません。悲観主義で退廃を気にかける右派の知識人たちは、過去へ回帰しようとします。私は違います。楽観主義で進歩の限りない歩みを語る左派の知識人たちは、未来を信頼しようとします。私は違います。悲観主義でも楽観主義でもなく、悲劇的である私は、死につつある文明を救えるものは何もないと考えるのです。」

とは言え、オンフレはマーストリヒト帝国としてのEUについてのアスリノの分析を評価していることを、二〇一九年九月十八日の独立書店Mollat（ボルドー）での公開試論のなかで初めて明らかにしている。

(27) 本書所収の討論「ドイツはEUとユーロから離脱するのか」で、エドゥアール・ユソンは貿易黒字が六％を超えると、その分を他の加盟国に再配分しなければならないとする欧州条約に違反する状態であると指摘している。

(28) エマニュエル・トッドのドイツ分析は『「ドイツ帝国」が世界を破壊させる』（堀茂樹訳、文藝春秋、二〇一五年）に詳しい。

(29) Jean-Luc Mélenchon (1951-)、二〇一七年大統領選挙候補。「社会党」上院議員（一九八六―二〇〇〇年、二〇〇四―二〇一〇年）、「左翼戦線」欧州議会議員（二〇〇九―二〇一七年）、「不服従のフランス」国民議会議員（二〇一七―　）。

(30) 似非平和状態とは、ヒトラーの第三帝国がヨーロッパを侵略した時、徹底抗戦を続けたのはチャーチルのイギリスだけだったことを示唆している。アメリカは、ナチス・ドイツとの関係を維持しながら、ドイツへの資本投入を続けた。
(31) レバノンでは、キリスト教マロン派、イスラム教シーア派とスンナ派の三つ巴の関係が、新米反シリア、反米親シリア、親イランでさらに分裂する複雑な状況が展開している。
(32) Anthony Cyril Sutton (1925-2002)、イギリスの歴史家、経済学者。
(33) Operation Paperclip:ドイツの優秀な科学者をドイツからアメリカへ移送し、戦後利用するために第二次大戦末から始まった一連の作戦。
(34) *Walter Hallstein: Ein Wegbereiter Europas*, Matthias Schönwald, Kohlhammer, 2017.
(35) Alain Peyrefitte (1925-1999):ド・ゴールの側近的な政治家、外交官、作家。
(36) *C'était de Gaulle*, Alain Peyrefitte, Gallimard, 2002.
(37) アルストンをドイツのジーメンスとアメリカのジェネラル・モーターズへ売却するというマクロン政権の決定によって、フランスは新幹線技術と原発タービン技術を国外企業に奪われた。フランスの産業主権の一角がまた崩されたことになる。
(38) アンリ一世 (1008-1060)、カペー朝第三代国王、キエフ大公ヤロスラフ一世の娘アンナ・ヤロスラヴナ (アンヌ・ド・キエフ) は二人目の王妃。
(39) エマニュエル・トッドの著書を参照。『世界の多様性』荻野文隆訳、藤原書店、二〇〇八年。『新ヨーロッパ大全 I・II』石崎晴己・東松秀雄訳、藤原書店、一九九二―一九九三年。『家族システムの起源 I』石崎晴己監修、藤原書店、二〇一六年。
(40) Alan Macfarlane (1941-)、ケンブリッジ大学社会人類学名誉教授:『イギリス個人主義の起源』酒田利夫訳、南風社、一九九七年。
(41) *Où en sommes-nous?*, Emmanuel Todd, Seuil, 2017.
(42) アントニオ・サラザール (1889-1970) のエスタド・ノヴェ (新国家体制) は一九三三年から一九七四年までの長期にわたる独裁政権となった。
(43) フランシスコ・フランコ (1892-1975)。一九三六年からのスペイン内戦で共和政を打倒した後、三〇年間に及ぶ独裁政権を維持する。
(44) ベニート・ムッソリーニ (1883-1945) は、一九二五年以降強化された首相権限と複数の大臣職を兼任することで独裁体制を確立した。

（45）エンゲルベルト・ドルフース（1892-1934）は、一九三三年、オーストリア共産党とオーストリア・ナチス党を非合法化し、強権的な政権運営を行う。ムッソリーニとの協調を模索するも、一九三四年、オーストリア・ナチス党員によって暗殺される。

（46）Kulturkampf「文化闘争」は、普仏戦争後の一八七一年から一八七八年にかけてビスマルクによって進められたカトリック教会勢力の抑制政策。

（47）エマニュエル・マクロンは、金融界とグローバル企業の支持を背景に、資本家に買い取られたメディアの全面的なキャンペーンのお陰で有権者の一七％の票を獲得して大統領に当選している。

（48）現在首相のエドアール・フィリップは、二〇一〇年からル・アーヴル市長、二〇一二年から共和党の国民議会議員であった。

（49）二〇一三年四月七日に行われたアルザスでの住民投票は北アルザスと南アルザスを統合して一つの大きな行政区とすることへの賛否を問うものであった。直前のメディアの世論調査の結果とは裏腹に、承認されるだけの票が得られなかった。

（50）ヴァンサン・ブルソーが、フランスの核抑止力をドイツと共同管理することがマクロン大統領によって構想されていると分析している。

（51）Jodhaa Akbar（2008）：一六世紀ムガル帝国時代の歴史ロマンス。Devdas（二〇〇二、サンジャイ・リーラー・バンサイリー監督）。

（52）Sri Aurobindo Ghose（1872-1950）：インドの反英独立運動、自由化運動のリーダー、ヒンドゥー宗教家・哲学者。インテグラル・ヨーガの創始者。

（53）スペイン継承戦争は、ユトレヒト条約、ラシュタット条約によって終結し、イギリスはジブラルタル、ミノルカ島、ハドソン湾、アカディアを獲得するとともに、フランスからアシエントの権利を得て、植民地帝国の基礎を手にすることになる。

（54）一七〇九年九月のフランス北部マルプラケでの戦いは、重要都市リールを奪われた状況の中でフランス軍が戦ったスペイン継承戦争の最大の戦い。ドゥナの戦いは、一七一二年七月、フランス軍がプリンツ・オイゲン軍に勝利し、戦争終結へ向けて形勢を優勢にした戦い。

（55）パスカル・パオリまたはパスクワーレ・パオリ（1725-1807）は、コルシカ独立運動の指導者。一七六九年のポンテ・ヌオーヴォの戦いでの敗北によりイギリスに亡命する。フランス革命後の一七九二年、コルシカへの帰還が許されるが、一七九五年に再びイギリスに亡命しロンドンで没する。

(56) コルシカ軍とフランス軍によるポンテ・ヌオーヴォの戦い（一七六九年五月）の数ヶ月後にナポレオン・ボナパルト（1769-1821）が生まれた。

(57) 尊厳王フィリップ二世（在位一一八〇―一二二三年）が一二一四年、神聖ローマ帝国皇帝オットー四世らの軍に対して、フランスとフランドルの境界付近のブーヴィーヌで勝利した戦い。

(58) Morvan Marchal（1900-1963）、ブルターニュ自治主義、ブルターニュ自治党、フランス・フリーメーソンなどに関わる。

(59) 二〇一八年十一月四日に行われたフランス領ニュー・カレドニアでの住民投票は、フランスからの独立を問うものであった。一九八〇年代、独立運動派が活性化した後、一九九八年のヌメア合意で住民投票の実施が予定されていた。

(60) Bernard Stiegler（1952-）、哲学と技術、社会、メディアなどを中心テーマとするジャック・デリダなどの影響を受けたフランスの哲学者。

(61) ホンジュラスからアメリカを目指す移民キャラバンは二〇一八年十月に始まった。

(62) ブルキナファッソの首都ワガドゥグーで行われる全アフリカ映画祭。

(63) アフリカ金融共同体 CFA: Communauté Financière Africaine のフランは、旧フランス領西アフリカ、赤道アフリカの一四カ国で使用されているが、西アフリカ諸国中央銀行と中部アフリカ諸国銀行の二つの発行元があり、相互には使用されていない。一九九九年からはユーロに対して固定されている。

(64) ヴェルダン条約（八四三年）によって、フランク王国がシャルル二世の西フランク王国、ロタール一世のロタール王国、ルードヴィッヒ二世の東フランク王国に三分割される。八四二年にはシャルル二世とルードヴィッヒ二世の間でストラスブールの誓約が交わされている。

(65) Patrick Arthus（1951-）、国際経済と通貨政策を専門とする経済学者。Natixis 銀行の調査研究所所長。

(66) ポワトゥ・シャロント地方：ポアティエ、アングーレーム、ラロシェルなどの都市を含むフランス中部大西洋岸地域。

(67) Christophe Guilluy（1964-）地理学者。著書に

La France périphérique（周縁のフランス）, Flammarion, 2014など。

（68） 二〇一八年「人民共和連合」シンポジウムでは、二日目の十月二八日に二人の村長による地方の過疎化、切り捨て政策の現状についての討論が行われた。

（69） 市町村統廃合は現在、欧州委員会からの通達に従ってマクロン政権によって推し進められているが、日本では小泉政権下で既に実行された政策であり、日本の新自由主義政策の先進性の深刻さを理解できるものである。

（70） Richard Norman Perl（1941- ）、アメリカのネオコン、民主党の対ソ強硬派、イラク戦争の急先鋒。

（71） *Crippled America : How to Make America Great Again*, Donald J. Trump, Threshold Editions, 2015.

〈討論〉
2　ＥＵユーロ・システム下のドイツの現状と未来

F・アスリノ
ドイツ史　エドゥアール・ユソン
ジャーナリスト　コラリー・ドローム
経済学　ダヴィッド・ケイラ
経済学　ヴァンサン・ブルソー
司会　ロリアンヌ・モリエ

ドイツはＥＵとユーロから離脱するか？

フランソワ・アスリノ　この討論のテーマは、ちょっと驚かれる方もいるかも知れませんが、「ドイツはＥＵとユーロから離脱するだろうか」というものです。今日は、フランスでもドイツの事情にもっとも精通した専門家のみなさんにお集まりいただけて大変光栄です。この陣容からもお分かりのように「人民共和連合」は、ドイツの状況とそのエリートの動向、そしてユーロについての詳細な分析を提供している運動でもあります。

さて、パネラーをご紹介します。まずは、エドゥアール・ユソンさん(1)ですが、高等師範学校出身の歴史博士でドイツを専門とし、教育大臣だったヴェレリー・ペクレス氏(2)の下での教育政策にも係わった経験を持つとともに、パリの三大商科大学の一つであるパリ高等商業学院 (Ecole Supérieure de Commerce de Paris) の学長を務めました。知識人としての見識だけではなく、商業・経済の実務についても係わってきた方です。

次いでコラリー・ドロームさんですが、もう既に皆さんご存知の方も多いと思いますが、彼女は、メディアでの活躍が顕著な方です。著書も、次に紹介するダヴィッド・ケイラさんとの共著『EUの終焉』(3)があるとともに、最近刊行されたものとしては『仏独連携——神話か現実か』(4)があります。

次のダヴィッド・ケイラさんですが、彼は「愕然とする経済学者たち」(5)というグループのひとりですが、メディアパート (Mediapart)(7) に執筆しているとともに、著書には、先程ご紹介したコラリー・ドローム氏との共著『EUの終焉』があります。

最後に、ご紹介するのはヴァンサン・ブルソー(8)さんですが、高等師範学校卒で、ソルボンヌ大学の数学博士、パリ・ドーフィンヌ第九大学の経済学博士、一貫してドイツ通であった彼は、かつてはEU支持者でした。そこで一九九八年に一念発起して、欧州中央銀行に履歴書を送り、その後一五年間、欧州中央銀行の内側からEUの金融政策を見て来たわけですが、そのうち六年はユーロの総司令部とも言える通貨政策部での職務に従事したとのことです。個人的な就活で採用されたのは、フランス人では彼だけだとのことでしたね。ですので、ユーロがどのように機能しているかを知る正真正銘のユーロの専門家なのです。実は「人民共和連合」がようやく幾らか知られるようになった二〇一〇年、フランクフルトから彼の小切手が届いたのですが、そこにはゼロが何個も並んでいました。当時は、支援者全員に電話をしていましたので、彼にも電話をかけました。驚いた様子の彼に話を聞いて、わたしの方も驚きました。なんと言っても、欧州中央銀行の通貨政策部に務めていると言うのですから。これはあたかも、バチカンの法王が、自分専用の部屋に、メッカに向けてお祈りをするために、イスラム教の祭壇を設えたと知らされるようなものですから。

そして、司会を務めてくれるのは、ロリアンヌ・モリエさんです。彼女は、YouTubeで登録者数一万人を持っており、ご存じの方も多いと思いますが、非常に鋭くユーモアのある動画を見ることが出来ます。彼女のような若い支援者に司会をやっていただけるのは、大変、有難いことです。

ドイツのEU離脱はありうる（ユソン）

ロリアンヌ・モリエ　皆さん、ようこそいらっしゃいました。この討論のテーマは、「ドイツは、EUとユーロから離脱するだろうか」です。では、早速、四人のパネラーの方の考えを伺いたいと思います。エドゥアール・ユソンさんからお願いします。

エドゥアール・ユソン　今日ここにみなさんとお話ができることを大変嬉しく思います。何故ならば、フランソワ・アスリノ氏と「人民共和連合」の活動が、我が国での思想・政治・経済的な議論に新たな風を吹き込んでいることを高く評価してきたからです。フランス革命を実現した国でありながら、残念ながら、自由な議論を闘わせる事ができる空間は極めて限られていると言わざるを得ない現状です。この「人民共和連合」は、その限られた自由な空間の一つだと言えるからです。

私がニコラ・サルコジ政権の大学教育担当大臣の官房で働いたことについて、皆さんが疑問をお持ちのようなので、そのことについてまずは説明したいと思います。私は、サルコジ政権下で、大学改革に関与することが出来たことに満足しています。その私が、何故、今日ここに呼ばれているかということに関連する事なのです。

ふたつの断絶

私は、これまでの人生で、社会や政治に関して、二回の断絶を経験してきました。ひとつは、一九九一年、フランスが湾岸戦争に参加するかどうかが問われたとき、賢明な先達のお陰もあり、参戦すべきではないという結論に至りました。アメリカとイギリスに任せておけば良いことで、フランスの使命はそこにはないと考えたのです。(拍手)

二つ目の断絶は、一九九二年のマーストリヒト条約に対して反対票を投じたことです。(拍手)

その理由は、いくつかあったのですが、一つには、ユーロの設計が、通貨というものの現実と矛盾しており、政治の色に染った通貨だったからです。しかも、いかなる合理的な議論がなされないまま、選択肢が一つしか示されていなかったのです。いくつかの通貨政策が検討されていれば、その中から選んで投票するということができたはずです。選択肢がないままに選べといわれると、拒否する以外の方法はなかったのです。さらには、マーストリヒト条約についての議論が、知的貧困化を露呈させるものだったからです。ここにいる若い方たちは覚えていないでしょうが、マーストリヒト条約を承認しなければ、カオスと化し闇に包まれてしまう、と宣伝されたのです。恐喝にも似たこのような押し付けで迫られると、祖先の歴史を誇らしく思うフランス人としては、その逆を選択するしかなかったのです。以上が、マーストリヒト条約に反対票を投じた理由です。

今朝の討論でエマニュエル・トッド氏が、EUとの戦いが二五年来のものであったと言っていましたが、まさに私たちの闘いだったのです。それが歴代の大統領やエリート官僚たちによってこの経済合理性を欠いたシステムは受け継がれ、定着して来たばかりか、危機に見舞われる度に、さらなる深みに突き進んできたのです。

さて先ほど二〇〇九年にサルコジ政権のペクレス高等教育担当相から大学教育改革に関して手助けを要請されたとき、私は喜んで引き受けたことをお話ししました。この矛盾しているかも知れない選択は、まさにフランスが、このように硬直した状況にある中で、グランゼコールと大学とに分断されたフランスの高等教育制度を是正することは、少なくともフランスの高等教育のレベルアップにつながる、意味のある試みだと考えたからだったのです。限られた改善に過ぎなかったかも知れませんが、出来ることはやったという自負を持っています。その時のことでお話ししたいことなのですが、サルコジ大統領は、この高等教育改革を重要な課題の一つと考えていましたので、彼がどのような制限の中で判断を迫られているかをつぶさに見ることができました。サルコジ大統領は就任当初、ドイツとの関係には警戒する姿勢を取っていたのですが、遂には全面的に同調するという態度に変わっていきました。その変化の中で、多くの識者が指摘しているように、フランスにとって活かすべき貴重な様々な機会を逃して行ったのです。ユーロ危機はもちろんですが、その他の危機を利用して、多くの分野でフランスの独立を回復するための方向転換をすることはできたはずなのですが、一切なされませんでした。段々と仏独関係についてのエスタブリッシュメントの考え方に飲み込まれていったのです。そのことによって、彼の再選は不可能になっていったのです。驚くべきことですが、ユーロ体制が存続することで、大統領の政治生命が加速度的に短くなってきているのです。マクロン大統領はオランド大統領より短いですが、オランド大統領はサルコジ大統領よりも短かったのです。そのサルコジは、シラクよりもさらに短かったと言う具合です。このように、フランスの消滅の危機、もしくはフランスという存在の無意味化の危機は、今朝の討論でも指摘されていたように、確実に深まっているのです。

ドイツは消滅するか

今日の討論のテーマについて言うならば、「ドイツはEUとユーロから離脱するのか」というテーマが今朝の討論のテーマ「フランスは消滅するのではないだろうか」とは非対称をなしていることに注目していただきたい。仏独関係についてのバランスの取れた分析を行うには、ドイツについても同様に「ドイツは、消滅するのではないだろうか」という問いを突きつける必要があるのです。

とはいえ、私なりに「ドイツは、EUとユーロから離脱するだろうか」という問いに答えたいと思います。そのためにもフランスと同様に、ドイツは消滅するのではないか、と考えてみたいのですが、実は様々な要素を考慮すると、消滅すると答えるだけの十分な条件は揃っているのです。一九六〇年代末から凋落の道をたどっていた人口動態の推移を見れば、一九九〇年の段階で、ドイツが非常に脆弱な状態であることを理解することはそう難しいことではなかったのです。フランソワ・ミッテランがもう少し冷静に考える事が出来ていたら、二つのことに思い至ったはずです。一つには、ドイツの再統一は、ドイツにとって大変重い課題であるということです。そしてフランス経済にとっては大いなる追い風となるということです。ただそれは、ユーロでドイツに縛られないという条件の下でのことだったのです。ドイツの再統一が行われた時、フランス経済は上り調子の段階にあったことを思い出していただければ判ったはずです。このことについてのフランスの指導者たちの責任は重大です、何故ならば、このことによって、上り調子であったフランス経済を抹殺しただけではなく、技術革新の投資を阻害したことで第三次産業革命のステップへ進む事が出来たはずのフランスの躍進を阻んだのですから。でもミッテラン大統領が、もう少し冷静さを持っていたとすれば、ドイツは人口動態的に弱小化していく事で、ドイツ・マルクは一〇年乃至一五年経てば、一九九〇年頃の強さを失っているはずだと理解する事が出来たはずだったのです。また東欧諸国が資本主義経済に参加することによって、フランス経済にとっては、またとない展開を可能にする市場が出現しつつあったのです。ところが、ミッテランは全く逆のことをやってしまったのです。フランスをドイツに縛り付けたことによって東欧諸国をドイツに奪われてしまうことになったのです。ユーロで縛られたために、フランス経済のドイツ経済に対する優位性は失われてしまったのです。

ドイツの脆弱さ

ところで、この人口動態上の要因は大変重要なのです。何故なら、それが常にドイツを賢明ではない手っ取り早い解決策を選択させてきたからです。東西ドイツの再統一は、実は大いに、人口動態上の手っ取り早い解決策として設計されたのです。東ドイツからの一八〇〇万人規模の労働人口に加えてロシアからのドイツ人が確保されるということの意味が大きかったことを考えていただきたいのです。ドイツの現在の人口は八三〇〇万人規模ですが、それはドイツが四半世紀に渡って人口動態上の手っ取り早い解決策に依拠してきたことを意味しているのです。ユーゴスラビア紛争は、ドイツが引き起こした紛争であったわけですが、ユーゴスラビアからの移民もそこに寄与しているのです。さらに二〇一五年には、メルケル首相が大量の移民の受け入れをアピールしました。最初、難民だったのが、経済移民の大量流入に変わったことは、記憶に新しいところです。これら一連の移民の波は、すべて労働者不足の手っ取り早い解決策として受け入れられたのです。ただ二〇一三年以降にアフリカ、アラブ圏からやってきた移民で、仕事にありつけた割合が四〇%に過ぎないという事実は見逃すわけにはいきません。この数字は、ドイツ経済が必要としている技能を持った労働者は、東欧諸国からの移民で十分満たされており、そこから溢れた多くの移民を抱えているという状況を意味するのです。

さらに、ドイツが脆弱であり、自国の将来を見据えていないと思われる現象が他にもいろいろあります。ドイツの防衛予算は極めて微小なもので、最近の北大西洋条約機構の会議でトランプ大統領が苦言を呈したのも無理からぬものがあります。ドイツは、ヨーロッパにおけるリーダーシップを担う事ができずにきているのもその一つです。歴史的にみて、ドイツによるヨーロッパ構想は、常に失敗に終わっているのです。確かにドイツはある程度、拡大する能力を持っていますが、それはいつも領土の縮小をもって終結しているのです。もし二〇一五年、ギリシャ金融危機の時、フランソワ・オランドが固執しなければ、ギリシャはユーロから離脱していたはずです。ドイツのショイブレ財務相は、ギリシャを切り離そうとしていたのです。

宥和性の欠如

メルケル首相の中・東欧諸国に対する最近の批判的な対応もその一例です。マクロンがそれに加担していることで、さらに助長されています。イタリアの予算案に対する批判、さらには寧ろ宥和的な対応が求められるはずのブレグジット以後のイギリスに対する懲罰的な態度は、ドイツの体質的な行動パターンが反映されていると言えるものなのです。一般的なイメージとはかなり違うかもしれませんが、実はドイツは、帝国というものを形成する能力を持っていないのです。確かに、ドイツ人は、その個人としての能力や教育レベル、芸術的文化的な活力によって隣国に対して輝くべを知っており、ドイツ的な様式が定期的に影響力を行使してきた時代を経てきました。しかし、政治的な支配の段階に入るや、うまくいかないのです。理由は単純で、ドイツは、妥協を知らない国だからです。その時々の力関係によって事が決まっていく国であって、新たな勢力関係が出現するまでは、妥協を通して関係を調整するという事ができない国なのです。現在、ドイツ連邦共和国の社会システムなるものが、フランスでは賞賛されていますが、それは一九八〇年代のバランスの取れた段階のものであって、その後、ドイツの産業界は、東ドイツの安い労働者を流入させることで、労働組合に対して、それまで築かれていた全ての社会的合意を、労働者たちにとって不利な方向へ変更するよう迫ったのです。これは、シュレーダー政権が行なった変更に先んじるものだったのです。一般的に言うならば、このドイツの行動パターンをEUに重ね合わせて考えてみてください、それはドイツが、隣人たちとの間に妥協点を見出しながらシステムそのものを進化させていくという能力がないことを示しているのです。ユーロやその他の諸問題についても同様のことが言えるのです。つまり、最初に決められた原則から一歩も譲ろうとはしないのです。もし最初に取り交わされた合意の不備が顕在化したとしても、ドイツの力関係が不利にならない限り、妥協しようとはしないのです。現在のエマニュエル・マクロンのドイツに対する試みが無力なのは、フランスがドイツに対して有利な立場になるということを示せないところにあるのです。フランスとドイツの力関係が逆転することがない限り、意味がないのです。力関係が変化するためには、フランスの産業がドイツのそれに対して再び力を盛り返して来る必要があるのですが、それは現実的ではありません。もしくは、他国との連携によって、ドイツに対して強い強制力を持つ力関係を作り出す必要があるのです。そうするうちに、メルケルは退陣してしまうでしょう。

無謬性の神話

この問題は、じつは非常に重要なのです。ドイツ・モデルを頻りに褒め称えるフランスのメディアが撒き散らすイメージとは逆に、ドイツは、はるかに不確かな状況にあるのです。我々は歴史のある段階で法王の無謬性を拒否しましたが、現在、メルケル首相の無謬性の神話に囚われているのです。この神話に従って、フランスの全ての大統領候補がメルケル参りをするような状況です。マクロンは、選挙前に二度もベルリンに行っていますし、ロラン・ヴォキエ、さらにはペクレスもメルケル参りをしています。これらの政治家は、通常考えられているのとは逆に、ドイツがいかに不確かな状態にあるかを理解していないのです。

移民問題についても、同様のことが指摘できるのです。ドイツにはトルコからのイスラム系コミュニティーが主要なマイノリティーとして存在しますが、そこへメルケル首相が、アラブ系とペルシャ系のイスラム・コミュニティーを大量に引き入れたことは、ドイツ国内でイスラム系コミュニティー間の紛争、引いては内戦を作り出す芽を植えつけたことになるのです。現在進行中の状況は、その始まりに過ぎないのです。同様の愚かな政策は他にもいくつも見いだすことができます。

ですから、「ドイツは消滅するのではないだろうか」という問いも重要な問いなのです。ドイツは考えられているほどには、強固な存在ではないということを理解していただきたい。フランスで考えられているドイツの力強さというものは、フランスの指導者たちが抱いている幻想に過ぎないのです。

これは実に不思議な現象であると言えます。私たちは、ルネサンス以来、宗教的ドグマから解放され、合理主義、不可知論、無神論の時代を生きているはずなのに、指導者たちはある種の信仰に基づいて行動しているのです。かつての反宗教改革の時代にあった神の無謬性への信仰を打ち捨ててから何世紀にもなりますが、それを凌ぐ信仰心がドイツの無謬性への信仰というかたちで現在存在していることに驚かされます。その信仰が、愚かなことであるという現実からの反証は数多く挙げる事ができます。

先ほど、お話ししました東西ドイツの再統一の問題にもう一度戻ってお話ししますと、東西ドイツ再統一の時に、ヘルムート・コール首相は、東ドイツのマルクと西ドイツのマルクの交換レートを1対1に設定しましたが、これは極めて愚かな判断でした。これによって、東ドイツの産業を競争力のある分野も含めて、壊滅的な状況に陥れたからです。この決定は、おそらく目先の政治的判断だったと言えるのです。確かに選挙的には、票集めのアピールとして効果のあるものでした。このように、ドイツの政策決定が必ずしも信頼できるものではないという例はまだいくつもあります。当時は、東西統一には、通貨統合が必要であるという意見が大きな影響力を持っていたことは確かです。

メルケル首相の移民政策についてみてください。同様の問題を指摘することができます。メルケル首相の移民受入の決定は、単独で一方的に行われたのです。EU諸国との調整を図らなかったばかりか、バイエルン地方の国境警備の専門家の意見も聞かず、しかもEU条約に違反するという法学専門家の意見も無視して行われたのです。これほどに無能を証明する決定はあったでしょうか。あの時、メルケル首相が移民の女の子の訴えに対して返事に窮する場面を写した動画がメディアで配信されましたが、その失態を補うべく下された決定だとすれば、またドイツの労働者不足の解消にもなるとしての決定だったとすれば、いかに愚かな指導者であるかを物語るものでした。これほどに常軌を逸した驚くべき決定は、EUの歴史においてもかつてなかったものなのです。今朝、フランス大統領がそのようなドイツに対して、核兵器を共同管理し、国連の安全保障理事会の常任理事国の席を共有することを提案するという指摘がありました。これは、このような信頼性のないドイツに対して行うべき提案なのでしょうか。フランスの指導者たちは、ドイツの力に対する幻想の中に生きていると言えるのです。

ヨーロッパという信仰

さて、ここからは今日のテーマである「ドイツはEUとユーロから離脱するつもりがあるのか」という問いにお答えしたいと思います。合理的に考えるならば、離脱もありうると考えるのが妥当です。もし、EU諸国全体が欧州条約の履行を拒むようになり、フランスの経済がさらに困窮し、イタリアが再三に渡って反ヨーロッパ的な行動を示すようになった時にはです。しかしその際、見逃してはいけないのは、二つの異なるレベルがあることです。その一つは、ワーグナーの伝説的なニーベルンゲンの忠誠をも想起することができる、根底的な原則に対する絶対的な忠誠のレベルです。いわば形而上学的信仰のレベルのものですが、一九四五年以降、ヨーロッパ内で再び戦争を起こしてはいけない、そのためにはフランスと和解しなければならないと決定されてからは、ヨーロッパという概念に依拠する必要があるのです。ドイツの指導者にとっても国民にとってもヨーロッパを拒否することは、隣国との共存を拒否することを意味するために、一九四五年以降、それはありえないことです。仮に、ＥＵからの離脱をかけた国民投票が行われたとしても、おそらく結果は、否定的なものになるでしょう。

ところが、このヨーロッパという譲ることのできない論理的な枠の中で、ドイツは自らの原則を死守する姿勢を強めることができるのです。ユーロの立ち上げに当たって、ドイツはユーロ圏の中央政府を作ることに徹底的に反対したのも、その一例です。その反面、州同士の自由競争を原則とする連邦制のドイツの構造をユーロ圏に重ね合わせることで、ユーロ加盟国同士の自由競争の原則に固執するのです。それは、優秀なものが勝利するという原則なのです。これは、今朝の討論の中でエマニュエル・トッドが言及した、ドイツに指導されたＥＵの過酷な過当競争をもたらすことを意味しているのです。従って、ＥＵという連合が、その加盟国を次第に困窮させていく構造体だとしても、ドイツ自らがその構造体を消滅させる挙に出ることはおそらくできないのです。ドイツとＥＵの間には、構造的な類似性がありますが、ドイツ国内において認められている富める地方が貧しい地方を支えるための資金の移動を、ＥＵにおいて実施しようということに対して、ドイツは徹底的に反対してきました。ですので、考えられることは、ドイツに代わって他の加盟国が離脱の決断をするということになるのではないかということです。今後の動向次第では、イタリア政府がＥＵ離脱を決定するかも知れません。イタリア規模の国が離脱したとなれば、かなりの混乱が引き起こされることで、ＥＵ全体が機能不全を起こすことは考えられます。そこで、恐れられる最悪のシナリオは、マクロン大統領もしくはその後継者が、イタリアは離脱したけれども、フランスの運命はドイツと共にあることだと主張して、ドイツとともにＥＵに留まろうとするのではないかということです。

ドイツはＥＵ離脱を選ばない（ドローム）

モリエ　大変興味深い発表をありがとうございました。続いては、コラリー・ドロームさんにお願いします。そのあと、みなさんの発表が一巡した段階で、質疑応答に移りたいと思います。

コラリー・ドローム　まずは、今日、ご招待いただいたことに感謝したいと思います。私は今まで、ネット上で、「人民共和連合」の多くの人たちと友好的なやりとりがありましたが、同時にかなり論争的なものもありました。ですので、今日は直にみなさんとお会いできることは大変興味深いこととして楽しみにやってきました。今日、驚いているのは、参加された皆さんの人数の多さです。この八月には、社会党関連の集まりに招かれましたが、こんなに多くの参加者はいませんでした。

ドイツは、ＥＵとユーロから離脱するだろうか、というテーマですが、この問いは、一般のドイツ人が日常生活の中で気にかけている問いでは全くありません。ＡＦＤ（ドイツのための選択肢）は、ユーロからの離脱を掲げて立ち上げられた政党でしたが、今ではかなり様子が変わり、反移民政策の党に変身してきました。ともかく、ＥＵの市場とユーロがもたらしている膨大な利益と、ドイツ人が主要ポストを牛耳ることによって圧倒的にコントロールできているこの体制を離脱しようと欲することは、おそらくドイツ人たちにとっては考えにくいはずです。とは言え、ユーロ圏の他の債務国に対する債権が膨らんできていることが、ある段階で、これらの利点を無効にする重大なマイナス点となる時がくるのではないかということは、検討に値することです。しかしながら結論から言いますと、私としては、そのような事態に至ることはないだろうという結論に達しました。

ユーロ――債権国と債務国

その第一の理由は、以前は、二〇一九年秋に任期が終わる欧州中央銀行のドラギ総裁の後任ポストをドイツが狙っていると思っていたのですが、実は、狙っているのは、ＥＵ委員会の委員長のポストであるということに気がついたからです〔訳注：事実、二〇一九年七月十六日、ドイツ人のウルズラ・フォン・デア・ライエンがＥＵ委員会次期委員長として選ばれている。欧州中央銀行総裁はフランス人のクリスティヌ・ラガルド〕。イタリア人のマリオ・ドラギ総裁に代わってドイツ[9]連邦銀行の総裁を後任にしようとする動きがあったのです。この人物は、常にドラギ路線に反対してきた古典的な人で、ドイツの望む金融政策を行うために努力してきた人物です。なぜならば、二〇一二年以降、ドラギ総裁が、それまでドイツ・モデルに沿っていた欧州中央銀行の方針にはなかった新たな政策を実践してきたからです。つまり、ユーロの存続を目標として、国債買い入れプログラム（ＯＭＴ）や金融緩和などの政策が実行されてきたのです。とりわけ、二〇一四年に始まり二〇一九年末に終了することになっている金融緩和政策は、実質的には債務国の国債を購入するものですから、これに対する訴訟がドイツ人によって欧州司法裁判所に起こされました。このような欧州中央銀行の政策は、財政赤字を禁止しているドイツの憲法に照らして、憲法違反であるという訴えだったのです。ドイツの司法裁判所に出されたこの訴えは、ＣＧＵ欧州司法裁判所にまで行ったのです。

この債務国の国債の購入は、実質的には、ユーロ圏内での経済格差を平準化する意味を持つものでしたので、これにはドイツが強く反発したことはいうまでもありません。ユーロ加盟国の相互扶助債を創設しようとした時、ドイツは明確に反対しました。欧州中央銀行の金融緩和政策は、実質的には、ユーロ加盟国の相互扶助機能を裏市場で果たしていると言えるのです。違いは、欧州中央銀行のツケになっているだけです。ドイツが何としても回避したいところです。このドイツの姿勢を理解するには、ユーロの立ち上げの歴史を少し垣間見る必要があります。もともとユーロは、ドイツに縛りをかけようとするフランス側の発案だったのですが、ドイツ連邦銀行はそれに強く反対しました。専門家たちの反対の理由は、現在のユーロ圏の状況を予見したもので、共通通貨の導入は、域内の経済効率の差によって、失業率の増加に苦しむ周辺国が出てくる、等のものでした。当時、コール首相は、ミッテラン大統領に次のように主張したのです。ドイツ・マルクは、一九四五年以降のドイツ人にとって国民としての誇りを託すことができる唯一の象徴として重要な意味を持つもので、それを手放すということは大変重大な犠牲を意味する、と。その結果、ユーロはドイツ・モデルに則って設計されたのでした。ユーロの現状は、財政赤字を出さないという憲法上の規定だけではなく、高齢化が進むドイツの年金生活者の利益にも反するものと理解されているのです。インフレによって年金が目減りすることを、ドイツの年金生活者たちは恐れているのです。彼らは、緊縮財政の継続によってインフレが引き起こされないことを、痛切に望んでいるのです。ドイツに対して債務を持つ国々が、財政破綻を起こさないためにも、緊縮財政を継続させなければならないという発想です。

通貨とアイデンティティー

次いで問題となるのは、ドイツを含めた各国で展開しつつある国民的運動、アイデンティティーの問題です。通貨というのは、社会としてのアイデンティティーと無関係ではないのです。ユーロ導入前は、マルクによって支えられていたとも言えるドイツのアイデンティティーでしたが、それは、この通貨が一九四九年の西ドイツの成立に先立つ一九四八年に立ち上げられた通貨であったことからも想像できます。さらにはベルリンの壁が崩壊し、東西ドイツの統一がなされた際にも、政治的な統一が実現する前に、マルクの東ドイツでの流通が始められたのです。つまり、マルクという通貨が、政治統一に先行して存在してきた歴史があるのです。ユーロによってその通貨が失われた状態にある訳ですから、アイデンティティーの問題が必然的に浮上してくることになります。

通貨は、単なる交換の手段ではなく、ミシェル・アグリエッタが指摘しているように、社会関係の総体を支えるものであり、社会保障や相続といった世代を超えた債権・債務の関係を可能にする社会的絆の基礎なのです。つまり国民のアイデンティティーと密接に繋がっているものなのです。このアイデンティティーの問題で、政党「ドイツのための選択肢」AFDが、ドイツ各地で支持を伸ばしていますが、これは最近の大量の移民の流入によって引き起こされたものです。先ほど、移民のマフィア同士の抗争も指摘されていましたが、まさにアイデンティティーの問題が活性化されているこのような文脈の中で、「ドイツのための選択肢」の一部で第二次大戦についての認識が修正されつつあるのを見ると、ドイツ・マルクを再び取り戻そうとする動きが出てきても不思議ではないのです。

この問題は、ドイツが欧州中央銀行の総裁のポストを狙っているのを見て感じたことですが、今は、その狙いが欧州委員会の委員長のポストに変化してきています。欧州議会の欧州人民党の党首を欧州委員会の委員長に据えようとしているのです。欧州議会では、すでに八グループある議員グループのうちの最大二グループを含めた四グループのトップをドイツが押さえています。つまり、ドイツ人の欧州議会議長がいるところで、欧州人民党の党首マンフレッド・ウェバーを欧州委員会の委員長に据えようとしているのですが、欧州委員会の事務方のトップである総書記はすでにドイツ人ですので、議会と委員会の要のポストをドイツ人で固めようとしているのです。このようにドイツは、欧州中央銀行を押さえるよりも欧州委員会の支配権を手に入れようとしてきていますが、マリオ・ドラギによって幾分かイタリア化されたユーロを、欧州中央銀行にドイツ人と考え方の近いフィンランド人などを入れてドイツ化する試みも忘れないでしょう。

いずれにしろ、現在のドイツはアイデンティティーの活性化の中で、ドイツ・マルクを取り戻したいという願望を含めた自分たちの問題に集中しようとしています。政治的に不安定になる中、極右の台頭も見られるように、多くの問題を抱えていることは事実ですが、ＥＵやユーロから出ようとするとは考え難いと思います。

ドイツ・モデルの浸透

ドイツの歴史を考えた時、ヨーロッパを再び破壊させるという責任を負うようなことはできないはずです。それに、ドイツだけでもヨーロッパとしてやっていけるという認識を持っているとも言えます。様々なドイツ・モデルは、イタリアやスペインにも浸透しており、恩恵を及ぼしているのだから、という具合にです。さらには、ドイツが、今日までのヨーロッパ統合から得ている膨大な利益を考えると、離脱しようなどとは考えないはずです。ＥＵの超国家的な構造は、分権的な連邦制であるドイツにとっては親和性がありますが、逆にフランスのジャコバン的な中央集権的な構造とは相容れ難いものです。経済的に言っても、ヒト、モノ、カネの自由な移動を認めた一九八六年の欧州単一議定書に始まる単一市場から極めて多くの利益を得てきたのです。ダヴィッド・ケイラは、ドイツを含むヨーロッパの中心地域が、どのようにEU構築の恩恵を受け、周辺地域が負の影響を受けたかの歴史的な説明を展開してくれると思います。またユーロがいかにドイツの経済を支えてきたか、さらには、単一市場が中・東欧諸国へ拡大したことで、安い労働力を提供するそれらの地域を、ドイツが経済的に植民地化した経緯を詳述してくれるでしょう。とにかく、単一市場、ユーロ、EUは、ドイツが意図せずとも、ドイツの経済を構造的に支え強力にしてきたのです。このような膨大な恩恵の受益者であるドイツがそこからの離脱を考えることは、あり得ないと思います。

逆に、ドイツがユーロをドイツ化することで、イタリアなどの他国に対して厳しい対応をしたとしたら、それらの国をユーロから離脱させることになると思います。いずれにしろ、どこかの国がユーロから離脱することは避け難いと思います。この問題は、現在のローマとブリュッセルとの対立に止まらず、ローマとベルリンの対立に行き着くことになるでしょう。

モリエ 大変興味深いお話しを有難うございました。お二人は話の中で、ギャングの抗争について言及されましたが、私はベルリンのクロイツベルグに住んでいる関係で、実際にそれを体験しました。その地区の住人同士が路上で抗争しているところに、警察がやってくるという光景です。それでは、次にダヴィッド・ケイラさんのお話を伺うことにします。

なぜドイツがEUを牛耳るのか（ケイラ）

ダヴィッド・ケイラ 私は、コラリー・ドロームさんと同じように、ネットで「人民共和連合」の数多くの支持者とコンタクトがあります。今日も多くの方がここにお集まりですが、ネットでも非常に活発で、やり取りを通して賛成できる点も多いのですが、時には賛成できない点もあります。とかくネットでのやり取りでは、賛同すると簡単に盛り上がったりしますが、やはり違う意見に耳を傾けるということも重要なことだと思います。

思想と表現の自由

ネットでのやり取りの典型として、私が、今日の「人民共和連合」のシンポジウムに参加することを知った人から、何故あのような集団のシンポジウムに参加するんだ、支持者にでもなったのかと批判の意見が届くのです。そんな時、私は、支持者としていくのではなく、専門家としての自由な分析と意見を異なる見方を持つ人々と交わし、民主的な討論を試みるために行くのだと答えています。思想と表現の自由を抑えつけようとする、このような一方的な決めつけこそ、ファシスト的であり、反民主的な姿勢だと言えます。

先ほど、私が「愕然とする経済学者たち」のグループの一員だと紹介されましたが、このグループは、フランス、ヨーロッパ、そしてアメリカやその他の世界で行われている経済政策における新自由主義を批判するための政治的活動を進めているグループです。しかし、それは経済学者としての立場からで、政治的には同質ではなく、特定の政党を支持するものでもありません。今日、私がみなさんの前でお話しするのも、私個人としての分析をお話しすることになります。

ドイツ支配の構造

さて、ドイツについての問題ですが、今朝の議論で言われたことの中で、修正する必要がある点について指摘するとともに、ＥＵにおけるドイツの支配的な立場がどのように形成されてきたかを分析したいと思います。今朝の議論で、エマニュエル・トッドは、ヨーロッパの経済がドイツにコントロールされていると話していましたが、それ自体は全く正しい評価だと思います。ただ、何故、その支配が成立したのかについては説明がありませんでした。ドイツの効率が良いのはドイツ人だから、イタリアがイタリアなのはイタリア人だから、フランスがフランスなのはフランス人の性格が本来そうだからだという説明には、違和感を覚えます。経済活動を考える時、フランスの産業だからドイツのそれに比べて厳密さに欠けるというものでは全くなく、どの国でも一定した製品を製造するためには、同じような厳格な生産体制が必要だからです。車の生産において、製造工程上は、ドイツもフランスも根本的な違いはないのです。

しかし、今朝指摘されたフランスの産業の空洞化の現象が何故起こったのかについては、根本的なところから分析する必要があると考えます。フランスは、ほんとうは他の国に比べて決して効率の悪い国ではないのです。何故かというと、フランスは、イギリスに次いで産業革命を実現した二番目の国だからです。フランスもイタリアも歴史的には強力な産業力を持ってきた国ですし、戦後を見るだけでもイタリアやフランスの産業の成長は、ドイツよりも早く進んだのです。ですから、それぞれの国に課せられた宿命というものなどないのです。イタリアと言っても、北部と南部では産業と経済の構造にはかなりの違いがあります。それが、イタリアが抱える多くの問題を生み出してもいる現実があります。つまり、それぞれの現象を指摘するだけではなく、何故どのようにそれが出現したのかを分析する必要があるのです。

単一議定書

今朝の討論で、フランソワ・アスリノが、資本の移動の自由化が産業の空洞化を生み出したと指摘しました。それには私も賛成ですが、ただその始まりを一九九二年のマーストリヒト条約と位置付けていましたが、実は一九八六年の欧州単一議定書からすでに始まっていたのです。国民投票を経ることなく調印された議定書ですから、忘れられがちなのですが、ヨーロッパの域内だけではなく域外の国との間でも、資本の移動に政府が制限をかけてはならないというルールが導入されたのです。この議定書は、その締結を指導したジャック・ドロールが自賛したものなのですが、モノ、ヒト、サービス、カネの自由な移動が制度化されたのがこの単一議定書だったのです。

もちろん、それまでも資本の移動は不可能ではありませんでしたが、政府による制限が掛かっていたのです。有名なところでは、一九世紀末のロシアの産業革命は、フランスとベルギーの資本によって多くが賄われたのですが、その後、ロシアの共産主義革命が起きたわけです。それは人類学的な指向性に沿ったものであったことに加えて、外国資本を収用するという側面もありました。国有化するにしても、国内のブルジョワジー資産を国有化するよりも外国資産を国有化する方が簡単なわけですから。このように歴史上、国境を超えた資本の移動は、常にあったのですが、単一議定書によって初めて、政府の制限が禁止されたのです。まさにこれが、ヨーロッパ域内での産業の活力の根本にあると言えます。これはユーロ圏を含むEU全体の経済的活力の要なのですが、そこで見えてくるのは、通貨主権も重要ですが、経済主権の重要性がさらに際立つということです。ユーロを使わないイギリスがブレグジットを決定した理由の一つも、EUという単一市場、つまり関税同盟の枠に縛られることなく世界と自由に貿易協定を結ぶことを求めたからです。外交主権を含めた主権国家として再出発しようとする国にとって、経済主権は欠かすことのできない要件です。

フランスの産業にとって壊滅的な要因は、この四つの自由に対して政府が介入することが禁止されたことによって、政府が独自の経済政策が取れない、市場に全てが委ねられた新自由主義の独壇場が出現したことです。このような市場では、国の補助によって誕生したエアバスのような企業が、ボーイングに対抗して成長することはできません。エアバスの拠点をフランスの南西部に据えるという選択も、経済主権を持っていた時代のフランス政府の経済戦略の一環でしたから。

ヨーロッパの産業構造の改編

フリードリッヒ・リスト[10]が唱えた幼少期の産業の保護の重要性とは、まさにこのことなのです。市場を独占する巨大な企業が存在するところでは、新たな企業が成長するためには公的な保護がどうしても必要なのです。EUによって構築された新自由主義による単一市場は、ユーロの導入によってさらに強化されることで、ヨーロッパ全域の産業構造を組織し直す活力を生み出しました。政府の制限を排除し、利潤の追及に突き進む産業の自由化が進み、競合の最大化した市場がユーロ圏として出現したのです。そこでは、より高い利潤率を求めて、企業は生産拠点を自由に移動することができますが、実は利潤率の違いは、歴史的に作られてきたインフラ、産業構造、企業文化などに条件づけられているのです。ドイツは、一九世紀後半の第二次産業革命に、イギリスやフランスに比して規模の大きい工場による効率の高い産業化に成功しました。一九世紀末には、ドイツの産業の効率性はイギリスやフランスのそれを凌駕するようになったのです。第二次大戦でドイツの産業は破壊されましたが、復興が急速に実現できたのも、すでに構築されていたインフラ、産業構造、企業文化のお陰です。

フランスとイタリアの産業の戦後復興も目覚しいものがあり、実はドイツよりも急速に成長しました。それは、国内の資本は国内に投資するという国民経済型の産業構造が機能していたからです。

ブレトン・ウッズ体制でもありましたし、国外へ資本を持ち出すということは大変難しい状況でした。いずれにしろ、フランスもイタリアもドイツも、国内の預金は国内の経済活動に投資され、金融システムを支え、各国通貨の支えとなっていたのです。それが、一九八六年の単一欧州議定書によって、資本の移動が自由化したことによって、ヨーロッパ規模での産業の再編が始まったのです。その結果、ロッテルダム、アントワープ、ハンブルグ、アムステルダムの北海に面した四つの港に通じる大河の流域に産業の集中化が起こり、規模も拡大してきました。大河と運河によって繋がれたネットワークは、その恩恵を受ける地域の産業の輸出力を支えており、オーストリアの産業にも恩恵をもたらしています。ところが、フランスの産業は、ストラスブールなどアントワープ港に通じるライン流域を除くと、このネットワークから外れているのです。このように一九世紀の遺産である大規模な工業地帯と運輸手段等のインフラが結合することによって、今日、産業の集中化がヨーロッパ規模で起きてきました。

辺境の空洞化

その結果、単一市場にユーロが導入された二〇〇〇年以来、このネットワークの恩恵を得られない辺境地域で産業の空洞化が極めて顕著になってきたのです。逆にドイツでは、冷戦の崩壊に次ぐ東欧諸国のＥＵ加盟以降、技術を持った安い東欧の労働者を組み込むことで、飛躍的な成長を実現してきました。東欧地域も、ドイツに近いポーランドやチェコは産業化の恩恵を受けていますが、ルーマニアやブルガリアは、地理的に辺境であるため、産業の空洞化が進んでいます。ヨーロッパの地図を見ると、辺境地域と中心地域の差は歴然としています。産業の空洞化が顕著なのは、フィンランド、アイルランド、イギリス、スペイン、ポルトガル、フランス、イタリア、ギリシャ、キプロスなどの周縁地域なのです。イギリスは二〇〇〇年以来、工業雇用は三〇％以上減少していますし、フランスは二八％、税制によって有利な立場であるはずのアイルランドでも二〇％減少しています。反対に、ドイツでは工業雇用は減少しておらず、ポーランド、チェコ、スロバキア、ハンガリーでは増加しているのです。現状では、四％ほどの減少がみられる場合でも、機械化などで産業効率が向上しているので、実際は、生産増になっています。つまり、ドイツの支配は、このように歴史的地理的なインフラ遺産とユーロによって強化された単一市場が可能にした産業資本の集中がもたらしたものなのです。生産の七五％がEU域外に輸出されている以上、主要港へのアクセスはこの現象を支えているといえます。このことによって、EUは、加盟国間の貿易収支の格差が拡大する中で、ドイツが赤字地域への資本の投資を拒むという機能不全を起こしているのです。

このような状況においてドイツはEUとユーロから離脱を望むだろうかという設問に対しては、それはあり得ないと答えざるを得ません。ただEUそのものが、システムとしての機能不全によって崩壊するということは言えます。

モリエ　有難うございます。それでは、次はヴァンサン・ブルソーさんにお願いします。

ドイツのユーロ離脱計画（ブルソー）

ヴァンサン・ブルソー　ユソンさんは発言の冒頭で、ドイツ人が彼らのナショナリズムを直接表現できなくなっているということを指摘しました。確かに一九四五年の帰結として、ヨーロッパにおける戦争やフランスと和解しないという状況を想定することを自らに禁じてきたということを、ソフトな形で指摘されました。私のドイツ体験としても類似したことを感じてきましたが、そのことについて、若干辛辣な解釈を試みたいと思います。ドイツの友人たち、ことに西ドイツのドイツ人たちは、過去何十年にも渡って、フランスでは考えにくいレベルまで、完璧に一つの型にはめられてきたと言えると思うのです。

ナショナリズムとEU

もちろん、フランスでもナショナリズム、主権主義、愛国主義に繋がりうるテーマに触れると、考えてもいないのに混同され、批判的な圧力がかかってきますから、三色旗を振りかざしたり、自宅の窓に掲げたりすることを避けることになります。ドイツでも同じことなのですが、ドイツではそれがはるかに強烈に深く、人々の心理構造に刻み込まれていると言えます。ユソンさんが指摘されたことは、私も実際に体験していますが、私はこの現象をほとんど心的病理に近いものだと感じています。私がまだ若かった頃、政治にも関わっていませんでしたが、西ドイツの国旗としては、黒、黄、赤が横に並んだものはよく見ていたのですが、鷲の紋章が描かれた旗は見慣れていませんでした。そこで、あるドイツの大学教授にその鷲の紋章の旗が、西ドイツの旗なのかを素朴な質問として訪ねたところ、彼の答えは「私は国旗のことにはあまり詳しくないのです」というものでした。この反応をフランスの文脈に置き換えてみると、三色旗について訊ねられて、「国旗のことはよく知りません」と答えるようなものですから、これはちょっとあり得ないことです。つまり、ドイツではナショナリズムを巡る事柄について考えることが禁じられており、祖国に対する絆を表現することができない状況だと言えるのです。そこで見えてくるのが、英語という言語に対する過度な愛着と盲従なのです。ドイツ人が他の西欧人と接する時、粗雑で悪辣なナチスのようなドイツ人としてではなく、民主的で育ちの良い優しい西欧人として見られるために、英語を話したがるのです。

もう一つお話ししたい体験があります。欧州中央銀行時代に、私はドイツ連邦銀行に一週間、招待されたことがありましたが、その折、連邦銀行の同僚たちと中庭で食事をとることがありました。話をしているうちに、私の存在を忘れた若い同僚が、特別な深い意図もなく、ヒットラーによるオーストリア併合前の一九三七年当時の国境について言及したのですが、この第一次大戦の敗戦の結果である国境への言及が、この若い同僚への視線を急変させたのです。私の目からは、全く問題性のない言及だったのですが、外国人である私の存在故に、悪しきドイツ人のイメージを醸し出しかねない言動として見られたのです。その若い同僚は、可哀想に真っ赤になり冷汗を垂らすといった状態で、私自身が申し訳なく思うくらいでした。

つまり、ナショナリズム、主権主義、愛国主義といった事柄についての反応が尋常ではないということです。この現象は、特に旧西ドイツ地域で顕著なもので、旧東ドイツ地域ではこれほどではないように思います。ただ西ドイツの人口は東ドイツの四倍ですので、やはりアイデンティティーについてのこの病的な状態はドイツ全体のものだと言えます。このような状況故にドイツは、EUからの離脱はしないと思います、つまりEUは一つのアリバイになるからです。EUに留まることで、我々は開かれたヨーロッパ人であり、平和を愛する人民なのだと言えるのです。

ユーロとアイデンティティー

しかし、ユーロについてはちょっと違います。ユーロは、先程来指摘されているように、ドイツの愛国心もしくはアイデンティティーの拠り所だったドイツ・マルクを駆逐した通貨です。ドイツが率先してEUから離脱を目指すことはないはずです、そのEUは、ユーロなしでも存続し得るのです。つまり、ユーロについてはEUに対するのとは異なるアプローチが可能なのです。もちろん、街中で一般人にユーロについてどう考えるべきかと尋ねても、明確な考えを持っている人に出会うことは極めて稀だと思いますが、それは大まかに言ってフランスもドイツも同じ状況です。ただドイツがちょっと違うところは、ユーロ批判を基として出現した「ドイツのための選択肢」という政党が、二〇%の得票率を得ていることです。さらには、ドイツの中央銀行である連邦銀行を始めとしたエリート層の中で、ユーロに対する批判が確実に出現してきていることです。

ドイツの連邦銀行は、フランスとは異なり、国家の中核をなす非常に政治力のある組織です。欧州中央銀行の同僚によると、ドイツの政府と連邦銀行が対立する場合、決まって連邦銀行が勝利すると言っていました。彼は、欧州中央銀行の職員でしたが、連邦銀行出身者ではありませんでした。注目すべきは、そのドイツ連邦銀行が、ユーロの構造的な問題にいち早く気づき、対応を考えてきているということです。連邦銀行では、リーマン・ショックの後のユーロ危機に直面する中で、二〇一〇年にはユーロの存続に関する検討が始まり、二〇一一年からはそれへの対処法がメディアにも流れるようになったのです。ターゲット2・バランス（Target2- Balances）と呼ばれるユーロ加盟国の中央銀行間での資金の移動の指標がありますが、それを見ると、ユーロ加盟国の間での債権・債務関係が極めてアンバランスになっています。二〇一一年の連邦銀行の月刊資料では、既に債務の不履行の発生を見越して、資金の移動には担保を義務付けるという対処法が示されているのです。この二〇一一年というのは、欧州中央銀行が、まだこのユーロの構造的な問題を認識していなかった時期です。

ユーロからの離脱――ターゲット3

そして翌年二〇一二年二月二九日になると、連邦銀行の総裁ヴァイルマンが欧州中央銀行のドラギ総裁のところを訪れて、各中央銀行間での資金の移動に担保をつけるというこの提案をしたのです。ドラギ総裁の方は相手にせず、その話はそのままになったのですが、ヴァイルマン総裁の方は行動を開始します。まもなくして、この提案が、『フランクフルト・アルゲマイネ』新聞で報じられたのです。私はいずれこの問題が、債権国と債務国のアンバランスが拡大してくると何らかのかたちで表面化してくるだろうと考えていましたが、実にドイツの債権額が今年二〇一八年に九〇〇〇億ユーロを越えたところで、ユーロ圏の中央銀行間の資金の移動には担保を付ける必要があるというアピールが出されると、数週間のうちに四百人近いドイツの著名な経済学者たちの賛成の署名が集まったのです。皮肉なことに、中には、かつて欧州中央銀行の理事の一人だったユーゲン・シュタルクの名前もありました。夏になると、政権政党である「キリスト教民主同盟」CDUの経済委員会が、このターゲット3と呼ばれている担保案を支持したばかりか、秋になると「ドイツのための選択肢」AFDも同様の判断を公表しています。当初、連邦銀行の提案であったこの担保案が、研究者、経済学者のものとなり、さらに政党レベルでの認識として固まってきていることの意味は、非常に重大なのです。何故ならば、この担保案を採用したとすれば、いずれ担保をつけることができない中央銀行が出てきますから、現在のユーロが機能不全を起こすのは避けられなくなります。その結果、この提案の背後に隠されたドイツの二つの意図が実現することになります。一つは、ドイツ・マルクを復活させること、そしてドイツの責任にはならないようにことに当たること、です。

この提案が受け入れられれば、ドイツ政府が単一通貨ユーロからの離脱を宣言する必要もなく、いつのまにかユーロからマルクへの移行が実現する訳です。

先ほど指摘したように、ドイツが心的病理とも言える重い罪悪感を抱えているために、ユーロからの離脱もドイツの責任にならないように進めようとしているのです。このユーロ離脱の計画は、かなり進んだ段階にあるのですが、それについては「人民共和連合」のサイトに連載ものとして掲載されていますので、読んでいただければと思います。[11]

ユーロについては、離脱を望んでいるドイツですが、EUについては、倫理的、歴史的、政治的な理由から話は違います。ドイツがEUから離脱しようと考えることはないでしょう。しかしその間に、ユーロは消滅するのです。

討論

モリエ 有難うございました。四人のパネラーの発言が終わったところで、パネラー同士の討論に移りたいと思います。その後で、会場との質疑応答を行いたいと思います。

最初の発言者であるユソンさんからいかがでしょうか。

ユソン ブルソーさんの分析は非常に重要なもので、賛成する点はいくつもあります。と同時に賛同できない点もあります。ドイツのナショナリズムに対する姿勢についての分析には、賛成できません。ブルソーさんの主張の根拠となるいくつかの要素を、私なりに別の形で組み替える事ができます。まず、誤った思い込みとして、ドイツ人たちが戦後の反省を強制されたという認識があると思うからです。ナチズムを記憶するという作業は、誰にも強制されたものではなかったのです。

その証拠に、フランスは、戦後管理した地域のドイツ人たちが、フランスの管理を全く相手にしていなかったことを知っていました。またイギリスは、ナチスの責任者たちを排除すれば、あとは自然に収束するというプラグマティクな対応を取りました。

記憶の作業とナショナリズム

確かにアメリカは、管理地域での反ナチス化政策を実行しましたが、それとて、その後、何世代にも渡ってドイツ人自身によってナチズムの記憶の作業が継続されなければ、何の効果も産まなかったでしょう。私は、ブルソーさんが使った心的病理という表現を受け入れることはできません。心的病理などでは全くなく、ナショナリズムの表明の新たなスタイルもしくは形式と理解すべきなのです。控えめなナショナリズムですが、そこにあるのは、「見てください、つまり、私たちは様々な過ちを犯したが、それを糾弾してここまで乗り越えてきたのです。皆さんも私たちのようにみなさん自身の過去と向き合うことが大切なのですよ」というナショナリズムなのです。その影響は、フランスでも絶大なものがあり、新哲学者たちの世代(12)が、ヴィシー政権を、あたかも主権をもった政権で、自由に政策を実行できたかのように見なしたことで、ヴィシー政権をフランスの過去として糾弾する流れが生まれたのです。そのことによって一九四〇年から一九四四年の時期にド・ゴールの「自由フランス」がフランスを体現していたということを否認するまでに至ったのです。

このようにドイツの記憶の作業が押し付けられたものではなく、カトリックの懺悔とプロテスタントの悔恨の感情が混じり合った内面化の作業であったということを理解することは重要です。ド・ゴールが招待した時、アデナウアーは、控えめにではありますが、ランスを訪れていますし、ヴィリー・ブラントは、ワルシャワのユダヤ人ゲットーの記念碑の前で跪きました。ブラントは、レジスタンスだったドイツ人ですから、自発的な行為であり、誰からも強制されたものではなかったのです。その帰結として、一九四五―一九五〇年以来、ドイツのナショナリズムは、三つの軸の間で揺れ動いていると思います。第一の軸は、今お話ししたことですが、潜在的に急進的な思想で隣国にとっても容赦のないものです。つまり「私たちのように、国家について語ることはもうやめましょう。国家はもう終わったのですから」というもので、フランスの指導者たちもこの考えを内面化したのです。第二の軸は、もっと温かみのあるもので、一九九〇年代までドイツの二大政党であるキリスト教民主同盟と社会民主党のリーダーたちが体現したものです。我々の使命は、穏やかな愛国心を体現することで、左右両極の過激主義が政治的に台頭することがないように監視していく必要がある、というものです。フランツ・ヨーゼフ・シュトラウス[13]が一九八一年に言った「キリスト教民主同盟と社会民主党の右には、何も借りを作らず、何の関係も持たないことが我々の責任なのだ」という表現が示しているもので、いわば責任ある愛国心と言えるものだったのです。

新世代の「無責任」

これはヘルムート・コールやゲルハルト・シュレーダーが大切にしていたものですが、世代の違うアンゲラ・メルケルはもうそうではありません。彼女の一三年間の在任期間を象徴するもっとも適した表現は「無責任」だと思います。ドイツのナショナリズムが「ドイツのための選択肢」の台頭という露骨なかたちで出現するがままにしてきたからです。皆さんの認識とは全く逆だと思いますが、総選挙で一二%を獲得したＡＦＤの台頭に対して、パリが何も反応しなかったことに私は驚いています。ＡＦＤは確かに、ドイツが主権と独立を取り戻すことを願うフランスでも見られる主権主義を標榜する人々がいる一方で、ネオ・ナチのような過激なナショナリズムを政治の舞台に引き入れたところに問題があるのです。フランスにもし責任ある指導者がいたとすれば、まずメルケル首相にいうべきことは、「このような事態に到るまで、何をしていたのですか。ド・ゴールと交わされたヨーロッパの平和のための約束はどうなったのですか。ドイツに再び、かつてのような勢力が生まれないようにする責任はどうなったのですか」というものです。皆さんとは、意見が異なるかもしれませんが、私は、「ドイツのための選択肢」が、過激なナショナリズムを清算しない限り、いかなるかたちであっても、ドイツの政権の中に参画することは許されないと、フランスが明確に要求することが重要だと考えています。まさに、ドイツ連邦共和国の責任として約束したことだったのですから。

通貨政策の闘い

最後にドイツ連邦銀行についてですが、その伝統として、アングロ・サクソンの通貨概念とは違う中世のニコラ・オレーム[14]にも繋がる、しっかり両足が地に着いた穏健で現実主義的な通貨概念が受け継がれていたのです。その彼らが一九九一年にフランスに与えてくれた忠告は、まさに友人としての配慮だったのです。その時、連邦銀行は、西ドイツと東ドイツのマルクの為替レートの理想は1対8だが、妥協点としては1対4もあり得るとしていたのですが、結局、ヘルムート・コールが押し切ったのは、貯蓄、企業負債に関しては1対2でした。このことによって初志を貫くことができなかった連邦銀行は、コール首相との闘いの第二ラウンドとして高い公定歩合の通貨政策へと転換することにしたのですが、それに先立ってフランス当局に忠告をしてくれたのです。「フランスがドイツについてくると火傷をしますから、離れていた方がいいですよ、これからコール首相と連邦銀行との闘いが始まるのだから」というものでした。この忠告をくれた当時の連邦銀行は、両足が地に着いたフランスの友人たちだったのです。ところが、新たな世代は、イェンス・ヴァイトマン[15]を始めとした国際機関での経験を持つ新自由主義イデオロギーの強い影響を受けた世代なのです。それがドイツの伝統である権威主義的な通貨思想を極端に単純化し、通貨政策を硬直化させているのです。

モリエ　では、ターゲット2についてのケイラさんの反論をお願いします。

ケイラ　通貨の問題は、非常に複雑かつ抽象的な問題ですので、経済学者の間では常に大議論になります。その理由は、極めて多様な解釈が可能だということに尽きるのです。ブルソーさんによると、ドイツ連邦銀行の経済学者たちの解釈では、ターゲット2は、ユーロ加盟国の中央銀行間の債権・債務の関係を表しており、債務を負う中央銀行は、債権をもつ中央銀行に支払うべき借金があるということでしたが、これは間違いだと思います。

ターゲット2は決済済み証明書

そもそもターゲット2は、ユーロ圏の金融システム内での資金の移動を表しているもので、そこにプラスかマイナスかで表示される数字は、その動きを表しているに過ぎないのです。それは決して中央銀行間の債権・債務を意味するものではないのです。例えば、イタリアの企業がドイツから製造機械を購入したとして、その支払いをします。ユーロ圏内でも国家間の資金の往来は、中央銀行を介して行われますから、それがターゲット2には、購入額の数字がイタリアにはマイナス、ドイツにはプラスとして記載されます。この数字は、イタリアの企業がドイツの企業に支払いを済ませたことによって現れてくる数字ですので、製造機械の購入に当たって発生する借金は、決済済みであることの証明でもあるのです。ですから、ターゲット2の数字が、どんなにマイナスであっても、その中央銀行が支払うべき借金を負っているわけではなく、そのことでその中央銀行が破産する危険性があると考えるのは全くナンセンスです。もし、イタリアがユーロから離脱するとしても、イタリアはそのマイナスの数字を支払う必要は全くないのです。

ユソンさんとブルソーさんのお二人が指摘されたように、ドイツには独特の通貨についてのフェティシズムがあり、それがドイツ連邦銀行の経済学者たちと欧州中央銀行のマリオ・ドラギとのイデオロギー的な対立を生み出してもいると思います。その対立からくる緊張が、このターゲット2に現れる数字を未払金と解釈して、担保を要求する専門家たちのアピールともなっているのです。私にとっては、これは解釈の問題であり、イデオロギー的な闘争です。ターゲット2は、実際の資金の移動を写す鏡のようなものであり、それを借金とみなして支払う必要は全くありません。支払いは既に済んでいるのですから、二重に支払いをする必要はないのです。この点は安心していただきたいと思います。

通貨政策における自由主義と権威主義

もう一点、皆さんに考えていただきたいことがあります。今朝のトッド・アスリノ討論で、イギリスの自由主義とドイツの権威主義が語られていましたが、この問題を先ほど話されたドイツの新自由主義的通貨政策の問題としても考察できることを指摘したいと思います。自由主義はイギリス発祥の概念であり、フランスのイデオロギーとも親和性を持つものですが、その根本には、個人の解放という思想があります。自由主義のアダム・スミスを読んでみると、やはり個人の解放ということが重要なのですが、そのシステムは、国家の介入も個人を尊重し、解放するためのものとして考えられているのです。それに反して、先ほど指摘されたドイツの通貨政策の新自由主義は、個人を解放するのではなく、自由貿易と競争原理をモデルとして、非常に権威主義的に社会を再編成する方向へ向かうのです。つまり、このような自由主義と新自由主義は、二つの全く異なる世界観であると言えます。

私は最近『現実の経済』[16]という本を書きましたが、これは新自由主義を考えるというものです。ヨーロッパの動向やそこでのドイツの支配を理解するためにも、この新自由主義が根底にあるということを理解する必要があるのです。ドイツの通貨思想のフェティシズムの背景にも、トゥールーズ経済学院の経済学者たちにも、市場の自動調整機能を熱狂的に信じている新自由主義があるのです。

この考え方は、必然的にカタストロフィーをもたらすことになります。

モリエ　ブルソーさんの反論を伺う前に、ドイツに住んでいる者として、私の経験をお話ししたいのですが、確かに、ドイツの一般の人々は、イタリア人がドイツの車の代金を払って購入していても、イタリアがドイツに借金をしていると思っていることが多いという印象があります。ブルソーさん、いかがでしょうか。

ブルソー　ユソンさんは、私が発言していないことについて、批判しているように思います。例えば、ドイツ人に対して記憶の作業を押し付けたと考えるのは間違っている、という趣旨の批判だったと思いますが、私は、押し付けたとは言っていません。

ユソン　そう理解できる言い方をされたと思います。

ブルソー　そんな意図は全くありません。録音がありますから、後で確認することができますが。（笑）

それから、「ドイツのための選択肢」ＡＦＤに対して、いかなる容赦もできないと言われましたが、私はＡＦＤを容赦するなどとは一言も言っていません。

ユソン　あなたも、私が発言していないことを言ったという反論になっているように思います。（笑）

私が言いたいのは、心的病理もしくは病的自己疎外などは、西ドイツにはないということです。その証拠として、二〇一五年から大量の移民を受け入れた当初は、多くの人々がメルケル首相の方針を支持し、受け入れのためにできるだけのことをしようとしましたが、次第に現実の原理が力を発揮していきました。しかも、かつて調整役としての役割を果たしていたキリスト教民主同盟と社会民主党という二大政党の調整機能が働かなくなっていますから、極めておぞましい反応に行き着く人たちが出てきたことを思い出してください。あなたが提示した要素を私なりに組み直してみると、心的病理など西ドイツには存在しないと言えるのです。

ブルソー　私が話した心的病理は、ナショナリズムの感情についてのもので、移民に対する心理の問題ではないのです。お話しした二つの具体例も、移民の到来以前のものです。

愛国的ヨーロッパ人

ユソン　しかしドイツ人は非常に愛国的で、ドイツ人であることに誇りを持っている人々なのです。ただ、その愛国心が、ヨーロッパを介して表現されるのです。しかも、他国もドイツのように、ヨーロッパを通して自分たちの愛国心を表現しなければならないというモデルを押し付けているのです。つまり、愛国的であるためには、ヨーロッパ人としての愛国者でなければならないというのです。

ブルソー　私の解釈は全く逆です。つまり、愛国的であることが許されない中で……

ユソン　誰が許さないのですか。

ブルソー　彼ら自身です。

ユソン　それは私の経験には呼応しませんが……

ブルソー　一九八七年頃からの私のドイツ滞在の個人的な経験から得られた感覚は、まさにそれなのです。人によって経験は個人差がありますから、異なる様々な解釈があるとは思います。

ユソン　私は週末ごとにドイツに行きますが、今週だけは、この「人民共和連合」のシンポジウムに出席したために、違いますが。（笑）

ブルソー　このシンポジウムに参加されたことは、素晴らしいことです。

ともかく、私の個人的な理解は、かなり以前からこんな感じです。仮にドイツ人がそうではないとすれば、それはそれで結構なことだと思います。ただこの件について、西ドイツと東ドイツでは違うと考えていて、この違いには意味があるのではないですか。

ユソン　おっしゃる通りです。でも、気をつけなければならないのは、東ドイツのドイツ人は、長らく東ドイツの共産党であるSED「ドイツ社会主義統一党」の文化に従っていたのであって、その四〇年間の民主主義化の欠如のもとで出現してくるナショナリストたちに共感することができるかというと大いに疑問です。誇りを持っているに違いないでしょうが、かつてのドイツ軍に近いのではないでしょうか。

ブルソー　分かりました。私が提示した心的病理が、そのような東ドイツのものではないし、「ドイツのための選択肢」の一部の動向を容赦するわけでもなく、記憶の作業が押し付けられたものでもないという了解があれば、私たちの間に根本的な対立はないことになりますね。

ターゲット2の貸借関係

さて、残るはターゲット2の貸借関係の問題ですが、ケイラさんはこれが借金ではないと説明されますが、解釈の問題以前に法律の問題を見る必要があると思います。現在公表されている欧州中央銀行二〇一二年十二月五日のガイドラインの五頁第六条の四段落あるうちの第一段落には、しっかりと借金であると明記されています。

ケイラ　でも誰がその借金を払うのですか。

ブルソー　中央銀行です。問題のガイドライン第六条は、第一段落で借金であると明記した後に、第二、三、四段落ではその理由が記されています。例えば、現在厳しい状況にあるイタリアについて言うならば、欧州中央銀行にはイタリアを対象とした欧州中央銀行所有の口座があり、そこには貸金として五〇〇〇億ユーロの金額が記載されているのです。

ケイラ　しかしイタリアの中央銀行は独立した組織ではないので、欧州中央銀行からお金を借りることはできません。ユーロ・システムの一部であり、独立した法人格として欧州中央銀行に対して支払いを拒否したり、借金したりすることはできません。

ブルソー　重要なポイントは、普通口座に貸方の記載がある場合、それは相手方にとっての借金だと言うことです。とにかく、先ほどの欧州中央銀行のガイドラインを参照して考えていただきたいと思います。

ケイラ　普通の民間銀行間であれば、確かにそうですが、中央銀行間でそうは言えません。中央銀行は、現実の経済主体ではないのですから。その口座に現れる借金はヴァーチャルな借金なのです。先ほども、解釈の問題について触れましたが、この件もまさに解釈上の問題なのです。

ユソン　この件について言えることは、ドイツは、この中央銀行間の資金の移動を債権と解釈して、ユーロ圏の他の国々に対して貿易黒字を持っている国がドイツだと理解させたいと考えているということです。実は、このような状態はヨーロッパ条約に反するのです、何故なら、条約には、GDPの六%以上の貿易黒字が出た場合は、その分を他の国々に再配分しなければならないとされているからです。ドイツはそれを頑なに拒否しています。

ブルソー　それはその通りですが、しかしこの問題とは関係がないのではないでしょうか。

ユソン　銀行通帳と現実の経済との間の関係です。

ブルソー　でもここでの問題は、現実の経済の問題ではなく、欧州中央銀行の口座の問題なのですから。

ケイラ　まさに中央銀行ゆえの問題なのです。

質疑応答

モリエ　それでは会場との質疑応答に移ります。（笑）

質問者（ヤン）　大変興味深い討論ですが、ちょっと苦言を呈すならば、ヴァンサン・ブルソーさん以外は、皆さんジャーナリズム、大学、政界の代表だと思います。私は、週日はドイツで働き、週末にフランスに戻ると言う生活をしています。その私の感覚では、ブルソーさんの見方に共感しますが、ユソンさんの認識は、現実から乖離しているように思います。政治家のペクレス氏が責任者だったヴェルサイユ地区のひとりの経営者だった者として、私が被った経験からと、その彼女と一緒に仕事をされたと言うことから、そう感じるのです。

さて、ドイツとヨーロッパで起こっていることについてですが、今朝の討論でアメリカ人の発言者が明快に説明されたことと関係していると言えます。つまり、第二次大戦後、ドイツが、日本と同じく、アメリカの支配下に入ったことが、全ての源にあると言うことです。歴史的には、家族構造からの分析は非常に説得力がありましたが、同時に、第一次大戦と第二次大戦後の二度に渡る敗戦にもかかわらず、アメリカ市場の開放により、日本同様、目覚ましい戦後復興を実現した後、最近ではその躍進ぶりに脅威を抱いたアメリカによって、フォルクスワーゲンのディーゼル問題などが突きつけられています。今や脅威となったドイツと中国を抑え込んで、さらなる世界支配を展開しようとするアメリカによる新たな時代が到来しようとしているように思います。ブルソーさんの東西ドイツ人の精神状態についての分析は、大変正確な分析だと感じました。

ユソン　自由な討論として大変模範的なかたちで進められてきた今日の議論には、大変満足していますが、まさに異なる意見が交わされてこその議論だと言えます。それを発表者の意見が現実から乖離しているという決めつけは、必ずしも建設的ではないように思います。唯一正しい意見を押し付けないことが、今日のような自由な精神の議論に相応しい姿勢だと考えます。

ドイツとアメリカの対立

さてドイツとアメリカの対立について幾つか補足したいのですが、一九九〇年、東西ドイツ統一の直前、コール首相は、第二次大戦後の国境であるオーデル・ナイスの国境を認めようとはしていなかったのです。ミッテラン大統領とサッチャー首相は共に、その承認を求めていたのですが、コール首相が認めるためには、アメリカのブッシュ大統領が、この国境を認めなければ東西ドイツの統一は認めないと強い姿勢で押し切る必要があったのです。つまり、アメリカとドイツの紛争の種は、少なくとも一九九〇年まで遡ることができるのです。

二つ目の例は、一九九〇年代、ユーゴスラビア紛争の時、ドイツの動きに対してアメリカは、国際条約の遵守とともに、ユーゴスラヴィアの平和協定締結を実現しなければならないと、再三に渡って警告を発していました。その間、七―八年に渡って、ドイツは聞こえない振りをし続けたのです。その結果、一九九九年のコソボ紛争のとき、クリントン大統領がNATOを動かし、あのような結末になったのです。

さらには二〇〇三年のイラク戦争に当たって、シラク大統領、シュレーダー首相、プーチン大統領が一致した態度を取れたことで、一瞬、ド・ゴール路線を歩むかに見えたのですが、東西ドイツ統一までのドイツのアメリカに対する姿勢は全く違ったものでした。会議にアメリカ代表が入ってくると、蝿の羽音が聞こえるくらいドイツがアメリカに追従するという状態でしたが、統一後は全く違ってきたのです。現在はと言うと、両者の闘いは極めて熾烈です。ディーゼルゲートが問題になっていますが、これもドイツ自動車産業が世界を相手に好き勝手をやっているからで、アメリカが反撃に出たのです。今朝の討論で、エマニュエル・トッドを始めとした発言者が指摘したように、米独の紛争は、露骨には示されませんが、今や最大限の域に入ってきたのです。今朝は戦争について話されていましたが、クラウゼヴィッツ(17)が言ったように「戦争とは、違う手段で行われる政治に過ぎない」のです。政治、交渉、外交は力関係のせめぎ合いなのです。

ご存知でしょうか、オバマ大統領とメルケル首相の関係は、長い間かなり悪かったのです。二〇一一年十一月三日のG20での場面は有名ですが、オバマ大統領は、彼独特の冷めた言い方で、メルケル首相にドイツが内需拡大政策を行わないと、世界経済を破壊するという批判を一〇分にわたって繰り返したのです。メルケルは涙を浮かべる有様だったのです。彼女が涙を浮かべるくらいに動揺したのは、もう一度だけあります。それは二〇一六年クリスマスのベルリンでのテロの時です。テレビ・カメラの前で何を話していいか判らないという状態だったのです。

今、トランプ大統領の対応についていろいろと言われますが、彼の対応は、一九九〇年代に始まったせめぎ合いの帰結に過ぎないのです。コール首相とシュレーダー首相までは意識されていたアメリカとの関係の前提を、メルケル首相は聞く耳を持たなくなったのです。アメリカは、ドイツを元の位置に押し戻そうと決断したのですが、実現できるかどうかは、今朝、エマニュエル・トッドが指摘したように、確実ではないのです。この件について、フランスがどう対応するかは、フランスに突きつけられた非常に重大な課題なのです。

中国とドイツの貿易黒字

ドローム　今言われたことにちょっと補足すると、アメリカの財務省は、二〇一三年からドイツの過度な貿易黒字に対して警鐘を鳴らしてきました。この過度な貿易黒字故に、アメリカはドイツを監視すべき国のリストに載せてきたのです。貿易黒字で問題視されている国は、アジアの四か国とヨーロッパの国では唯一ドイツだけです。もし、ドイツがアメリカに支配された国だとすれば、とっくの昔にこの問題は解消されていたのではないでしょうか。ドイツに内需拡大、投資拡大、過度な貿易黒字の縮小を求めてきたアメリカの要求は、今の段階では聞き入れられていないのです。アメリカに支配されたドイツと言いますが、現状はそんなイメージにはそぐわないですね。トランプは、ドイツを元の位置に戻すということを前任者よりも強烈なやり方で要求していますが、それはこの問題を明確に理解したからなのです。

中国とドイツの貿易黒字が、アメリカにとっては看過できないものになっているのです。

質問者（フランソワ・ネザール）　私はパリで財産管理をしているものですが、ヴァンサン・ブロソーさんのユーロについての発表は、ユーロのシステムとそれが引き起こす問題についての非常に有用で有難い説明でした。そこで、実務的で単純な質問です。例えば、フランス人がルクセンブルクやドイツの銀行口座に預金を持っているとして、ユーロが弾けて各国が独自の通貨に戻った場合、銀行のお金はどのようになるのでしょうか。フランに変換されるのか、またはドイツなりルクセンブルクの通貨に変換されるのでしょうか。

ブルソー　ユーロが崩壊した場合、フランス人がルクセンブルクの銀行に預けているお金は、基本的には、ルクセンブルクの新通貨に変換されることになります。しかし、ルクセンブルクは、急遽、新たな法律を作成し、フランスの新通貨に変換されるようにことは進められると思います。ルクセンブルクは何らかの対応をするはずです。でもドイツですと、そうはならないと思います。何故ならば、大変多くのギリシャ人たちがドイツに住む家族や親戚の口座に資金を移しているためです。これはユーロが崩壊した時に、ギリシャの新ドラクマがかなり切り下げられるのとは反対に、ドイツの新マルクは、ユーロの現水準よりも切り上げになることを見越してのことです。預金者の国籍によって対応を変えることができないか、すでに検討されたのですが、大変な数になるので物理的に無理だという判断が出されているのです。

ケイラ　私もブルソーさんの意見に賛成です。口座が存在する場所の通貨に変換されるということです。ドイツにあるフランスの銀行に口座がある場合、ドイツにあるのですから、新マルクに変換されることになります。

ブルソー　ちょっと細かいことですが、このような事情は、フランスの税務署もしっかりと理解していますので、その際にどう対処すべきかは、各自が考える必要があります。（笑）

質問者（シリル・ヴァンシエンヌ）　個人的な事情で、私は三五年前からドイツに住んでいますので、ドイツ人の気持ちがよく解るつもりでいます。東西ドイツの統一の時、ドイツの人たちは、本当に東ドイツの統合を支えるために、大変な我慢をしてきたと思います。確かに、ドイツ人に対しての批判がいろいろな形で聞かれたりしますが、多くのドイツ人たちが東西ドイツ統一の代価を払うために賃金の抑制も受け入れて我慢してきたことは事実なのです。それを、他の国の人たちが何の苦労もしないで批判するのは、少し公平ではないように思うのです。

ドローム　確かに、西ドイツの人々は、統一のために大変な努力をしましたが、東西の格差は未だに解消されていません。それは、ヘルムート・コールによってなされた拙速に過ぎる統一の帰結なのです。連邦銀行の提案を無視する形で決定された通貨政策が、適切なものではなかったのです。両ドイツの公式通貨レートを1対1にしたコールの決定に反対して、連邦銀行の責任者が辞任したくらいです。この件に関しては、連邦銀行は敗北したのです。東ドイツの国有企業の民営化は、西側の市場への適応の時間を与えず、西ドイツの企業に圧倒的に有利なもので、結果として統一は、東ドイツの産業を破壊したのです。憲法についても、新たなドイツ憲法は作られず、西ドイツの憲法が東ドイツにも適用されたのです。東ドイツは、エリートたちが排除されたばかりか、適応するための機会すら与えられなかったのです。このドイツの選択は、現在でもまだ傷として残っているのです。ともあれ、そのような状況の中で、ドイツ人たちが我慢を強いられてきたということは事実ですが、フランスを始めとした欧州通貨制度（SME）に残った国々も同様に、失業や経済危機など多くの犠牲を払ってきたことを忘れてはならないと思います。ドイツが統一の代価を払うために強いマルク政策を行ったのに伴って、欧州通貨制度（SME）を守るためにフランスもそれに合わせる必要が出てきたからです。ドイツの再統一は、フランスやその他の欧州通貨制度の加盟国にも我慢を強いたのです。

質問者（ピエール・エドゥアール）　ドイツがユーロから離脱した場合、ドイツの輸出が被る影響はどの程度なのですか。例えば、イタリアは、それでもドイツの工作機械やBMW、フォルクスワーゲンなどを買い続けるのでしょうか、あるいは、レートの変化で高くなるために、別の輸入先を探すことで、ドイツの輸出に大きな影響が出てくることになるのでしょうか。

ケイラ　二つのことを指摘したいと思います。一つは、ユーロがドイツに有利な通貨となっているのは、ドイツの産業効率に比べて低めに設定された通貨だからです。ですからドイツがユーロから離脱するという合理的な理由はないのです。同時に二つ目として指摘したいのは、イタリアはドイツの工作機械を買い続ける必要があるのです。何故かというと、他に代用できる製品がないからです。だから、高くても売ることができる製品なのです。この観点からいうと、ユーロから新マルクに代わっても、ドイツの工業製品の輸出にはそれほどの痛手にはならないだろうと思います。

質問者　単純な質問です。多くの経済学者がユーロの崩壊を不可避であると分析しているのに対して、関連する諸機関や政治家たちが、このユーロが永続できる通貨として機能するためにあらゆる手段を模索しているように見えます。この状況のなかで、皆さんの診断はどうなのでしょうか。崩壊に向けて突き進んでいる通貨がある一方で、この制度を必死に守ろうとする政府、諸機関があるという矛盾についてお伺いします。

ユソン　ご指摘の状況は、まさに我々が直面している現実なのですが、さらに問題なのは、とりわけフランスのエリート官僚たちが、経済合理性に反するこのユーロの存続に固執していることです。今日の議論においても明らかなように、ユーロは経済的には破裂せざるを得ないシステムなのですが、それをいかなる対価を払っても擁護しようとするエリートたちの動きが、マクロン現象とも言える形で繰り返されていることです。前回の大統領選挙のとき、その任を担うはずだったフィオン候補が司法問題で姿を消した後は、フランスの財務監査当局の落とし子とも思われたマクロンが浮上してきましたが、これはエリートたちの延命のためにユーロ・システムの存続をかけた動きだったのです。彼はベルリンを説得できる候補として支持された訳ですが、ドイツはそれに応えることはできませんから、システムそのものが息切れの状態です。恐ろしい現実は、フランスのエリートたちが拘り続ければ、このシステムは存続していってしまうということです。

フランスのエリートの罠

悪夢とも言えるシナリオとして私が恐れているのは、もしメルケルがヘッセン州での選挙で敗北すれば、彼女は引退する時期を公言せざるを得なくなります。その場合、考えられるのは、彼女が次回のヨーロッパ議会選挙のCDUのリストの筆頭となり、選挙に勝利することで、来年夏には、欧州委員会の委員長になるというものです。そうなれば、ドイツの首相を任されるのは、ヴォルフガング・ショイブル以外には考えにくいのです。彼は、意外に柔軟な姿勢を見せるかもしれませんが、いずれにしろ、フランスのエリートたちは大喜びするでしょう。何故ならば、彼らが描いている罠が完成する訳ですから、フランスを遂に葬り去ることができる罠が。実際に、そのように展開するかはわかりませんが、この悪夢のシナリオが現実化しないためにも、警戒を促す行動が必要になるのです。

ケイラ　この質問は、大変、核心をついた問いだと思います。ユーロは経済的に見て、極めて不備なシステムだということは経済学者の共通の認識です。ところがその機能しないシステムが、一九九九年から存在し続けており、今後も継続されていこうとしているのです。歴史上、機能不全のシステムが存続していたことは、今までもあったのです。コラリー・ドロームとの共著『EUの終焉』の中でEUが、実際はシステムとして脆弱であることを分析しました。現在、欧州委員会とイタリア政府との間で、予算案を巡って鬩《せめ》ぎ合いが行われていますが、これを見るだけでも、欧州委員会が強制力を持たないことが分かります。同じことが、ハンガリーとポーランドに求められている司法制度の改正を巡って起こっています。EUは、強制力を行使できる警察力や司法制度を持たない帝国のようなもので非常に脆弱なのです。それとは逆に、単一市場とユーロは、強力なシステムだと言えるのです。単一市場は、各国の法律によって管理され、その強制力の下に機能していますので、司法的に言っても各国の法律が欧州司法裁判所の判断を保証する制度となっているのです。ユーロについても、欧州中央銀行によって管理されていますので、EUが崩壊した場合でも、存続し続けることはあり得るのです。歴史上でも、帝国の崩壊後も通貨が存続し続けた例はありますので、ユーロの方が、EUよりも強靭であるとも言えるのです。

ギリシャ悲劇

ドローム　私は、二〇一五年のギリシャの金融危機の折にあれだけ苦しめられている国民がユーロから出ないはずはないと確信していたのですが、その予想は全く外れました。毎日、状況の変化を固唾を飲んで見ていたのですが、ギリシャの人々が被った試練は、極めて非人間的でただならないものでした。そして、ギリシャがユーロに留まったことで、公共施設の外国資本への売却、予算上の主権の剥奪など、凄まじいことがなされました。私のギリシャについての予想は完全に外れたのですが、ヨーロッパの大国であるイタリアについては同じようには行かないように感じます。連立政権の結成当初から、ユーロ離脱に備えるかのようないくつもの態勢が取られているからです。ヨーロッパ懐疑派であるパオロ・サヴォナの経済大臣は認められませんでしたが、ヨーロッパ担当大臣として内閣に残りました。また反ユーロで知られ、ユーロについての著作もある二人の経済学者が、上下両院の財政委員会の委員長に就任しています。ですので、彼らは、されるがままにはならないぞという構えであることは確かです。

質問者（ジュリア・カファーイ） イタリアとの関係でお伺いしたいのですが、先ほど、フランスの産業の空洞化いついてお話がありましたが、イタリアではフランスほどには深刻ではないようですが、これは何故なのでしょうか。少なくとも、イタリアはフランスよりも産業力があるというのが現実のようですが。

ユソン 私の答えられる範囲でお答えしますが、この問題はフランスの固有性に関わる問題だと思います。イタリアではドイツに似て、殊にピエモンテやロンバルディアでは家族資本による中小企業のネットワークが濃密に存在します。規模が小さいこともあり、時代の変化に迅速に対応できる能力を持っており、過去二〇―三〇年の適応力は目覚しいものがあります。従ってこの問題は、フランスのエリートとフランス型の産業構造に突きつけられた問題でもあるのです。何故、フランスでは、イタリアやドイツのような中小企業の濃密なネットワークが作れないのでしょうか。この問題は、ユーロとは全く関係ないフランス固有の問題なのです。

質問者　今朝の討論の中でもトッドさんが指摘していたドイツの支配力についてですが、一体どのように具体的に行使されているのかを教えていただけるでしょうか。

ドイツの支配力

ドローム　まず、国のレベルで支配的な関係があると言えます。メルケル首相に反対できるフランス大統領は一人もいないのです。例えば、フランソワ・オランドが、メルケルのところへ行って大した数字でもない経済成長についての合意を持ちかけたのですが、全く相手にされずに帰ってきました。その時、メルケルとサルコジの間で交わされた条約を批准しないという公約があったのですが、呆気なく批准してしまいました。マクロン大統領は、ソルボンヌ大学でヨーロッパの主権について演説を行いましたが、その原稿は予めメルケル首相に目を通してもらっていたのです。さらに、二〇一七年八月の閣議にドイツの副首相のジグマール・ガブリエルが出席し、労働法に関して、解雇などを容易にするペニコー法の確認を行い、翌日、公式に発表されたのです。このような例がいくつもあるのです。

ユソン　今言われたことは全く正確であって、それぞれが確認できる事実なのです。あなたの質問には、二つのレベルでお答えすることができます。ドイツ人は、欧州議会と欧州委員会において大きな影響力を持っています。もしフランスが、ヨーロッパの中で強い政治力を発揮したいと思うならば、まず欧州議会と欧州委員会の重要なポストを手に入れる必要があります。イギリスは非常にうまくやっていたのです。ドイツよりもうまく立ち回っていたと言えます。現在は、イギリスが退いたことによる空白を襲って、ドイツは強力な影響力を行使しています。マクロンは、イギリスのブレグジットを批判している暇があったら、ブリュッセルへ人を送って重要なポストを奪還して、ドイツとの力関係を是正することに専心すべきなのです。

さらに単純に哲学的な構図でお答えできるのは、エティエンヌ・ド・ラ・ボエシの「自発的隷従論」を読んでもらえば解りますが、ドイツの力というのは、それ自体の強さよりは、とりわけフランス人によって作り出された力であることの方が大きいのです。ドイツについて様々な評価を皆さんは耳にすると思いますが、それは当然のことで、ドイツは多様な側面を持っているから分析者の視点によって多様な意見が出てくるのです。ですから肝心なことは、ドイツについての多様な解釈を続けることではなく、フランスのリーダーたちが、徐々に脆弱化しているドイツの権威への隷従を止めることなのです。なぜなら、ドイツの権威は、フランスのエリートたちの意志によって維持されている代物だからです。

ドローム　『リベラシオン』紙のカトルメールのブログにドイツの支配がどのようにEUに及んでいるかについての文章を読むことができます。そこにはドイツ人が占めているEU内のポストの一覧がありますが、それは圧倒される内容です。さらに、欧州委員会の総書記のポストが、委員たちも知らない間に、必要要件も満たしていないメルケルの側近にあてがわれていることが書かれています。ドイツの支配がどのように機能しているかを理解する上で非常に有用な文章です。

モリエ　それでは、ブルソーさんの発言に移りたいと思います。その後で、そろそろ時間ですので、パネラーの皆さんの結論をそれぞれお伺いしたいと思います。

ブルソー　お二人のお話と同じ趣旨のことですが、私は一五年間、欧州中央銀行に勤務しているうちに、欧州中央銀行でのドイツ人の比率の高さに気がつきました。初めは、ドイツの人口の規模に応じた数かと思っていたのですが、実はそうではありませんでした。明らかにドイツが欧州中央銀行の重要ポストを手に入れるための戦略の下に動いているのです。さらには、ドイツ連邦銀行が、ドイツとは別にそれ自身として欧州中央銀行に自分たちの息のかかった人員を送り込む戦略をとっているのです。結果として、さらに多数のドイツ人が送り込まれることになっている訳です。欧州中央銀行の人事部が、職員の国籍と給与を組み合わせたリストの公表を拒んでいたのも無理からぬことです。それを見れば歴然としますからね。

さて、結論としてはですね、今日の議論は、EUとユーロについての議論のほんの端緒に過ぎないものだったと思います。果たしてドイツがEUとユーロから離脱するのかどうか、さらには、この二つの制度が、今後どうなるかは、開かれた謎として残ったままです。ただ興味深いことは、過去の歴史とは違って、これから刻々と進む状況の中でそれは決まってきますので、目が話せないことです。今日、議論された幾つもの問いに対する答えは、数年のうちに出ると思いますので、注意深く事態の進展を見ていく必要があると思います。

ドローム　私の結論として言えることは、これらから離脱するという考え方、つまりフレグジットにはあまり賛成できないということです。理由はいくつかあるのですが、まずフランスがEUから離脱するということは、即座にEU崩壊を意味します。つまり離脱ではなく、破壊ということになります。またイギリスは、確かにEU条約の五〇条を発動して離脱の手続きを始めましたが、ユーロに入っていないイギリスのあのカオスを見ているとユーロに入っている国がどのような状態になるかは想像に難くないように思うのです。離脱の交渉を進めながら、債務をどのように払っていけるのか、全く分かりません。非常に複雑な過程をクリアしなければならないでしょう。三つめの理由は最大の理由なのですが、フランスとそのエリートは、このEUの構築には極めて重大な責任を持っています。ドロールが単一議定書を作り、ユーロの立ち上げを準備したように、フランスはEUの有り様に様々な形で関与してきました。それをここへ来て、一抜けたというのはないのではないかと考えます。離脱ではなく、他国と解決策を模索する必要があるのではないかと考えます。

ユソン　わたしは今日のような内容のある議論ができたこと、そして皆さんの注意深い理解ある聞き手を得たことに感謝したいと思います。それから結論として、簡単にもう一つの悲惨なシナリオを皆さんに委ねたいと思います。というのも悲観的な想定を前提として行動する必要があると思うからです。この一年半の間、マクロン大統領は、財務監査局の優等生として、ジスカール・デスタン大統領以来つづいている歴代大統領の行動パターンを歩んで来たと言えます。つまり、ヨーロッパ統合を推し進めるためには、まずドイツの理解を取り付ける必要があると言う具合にです。マクロンは、この不文律に従って、メルケルが譲歩してくれるのを待っていました。メルケル自身は、選挙に敗け、やっとのことで首相に再選された後、ベルリンの会談でメルケルから引き出す事ができた物は期待はずれのものでした。ブルソーさんの綿密な分析によると、マクロンは国連安全保障理事会の常任理事国の席をドイツと分け合うことや、ヨーロッパ軍の構築を通してフランスの核抑止力をドイツと共有するという構想を持っているようですが、これは、とんでもないことです。わたしは恐怖心を抱く事は稀にしかありませんが、何がなんでもヨーロッパ統合を押し進めようとするマクロンの行動パターンを見ていると、恐ろしくなってきます。支持率も下がっていますので、何がなんでも事態の挽回を図り成功に導こうとしているのです。フランス経済は、ユーロによる機能不全のために再生は不可能です。彼がやれるのは、フランスをヨーロッパ統合の中に同一化しようとする事なのです。思い出してください、ユーロの導入がフランスから提案されたとき、ドイツは統一のまっただ中で、それどころでは無かったのです。そこを無理やり、マルクを前提とすることでドイツを組み込んでユーロを導入したのは、ついこの間のことです。現在、国連の常任理事国の席や核抑止力を共有するという事が、どんなに荒唐無稽な話だとドイツが思っても、ユーロの導入のときのように、ドイツを巻き込んで突き進みかねないのです。ヨーロッパの共同安全保障についてのキリスト教民主同盟の多数派の考え方は、イギリスを含めた英独仏を軸にするのが現実的であるというものですが、マクロンは、イギリスを抜いて仏独だけで構想しようとしています。先週、核抑止力について防衛省で仏独の会議が行なわれたばかりです。

みなさんにお願いしたいことがあります。この問題についての情報を今からネット上で拡散し、政府に事態の進展についての情報を公開するよう、またこの問題についての民主的な議論がフランスの中でなされるように圧力を掛ける運動に取り掛かっていただきたいのです。それも「人民共和連合」としてだけではなく、一般的な市民の運動として、さまざまなかたちで展開する必要があると思います。きわめて重大な事が現在進行中なのです。フランスの主権を最終的にヨーロッパ統合の中に葬り去る事になるかも知れないという事態なのです。それを国民の運動としての大きな流れを作り出すことで、阻止しなければ取り返しのつかないことになる瀬戸際にきているのです。

（人民共和連合シンポジウム　二〇一八年十月）

荻野文隆 訳

訳注

（1）Edouard Husson（1969-）、歴史家、ドイツ史の専門、著書に *Les sociétés en guerre 1911-1946*, Armand Colin, 2003; *Heydrich et la solution finale*, Perrin, 2012など。

（2）Valérie Pécresse（1967-）、当時は「国民運動連合」の国民議会議員。

（3）*La fin de l'Union européenne*, Coralie Delaume, David Cayla, Michalon Eds., 2017.

（4）*Le couple franco-allemand: mythe ou réalité?*, Coralie Delaume, Michalon Eds, 2018.

（5）*La fin de l'Union européenne*, David Cayla, Coralie Delaume, Michalon Eds., 2017.

（6）Les Économistes atterrés（愕然とする経済学者たち）は二〇一一年に新自由主義経済思潮を批判する経済学者たちによって結成されたグループ。Frédéric Lordon ほか。

（7）フランスのウェブ・ニュースサイト、二〇〇八年開始。サルコジ大統領の選挙資金疑惑（二〇一〇）、社会党カユザック議員の国外口座疑惑（二〇一二―二〇一三）、マクロン大統領の側近アレクサンドル・ベナラの暴行事件や外交官パスポート所持問題（二〇一八―二〇一九）などを暴露。

（8）Vincent Brousseau（1961-）、元欧州中央銀行のエコノミスト、「人民共和連合」の通貨問題担当。

（9）二〇一二年九月に欧州中央銀行が決定した Outright Monetary Transactions。

（10）Friedrich List（1789-1846）、ドイツ歴史学派の先駆者の一人。『経済学の国民的体系』。

（11）「人民共和連合」サイト https://www.upr.fr:「Target2-Balances の終了」:2018.8.17.

https://www.upr.fr/actualite/france/regarde-cest-deja-laube-un-article-de-vincent-brousseau/「フランスのナティクシス銀行によると「今のところ、ユーロは失敗である」:2018.9.6.

https://www.upr.fr/actualite/france/selon-la-banque-francaise-natixis-pour-linstant-la-zone-euro-est-un-echec-vincent-brousseau-commente-cette-note-qui-fait-sensation/ 参照のこと。

（12）一九七〇年代初頭にマルクス主義批判を伴って現れた哲学者の世代。André Glucksmann, Alain Finkielkraut, Bernard-Henri Lévy などがいる。

（13）当時 Franz-Josef Strauss は、キリスト教社会同盟の党首（一九六一―一九八八）。

（14）Nicolas Osreme（一三二〇頃―一三八二）はフランスの哲学者。通貨、数学、天文学の著書がある。

（15）Yens Weidmann は二〇一一年よりドイツ連邦銀行の総裁。

（16）*L'économie du réel*, David Cayla, De Boeck Sup, 2018.

（17）Carl von Clauzewitz（1780-1831）、プロイセンの将校としてナポレオン戦争に参戦。著作に『戦争論』。

結び

荻野文隆

私がフランスと関わるようになってから四〇年余りが経つ。この間、フランスは大きく変わった。とりわけ、マーストリヒト条約でEUが成立してからの変化は著しかった。そして、一九九九年のユーロ導入後の物価の高騰は、かつてを知るものとしては、眼に余るものがあった。それだけではない。社会の様々な領域での劣化が激しく進行していくのを感じてきた。日本も大きく変わった。とりわけ、小選挙区制導入以降の変化は、国会の質が確実に劣化して来たばかりか、二〇年にも及ぶデフレ化政策による経済の低迷が、日本社会を破壊してきたと思う。フランスと日本はこの間、ともに緊縮財政、規制緩和、公共サービスの民営化などを推進する中で、貧困化、格差拡大、社会インフラの劣化を経験してきたのだった。思えば、ともに米ソ冷戦崩壊後のグローバル化の時代の共通した現象であったのだ。

確かに、二〇世紀を貫いた共産主義と資本主義の対立の構図が崩壊したのが一九九一年。それからほぼ三〇年は、勝者のアメリカを軸とした地球規模でのグローバル化の時代となった。小さな政府を掲げる新自由主義の流れに押し流された時代である。しかし二一世紀も二〇年を経ようとする今日の世界は、再び大きな方向転換を開始している。二〇一七年に誕生したドナルド・トランプ政権が、歴代のアメリカ政府のグローバル化路線を転換し、国民経済の再生強化へ向けて動き出したからである。とりわけ中国からの輸入品に二五％の関税をかけることで始まった経済戦争は、ＩＴ企業のファーウェイをアメリカ市場から排除する段階に至って、貿易戦争に止まらない米中間の覇権戦争であることを明確に示すものとなった。同時にそれはグローバル化に押し流されてきた時代が、国民社会の主権と民主主義、そして国民経済の再生を目指す新たな時代へ向けて動き出したことを意味している。この新たな時代への方向転換を決定的に象徴する現象が、奇しくもグローバル化を牽引して来た当のアメリカによってもたらされたことは、アメリカと密接な関係にある日本にとっては極めて重要な選択を迫るものとなっている。

民主主義の機能不全

実は、この国民社会の主権と民主主義の奪還の動きは、ＥＵという最もグローバル化の機制に貫徹された超国家体制の中では、すでに起動し始めていた。二〇〇五年、現在のＥＵ体制を確定させるための欧州憲法条約の批准作業が、ＥＵ加盟国で行われた。しかし国民投票を行なったフランスやオランダでは、有権者がこの条約の批准を拒否したのである。ところが政府は国民投票の結果を無視して、全く同じ内容のリスボン条約を議会の承認によって批准したのである。すでにここには、EUという巨大市場の構築のためなら有権者の民意を無視して邁進する政治エリートの姿があったのだ。

さらに二〇一五年七月、ギリシャではEUによって強制されてきた緊縮財政、公共サービスの引き下げ、民営化圧力を拒否するとして成立したはずのチプラス政権が、国民投票の結果を踏みにじって、EU当局に降伏した。EU離脱を視野に入れることができなかった政権の敗北だった。次いで起こったのが、二〇一六年六月のイギリスの国民投票によるEU離脱・ブレグジットの決定である。時まさにドナルド・トランプの大統領選挙での勝利に先立つこと五ヶ月前のことだった。しかし、このイギリスでも国民投票の結果は、離脱実現政権であったはずのテリザ・メイ政権によって見事に裏切られてきた。保守党、労働党ともに議員の三分の二以上が離脱反対派である議会の圧力を背景に、しかも自身が離脱反対派であったテリザ・メイ首相は、離脱とは名ばかりの離脱案に固執し続けた結果、二〇一九年三月二九日に決まっていたイギリスのEU離脱を実現できなかった。彼女は、EU離脱は自身に課せられた使命であると断言し続けたにもかかわらず、結局は名ばかりの離脱案を唯一可能な離脱案であるとして、離脱を拒否し続けたのである。その結果、離脱を実現しなければならないという法律の縛りと残留を欲する政治家たちの利害の板挟みになって、イギリスの政界は機能不全に陥った。保守党も労働党も共に残留を欲する立場であるために、与党と野党が演じた対立が、離脱を目指しているというポーズを共に取りながら、いかにして離脱案という名ばかりの残留案を正当化できるかを競うものとなっていたのだ。労働党党首のジェレミー・コービンは、メイ首相の離脱案を拒否しながら、離脱を決めた国民投票の結果を葬り去るために新たな国民投票の実施を提案している。実に、与野党共に、離脱反対派の多数派議員たちが、国民投票で示された民意をひたすら踏みにじる方向へ議論を展開させている格好である。そのために離脱を求める多くの有権者が、保守党、労働党から離反することになった。保守党がすでに保守のための党ではなく、労働党がすでに労働者の党ではないことを鮮明に示したこの動きで、多くの有権者たちが元々の支持政党から離反したのだ。二〇一九年五月二三日の欧州議会選挙での両党の大敗とナイジェル・ファラージュ率いる新党「ブレグジット党」の躍進は、それを明瞭に物語っている。いかにもイギリス的とも言えるこの政争劇だが、これは政治エリートが左派、右派を問わず国民社会の利益に反するグローバル政策を推し進めようとする、世界の至るところで見られる民主主義の機能不全現象のイギリス版に過ぎない。左派と右派の対立はすでに二次的な意味しか持たなくなっている状況がそこにあるのだ。

欧州統合の閉塞状況

さて二〇一九年五月末に行われた先の欧州議会選挙の結果は、グローバル化路線で貫徹された

EUシステムに対する市民からの批判を如実に物語るものとなった。EU主要国であるイギリス、フランス、イタリア、ドイツのEU推進派の主要政党がおしなべて後退する中で、EU批判派の躍進が明らかになった。いずれもが、貧困化と格差拡大、移民の増加に揺らぐ社会状況を反映しているのだ。イギリスでは、保守党、労働党がともに敗北し、EU離脱を明確に掲げる新党「ブレグジット党」が、第一党になっている。この「ブレグジット党」は、保守党、労働党が共に残留派が多数を占め、党としてイギリスのEU離脱を実現する能力がないと理解したナイジェル・ファラージュが、選挙六週間前に立ち上げた政党である。彼は、「英国独立党」（UKIP）の党首として、二〇一六年六月の国民投票の実施をキャメロン政権に迫り、世論を離脱へ導いた立役者である。国民投票で離脱の結果が出た後は、自らの使命は果たしたとして「英国独立党」を離党していた。その彼が結成した政党とはいえ、六週間で三二％の得票率で第一党になったことは、いかに離脱を求める有権者の思いが強く、既成政党への怒りが激しかったかを物語っている。因みに保守党は九％、労働党は一四％だった。国民投票の離脱決定以後、イギリスの失業率は過去四〇年で最低、雇用が増加し、海外からの投資が増大し、移民の減少で賃金も上昇していたのである。

欧州議会選挙の敗北で七月末に引責辞任したテリザ・メイ首相の後を受けて首相になったボリス・ジョンソンはテリザ・メイとは異なり、離脱派である。彼は保守党とブレグジットの延命を賭けて二〇一九年十二月十二日の総選挙を闘うことになるが、それはジェレミー・コービンの労働党にとっては壊滅的な結果をもたらすかも知れない選挙でもあるのだ。「ブレグジット党」がはたしてどれだけの議員を議会に送り出せるかが、イギリス議会の機能不全からの脱却の鍵となるだろう。

ドイツについては、EU・ユーロ体制の恩恵を最も享受してきた国でありながら、やはり貧困化と格差拡大は深刻化しており、EU推進派の政権党であるキリスト教民主同盟、社会民主党がともに後退した。代わってEU批判派の「ドイツのための選択肢」が安定した支持を獲得している。ドイツの政権のスタンスの特徴は、ユーロのお陰で一人勝ちしている状態でありながら、金融当局がユーロの信頼性に疑問符を投げかけており、ユーロ加盟国の中央銀行間の資金の移動に担保を義務付けるように要求し始めていることである。つまり、ユーロ崩壊を想定して、既に対応策を進めているのである。

さらにはEUユーロ・システムの構造性のために長い経済的低迷に苦しんできたイタリアも、独自の方法でこのシステムに対抗しようとしている。イタリアでは、政権そのものが二〇一八年には既にEU批判派の「五つ星運動」と「同盟」による連立政権が誕生している。そして今回の選挙では、連立内でもユーロと不法移民批判を強く展開してきたマテオ・サルヴィーニが党首を務める「同盟」が得票率三五%を記録し、第一党となった。イギリスの「ブレグジット党」の三二%をも超える得票率だ。昨年の連立政権成立時には第一党だった「五つ星運動」の一七%を大きく引き離し、連立内の力関係が逆転している。しかしイタリアの政権内の「同盟」の動きとして何と言っても注目されるのは、この機会に「ミニ・ボット」（短期財務証券）という並行通貨の導入を認める法律を成立させたことだ。これでイタリアがEU離脱の可能性を見据えながらユーロ以外の通貨の使用へ向けて具体的な準備を始めたことになる。現在、政権を離れたサルヴィーニの「同盟」ではあるが、次の総選挙で巻き返しを図るのは必定である。

さてEU主要国の中でも最も強硬な欧州統合推進派のマクロン政権をもつフランスでは、高い失業率と貧困化を背景とした全国的な市民運動である「黄色いベスト運動」が、マクロン政権への批判を恒常的に展開している。そんな状況で、政権党の「前進する共和国」が第二党に止まったのも全く不思議ではない。ただ第一党となったEU批判派のマリーヌ・ルペンの「国民連合」(旧国民戦線)は、前回二〇一四年の欧州議会選挙でも当時の政権政党の社会党を押しのけて第一党となっており、今回はむしろ得票率を下げている。

このようにEU主要国だけの投票行動を通して見えてくるのは、EU推進派の政権党が後退し、EU批判派が台頭して来ている現象である。これはまさに多くの経済・社会問題が深刻化する中で、移民の増加に揺れ動くEUユーロ・システムの現状を如実に物語っているものなのだ。そこには、国民社会が経済、社会、文化、外交について自らの運命を自らが決定していくための主権と民主主義の奪還を模索する姿が、ポピュリズム(人民主義)とエリティズム(選良主義)の明白な対立として見られるのである。いわば二一世紀の階級闘争の構図である。

フランスの政治ドラマ――マクロン対ルペン

しかし、このようなEU諸国の動向の背後には、さらにもう一つ別の次元の現象を見ることができる。それは、メディア空間において演じられる物語それ自体が、往々にしてメディアに選び取られたシナリオに則して展開していることである。この現象は、全ての主要メディアが資本に買い占められたフランスのメディア空間においては極めて深刻である。現在、フランスで演じられている政治ドラマには二人の主人公が登場する。まずは、グローバル産業・金融界の支援とメディアのバックアップを背景にして大統領となったEU強硬推進派のマクロン大統領。そしてそれに対抗するEU批判派のルペン「国民連合」党首。この二人の対決は、確かにEUを巡る推進派と批判派の戦いとして十分に絵になるものとして演出されている。しかしこのことは同時に、EU推進派のメディアにとっては、ルペンは決して危険視する必要のない人物だということを意味してもいるのである。真にEU・ユーロ体制にとって危険な政治家であったとしたら、むしろその存在を出来る限り隠蔽しようとするところだが、ルペンに対するメディアの対応は、EU批判派としての存在感を一定以上に保つことで最終的には推進派が勝利を収めるシナリオのために欠かすことのできない重要な登場人物としての扱いなのである。

実際、フランスのEU推進派にとって最も危険かつ厄介な存在は、フランソワ・アスリノの「人民共和連合」である。今回の欧州議会選挙でも、その「人民共和連合」に対するメディアの情報統制は確信犯的なものだった。例えば主要世論調査会社のＩＰＳＯＳやＩＦＯＰが「人民共和連合」の名称を削除したリストをもとに世論調査を行っていたのである。これは二〇一七年の大統領選挙でも行われたことだが、今回も続けられた。選択肢から「人民共和連合」の名が削除されたリストで調査しておきながら、調査結果には恣意的に出された微小な数字を載せていたのである。さらに問題は、選挙戦での討論番組への参加者からアスリノを排除するために、メディアは、その世論調査の数字を根拠としていたことである。党員数で既にフランス第三の政党になった「人民共和連合」に対するメディアのこのような偏向姿勢は、とりわけ公共メディアで徹底されていた。見逃してはならないのは、日本において財政出動、消費減税派の分析をメディアが徹底的に排除している状況は、このようなフランスの状況と極めて類似した現象だということだ。このように黙殺のための情報統制の標的となりながらも、「人民共和連合」の得票率は一・一七％であった。確かに決して高い得票率とは言えない値だが、ＥＵ批判がタブー化されてきたフランスで他党がおしなべて得票率を下げる中、ＥＵ離脱の主張がようやく無視できない政治勢力として認められてきていることを示す数字でもあるのだ。

マリーヌ・ルペンがＥＵ路線推進派のグローバリストたちにとって決して脅威となる政治家でないことは、今後の展開を見ていけばはっきりすることだが、そもそも重要なことは、ＥＵ離脱を実現するためには、批判派が政権を取るだけでは十分ではないということだ。それはＥＵ離脱を政治的にも法的にも決定したはずのイギリスが離脱を実現できないでいる実例を見れば解る。またＥＵ当局との対決を掲げてギリシャで成立したチプラス政権があっさりと国民投票の結果を裏切った経緯を思い起こせば十分に理解することができる。第二、第三のチプラス政権、メイ政権はいくらでも量産可能なのである。

明確なＥＵ離脱を実現するためには、政策上の主張に加えて、政治的な勇気と決断、さらには現実的で綿密な準備が必要なのである。ルペンのＥＵ批判派としての問題は、かつて一度もＥＵ離脱を正式なマニフェストに記載したことがないばかりか、「国民連合」の政党としての負債問題で二〇一八年十二月のエドゥアール・フィリップ首相との間で持たれた協議以後、ＥＵ離脱は目指さないと断言していることである。マクロンとルペンの二人の登場人物によって演じられるＥＵを巡る対立のドラマは、国民社会の主権と民主主義の回復を通して貧困化、失業、移民増加に対処しようとする闘いのシナリオからは程遠いものなのだ。ＥＵに残留したままＥＵの改革に努力するというルペンを含むフランスの大多数のＥＵ批判派の政治家のスタンスは、根本的な改革のためには、加盟国全会一致の賛成を必要としているＥＵ条約がある以上、現実には不可能な夢なのである。この不可能な目標を巡って永遠に議論を継続させることこそが、ＥＵ推進派の背後にいるグローバル産業・金融資本の望むところである。フランスの国民社会の主権と民主主義の奪還には、何としてもＥＵからの離脱が不可欠なのである。

日本の中国システムからの離脱――主権と民主主義

　フランスにとって主権と民主主義の奪回が、ＥＵユーロ・システムからの離脱を抜きにしては在り得ないように、日本の国民社会にとっての主権と民主主義の奪還は、中国システムからの離脱を抜きにしてはあり得ないのである。この意味では、フランスと日本は共通した宿命を負っているかに見える。フランスがＥＵに飲み込まれて消滅する脅威と日本が中国システムに巻き込まれて消滅する危惧はともに現実のものである。グローバル化に押し流されてきた時代からの方向転換が待ったなしで求められるなか、マクロン政権はフランスのさらなるグローバル化に向けて邁進している。そして日本の政権は、すでに明らかなＥＵの失敗を顧みず、日本をＥＵ化しようとしている。最近法制化された「移民法」、「水道民営化法」、「種子法」廃止、「カジノ法」などは、もっぱら外資系グローバル企業のビジネスチャンスを作り出すためのものである。その背後には、「規制改革会議」などの諮問委員会が、ＥＵの欧州委員会に似た機能を果たし、民主主義の府である国会を超越して政策提案を行なっているという現実がある。これによって、国会に付託された政策決定機能が無効化されてしまっているのだ。このように民主主義の検証を超越したところで、重要な政策提案がなされている有様は、まさにＥＵにおける民主主義の機能不全そのものである。

　フランスと日本の状況が極めて似ていることとは、メディア状況が確実に類似した問題状況に陥っているとでも明らかだ。日本の二〇年に及ぶデフレは、同時に緊縮財政・消費増税が唯一妥当な政策であるとしてメディアが一貫してデフレ化政策を支持してきた二〇年でもあった。この偏向性は、フランスのメディアがおしなべてEU・ユーロ体制を支持してきた偏向性と見事に重なっている。しかし、日本のメディアの場合はフランスのように、顔が見える特定の資本家に買い占められた形にはなっていない。何かさらに大きな顔の見えないシステムに絡め取られた状態になっているのである。日本における緊縮財政・消費増税路線は、グローバル企業にとっての優遇策であるばかりか、日本の貧困化と格差拡大と引き換えにして、中国の経済成長を支える親中政策でもあるのだ。その意味では、親中派が圧倒的多数を占める国会の対中追従政策は、日本の主権と民主主義にとって極めて重大な障害となっていることが理解できる。経済の中国依存に加えて政治の中国依存が、日本の基本的な方向性を構造化しているからだ。その構造がまさに米中冷戦が始まった現在においても、日本の主権と民主主義を守るための方向転換に踏み切ろうとしない政府と国会の動向を縛っているである。極めて攻撃的な軍拡と外交を強行している中国の独裁体制に組み込まれていくことの脅威を真剣に受け止めなければならない事態が今日の東アジア情勢だと言わなければならない。

香港は一九九七年、五〇年間の一国二制度の継続を北京政府が保証する条件でイギリスから中国に返還された。しかしわずか二〇年余りの今日、北京政府が認めたはずの高度な自治の根幹である民主主義と表現の自由がまさに抹殺されようとしている。中国への身柄の引き渡しを可能にする条例の変更に反対して、香港では一〇〇万人、二〇〇万人とも言われる返還以後最大規模のデモが繰り返され、それに対する当局の暴力的な対応が人々を憤激させている。しかし、日本の政治の動きは極めて鈍い。国際社会が糾弾の声を上げている中、日本の政界は、天安門事件の幕引きに走ったかつての日本を思わせるようになりを潜めている。これほどまでに、日本は中国システムによって、その主権と民主主義の声を絡め取られてしまったのだろうか。ここへきて中国システムからの離脱を開始したアメリカは、長らく眼をつむっていたチベットとウイグルでの人権弾圧と殺戮に対する糾弾の姿勢を明らかにし、経済成長一本やりの路線からの離脱を明らかにしている。天安門事件から三〇年、ウイグルのような弾圧が目前に迫った香港の民主主義の危機や台湾情勢は、既にマイナス成長に転じたといわれる中国システムからの離脱が、日本の国民社会の主権と民主主義の奪還のための喫緊の課題でもあることを教えてくれている。アメリカが中国の独裁体制に仕掛けた覇権戦争によって始まったグローバル化終焉の時代は、中国システムからの離脱と財政出動政策への方向転換によって日本を消滅から救い出すことを可能にする千載一遇の絶好の好機を提供してくれているのだ。

本書は、フランソワ・アスリノ氏の来日を契機に、ＥＵ離脱を目指すフランスの政治運動の理念と分析を通して、フランスとヨーロッパさらには日本の現状と未来を展望することができる分析を提供することを期して刊行されることになった。自由な発想と緻密な分析をお寄せいただくことができたことで、日本の未来についての多様なビジョンを提供できるものと考えている。急速かつ激しく動き始めた世界と東アジアの状況を視野に納め、日本が国民社会のために少しでもより良い方向へ進んでいくための示唆となることを願って本書に関わっていただいた全ての方々に深く感謝したい。

アスリノ氏の訪日に合わせて急遽、京都大学で「国際シンポジウム・グローバル資本主義を超えてII——『EU体制の限界』と『緊縮日本の没落』」を開催していただいた藤井聡氏に心から感謝申し上げる。このシンポジウムは二〇一三年に行われた「国際シンポジウム・グローバル資本主義を超えてI」に続く第二弾として位置づけられたもので、アスリノ氏と藤井氏の対談も行われている。期せずしてその第一弾のシンポジウムは、エマニュエル・トッド氏も参加したものだった。

最後に、このアスリノ来日記念本の中核ともなった早稲田大学でのシンポジウム「EU・ユーロ体制のフランスとデフレ化政策二〇年の日本——主権と民主主義、没落は宿命なのか」を開催していただいた岡山茂氏にも深い感謝の意を表したい。

また藤原書店からの刊行をご快諾いただいた藤原良雄氏と、編集のためにご奔走いただいた山﨑優子氏に深謝申し上げるものである。

二〇一九年（令和元年）十一月十日

エマニュエル・トッド（Emmanuel Todd）
1951年生。歴史人口学者、家族人類学者。フランス国立人口統計学研究所（INED）所属。『最後の転落』で旧ソ連崩壊を予言。『世界の多様性』(『第三惑星』、『世界の幼少期』の合本）において、各地域の「家族構造」と「社会の上部構造（政治・経済・文化）」の連関を示す。新たなヨーロッパ近現代史を描き出した『新ヨーロッパ大全』、アメリカの金融破綻を予言した『帝国以後』他。

エドゥアール・ユソン（Édouard Husson） 1969年生。歴史家、ドイツ史

コラリー・ドローム（Coralie Delaume） 1976年生。ジャーナリスト

ダヴィッド・ケイラ（David Cayla） 1976年生。フランス・アンジェ大学准教授、経済学

ヴァンサン・ブルソー（Vincent Brousseau） 1961年生。元欧州中央銀行のエコノミスト、「人民共和連合」通貨問題担当

執筆者紹介

フランソワ・アスリノ（François Asselineau）
1957年生。「人民共和連合」（Union Populaire Republicaine : 2007- ）創設者、結党以来の党首。元フランス財務省財務上級監査官。HEC経営大学院、国立行政学院卒。1980-82年、在日フランス大使館経済担当官。2017年フランス大統領選挙公認候補、2019年ヨーロッパ議会議員選挙候補。

田村秀男（たむら・ひでお） 1946年生。産経新聞特別記者、経済学

藤井 聡（ふじい・さとし） 1968年生。京都大学大学院教授、公共政策論

安藤 裕（あんどう・ひろし） 1965年生。自由民主党、衆議院議員

中野剛志（なかの・たけし） 1971年生。評論家、政治思想

柴山桂太（しばやま・けいた） 1974年生。京都大学准教授、政治経済思想

浜崎洋介（はまさき・ようすけ） 1978年生。文芸評論家

小沢一郎（おざわ・いちろう） 1942年生。衆議院議員

山本太郎（やまもと・たろう） 1974年生。れいわ新撰組代表、前参議院議員

大塚耕平（おおつか・こうへい） 1959年生。国民民主党、参議院議員

菅 直人（かん・なおと） 1946年生。立憲民主党、衆議院議員

海江田万里（かいえだ・ばんり） 1949年生。立憲民主党、衆議院議員

及川健二（おいかわ・けんじ） 1980年生。日仏共同テレビ局 France 10 日本支局長、政治哲学者

編著者紹介

荻野文隆（おぎの・ふみたか）

1953年生。東京学芸大学特任教授。フランス文学・思想。パリ第三大学文学博士。共著に『他者なき思想』『来るべき〈民主主義〉』（藤原書店）『多言語・多文化社会へのまなざし』（白帝社）『パリの街角で（音声ペンで学ぶフランス語入門）』（両風堂）他。訳書にトッド『世界の多様性』（藤原書店）他。

崩壊《ほうかい》した「中国《ちゅうごく》システム」とEUシステム
——主権《しゅけん》・民主主義《みんしゅしゅぎ》・健全《けんぜん》な経済政策《けいざいせいさく》

2019年 12月10日　初版第1刷発行©

編著者　荻野文隆
発行者　藤原良雄
発行所　株式会社 藤原書店

〒162-0041　東京都新宿区早稲田鶴巻町523
電話　03（5272）0301
FAX　03（5272）0450
振替　00160 - 4 - 17013
info@fujiwara-shoten.co.jp

印刷・製本　中央精版印刷

ISBN978-4-86578-235-6

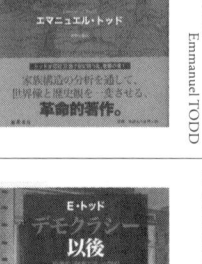

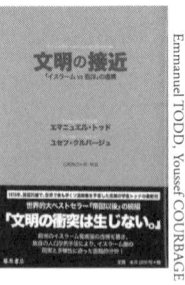

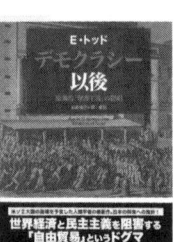

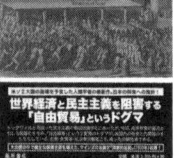

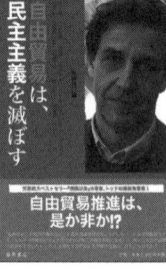

今、世界で最も注目されている人物

トッド自身を語る

E・トッド
石崎晴己編訳

国・地域ごとの家族システムの違いや人口動態に着目し、数々の歴史的変化を予言してきた歴史人口学者が、その学問的背景や、日本とのかかわりを語る。今世界で最も注目される人物を理解するための最良の一冊。

四六変上製　二二四頁　**二二〇〇円**
（二〇一五年一一月刊）
◇978-4-86578-048-2

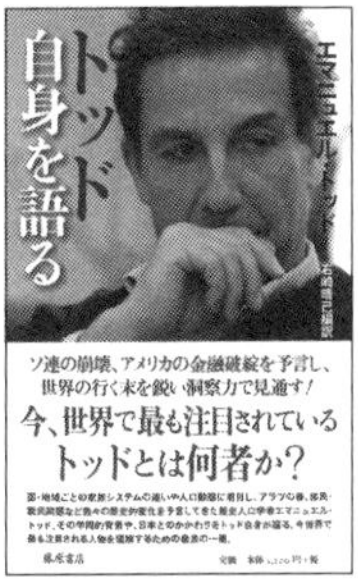

人類学者としての集大成！

家族システムの起源

Ⅰ　ユーラシア㊤㊦

E・トッド
石崎晴己監訳
片桐友紀子・中野茂・東松秀雄・北垣潔訳

四〇年に及ぶ家族構造研究の成果に基づく、人類学者としてのトッドの集大成。第Ⅰ巻はユーラシア地域を扱い、原初的な家族類型は核家族であることを突き止める。

図版多数

Ａ５上製　㊤四二四頁　**四二〇〇円**
㊦五三六頁　**四八〇〇円**
（二〇一六年六月刊）
㊤◇978-4-86578-072-7
㊦◇978-4-86578-077-2

Emmanuel TODD
L'ORIGINE DES SYSTÈMES FAMILIAUX
Tome 1. L'EURASIE

「保護主義」論客による最大の問題作

ＥＵ崩壊

〔秩序ある脱＝世界化への道〕

J・サピール　**坂口明義訳**

ドイツの一人勝ち、英国の離脱と、ＥＵの動揺が続く中、もう一つの大国フランスこそが果たせる役割とは？　グローバリズムと「自由貿易」神話で焼け野原と化したＥＵに対し、フランスが主導するユーロ離脱と新たな「欧州通貨圏」構想により、各国の経済政策のコントロール奪回を訴える。最新のＥＵ分析を日本語版序文として収録！

四六上製　二九六頁　**二八〇〇円**
（二〇一七年七月刊）
◇978-4-86578-133-5

Jacques SAPIR
LA DÉMONDIALISATION

アラブ革命も予言していたトッド

アラブ革命はなぜ起きたか

（デモグラフィーとデモクラシー）

E・トッド

石崎晴己訳＝解説

米国衰退を予言したトッドは欧米の通念に抗し、識字率・出生率・内婚率などの人口動態から、アラブ革命の根底にあった近代化・民主化の動きを捉えていた。**［特別附録］家族型の分布図**

四六上製　一九二頁　**二〇〇〇円**

（二〇一一年九月刊）

◇978-4-89434-820-2

ALLAH N'Y EST POUR RIEN!

Emmanuel TODD

自由貿易はデフレを招く

自由貿易という幻想

（リストとケインズから「保護貿易」を再考する）

E・トッド

自由貿易による世界規模の需要縮小こそ、世界経済危機＝デフレ不況の真の原因だ。「自由貿易」と「保護貿易」についての誤った通念を改めることこそ、経済危機からの脱却の第一歩である。

F・リスト／D・トッド／J-L・グレオ／J・サピール／松川周二／中野剛志／西部邁／関曠野／太田昌国／関良基／山下惣一

四六上製　二七二頁　**二八〇〇円**

（二〇一一年一一月刊）

◇978-4-89434-828-8

預言者トッドの出世作！

最後の転落

（ソ連崩壊のシナリオ）

E・トッド

石崎晴己監訳

石崎晴己・中野茂訳

一九七六年弱冠二五歳にしてソ連の崩壊を、乳児死亡率の異常な増加に着目し、歴史人口学の手法を駆使して預言した書。本書は、ソ連崩壊一年前に新しく序文を附し、刊行された新版の完訳である。〝なぜ、ソ連は崩壊したのか〟という分析シナリオが明確に示されている名著の日本語訳決定版！

四六上製　四九六頁　**三二〇〇円**

（二〇一三年一月刊）

◇978-4-89434-894-3

LA CHUTE FINALE

Emmanuel TODD

グローバルに収斂するのではなく多様な分岐へ

不均衡という病

（フランスの変容1980-2010）

E・トッド

H・ル・ブラーズ

石崎晴己訳

アメリカの金融破綻を預言した名著『帝国以後』を著したトッドが、最新の技術で作成されたカラー地図による分析で、未来の世界のありようを予見する！　フランスで大ベストセラーの最新作。　**カラー地図一二七点**

四六上製　四四〇頁　**三六〇〇円**

（二〇一四年三月刊）

◇978-4-89434-962-9

LE MYSTÈRE FRANÇAIS

Hervé LE BRAS et Emmanuel TODD

激変の"アジア資本主義"の実像

転換期のアジア資本主義

責任編集＝植村博恭・宇仁宏幸・磯谷明徳・山田鋭夫

植民地から第二次大戦後の解放、そして経済成長をへて誕生した「資本主義アジア」。グローバル経済の波をうけ、さらなる激変の時代を迎えるアジアの資本主義に、レギュラシオン理論からアプローチ。"豊かなアジア"に向かうための、フランス・中国・韓国の研究者との共同研究。

A5上製　五〇四頁　五五〇〇円
（二〇一四年四月刊）
◇978-4-89434-963-6

"市民社会論"再検討から社会科学は始まる

市民社会と民主主義
（レギュラシオン・アプローチから）

山田鋭夫・植村博恭・原田裕治・藤田菜々子

民主主義が衰退し、社会経済的な不平等が拡大している今、戦後日本における"市民社会"の実現に向けて活躍した内田義彦、都留重人らとその継承者が、経済学、社会科学においてどのような価値を提示したかを探る。

A5上製　三九二頁　五五〇〇円
（二〇一八年六月刊）
◇978-4-86578-179-3

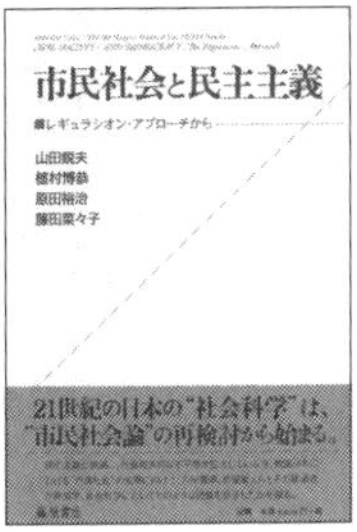

環境対策と経済成長は両立できるか？

グリーン成長は可能か？
（経済成長と環境対策の制度・進化経済分析）

大熊一寛

地球環境の危機が顕在化する一方で、経済成長を求める力はグローバルな資本主義の下で一層強まっている。環境対策と経済成長の関係に、制度と進化の経済学――レギュラシオン理論とポスト・ケインズ派理論からアプローチし、未来を探る野心作。

A5上製　一六八頁　二八〇〇円
（二〇一五年五月刊）
◇978-4-86578-013-0

現在の危機は金融の危機と生態系の危機

グリーンディール
（自由主義的生産性至上主義の危機とエコロジストの解答）

A・リピエッツ
井上泰夫訳

「一九三〇年代との最大のちがいは、エコロジー問題が出現したことであり、（…）エコロジーの問題は、二重の危機だ。一方では、世界的な食糧危機、他方では気候への影響やフクシマのような事故をもたらすエネルギー危機だ。」（リピエッツ）

四六上製　二六四頁　二六〇〇円
（二〇一四年四月刊）
◇978-4-89434-965-0

GREEN DEAL　Alain LIPIETZ

「金融市場を、公的統制下に置け！」

金融資本主義の崩壊

（市場絶対主義を超えて）

R・ボワイエ

山田鋭夫・坂口明義・原田裕治＝監訳

サブプライム危機を、金融主導型成長が導いた必然的な危機だったと位置づけ、"自由な"金融イノベーションの危険性を指摘。公的統制に基づく新しい金融システムと成長モデルを構築する野心作！

Ａ５上製　四四八頁　**五五〇〇円**

（二〇一一年五月刊）

◇978-4-89434-805-9

FINANCE ET GLOBALISATION　Robert BOYER

レギュラシオンの旗手が、独自な分析

ユーロ危機

（欧州統合の歴史と政策）

R・ボワイエ

山田鋭夫・植村博恭訳

ヨーロッパを代表する経済学者が、ユーロ圏において次々に勃発する諸問題は、根本的な制度的ミスマッチである、と看破。歴史に遡り、真の問題解決を探る。「ユーロ崩壊は唯一のシナリオではない、多様な構図に開かれた未来がある」（ボワイエ）。

四六上製　二〇八頁　**二二〇〇円**

（二〇一三年二月刊）

◇978-4-89434-900-1

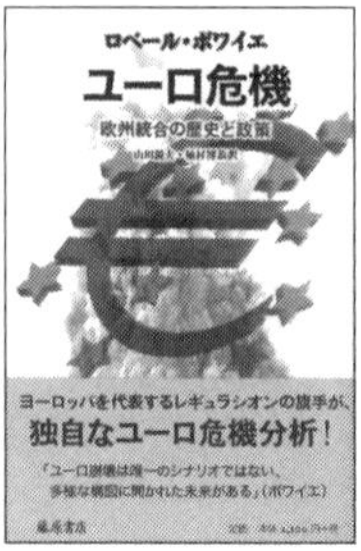

さまざまな不平等レジームの相互依存

作られた不平等

（日本、中国、アメリカ、そしてヨーロッパ）

R・ボワイエ

山田鋭夫監修　横田宏樹訳

レギュラシオニストによる初の体系的・歴史的な"日本の不平等分析"も収録、不平等の縮小に向けた政策を世界に提案。ピケティ『21世紀の資本』の不平等論における貢献と限界を示し、不平等論へのレギュラシオン的アプローチの可能性を提示！

四六上製　三二八頁　**三〇〇〇円**

（二〇一六年九月刊）

◇978-4-86578-087-1

LA FABRIQUE DES INÉGALITÉS　Robert BOYER

新たな「多様性」の時代

脱グローバリズム宣言

（パクス・アメリカーナを越えて）

R・ボワイエ＋P-F・スイリ編

青木昌彦　榊原英資 他

山田鋭夫・渡辺純子訳

アメリカ型資本主義は本当に勝利したのか？　日・米・欧の第一線の論客が、通説に隠された世界経済の多様性とダイナミズムに迫り、アメリカ化とは異なる21世紀の経済システム像を提示。

四六上製　二六四頁　**二四〇〇円**

（二〇〇二年九月刊）

◇978-4-89434-300-9

MONDIALISATION ET RÉGULATIONS
sous la direction de
Robert BOYER et Pierre-François SOUYRI

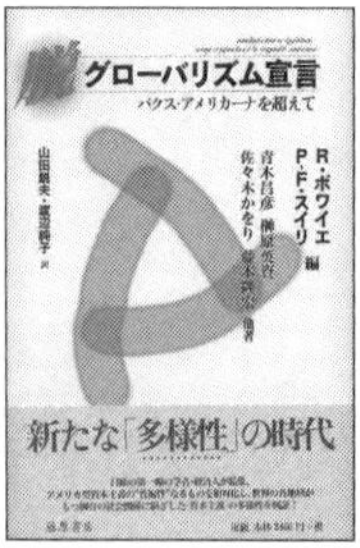